高管薪酬差距与企业ESG

THE EXECUTIVE COMPENSATION DISPARITIES AND
CORPORATE ENVIRONMENTAL, SOCIAL, AND GOVERNANCE (ESG)

倪志兴　纳超洪◎著

经济管理出版社
ECONOMY & MANAGEMENT PUBLISHING HOUSE

图书在版编目（CIP）数据

高管薪酬差距与企业 ESG／倪志兴，纳超洪著.
北京：经济管理出版社，2025. -- ISBN 978-7-5243
-0203-2

Ⅰ. F279.23；X322.2

中国国家版本馆CIP数据核字第2025PQ4963号

组稿编辑：丁慧敏
责任编辑：丁慧敏
助理编辑：李浩宇
责任印制：许　艳

出版发行：经济管理出版社
　　　　　（北京市海淀区北蜂窝 8 号中雅大厦 A 座 11 层　100038）
网　　址：www.E-mp.com.cn
电　　话：（010）51915602
印　　刷：唐山玺诚印务有限公司
经　　销：新华书店
开　　本：720mm×1000mm/16
印　　张：15.25
字　　数：234 千字
版　　次：2025 年 4 月第 1 版　2025 年 4 月第 1 次印刷
书　　号：ISBN 978-7-5243-0203-2
定　　价：98.00 元

前　言

随着人类社会和经济的发展，人类的生存环境发生了巨大的变化，生态环境恶化、社会矛盾、市场主体的短视发展等问题日益凸显，出于对经济、社会和环境发展不充分、不协调的关注，2004 年 12 月，联合国发布了《Who Cares Wins》报告，首次提出了环境、社会、公司治理（简称 ESG）的概念。中国作为世界上最大的发展中国家，一直积极践行可持续发展的国家战略。2020 年，习近平总书记开创性提出的"双碳"战略与 ESG 可持续发展理念相辅相成。2021 年，我国"十四五"规划基于国家层面提出了远景目标，其中就包含环境、社会、治理三个维度。

从企业层面看，在全球经济迅速发展和科技不断进步的背景下，企业的生存和发展环境面临着前所未有的挑战。企业在追求经济效益的同时，如何兼顾环境保护、社会责任和公司治理，成为全球各国政府、学术界和企业界共同关注的焦点。在此背景下，ESG（环境、社会和公司治理）理念逐渐兴起，并迅速成为衡量企业可持续发展能力的重要指标。随着《巴黎协定》的签署以及全球可持续发展战略的推行，企业在生态环保、社会责任、公司治理方面的表现不仅直接影响其市场竞争力，还关系到社会的可持续发展。作为世界上最大的发展中国家，中国企业在可持续发展方面的表现尤为关键。

然而，我国企业在 ESG 实践方面还存在短板，环境、社会责任和公司治理三维度的协同水平相比国际先进水平还存在差距。一是高管对推动 ESG 的积极性不高，可持续发展意识薄弱；二是企业战略与实践脱嵌，内部决策主体协同困难；三是企业的 ESG 信息披露流于形式，"说得多，做得少"的印象管理现象突出。因此，怎样提升高管积极性和决策协同，避免 ESG 流于形式成为学术界和实务界关心的重要问题。高管薪酬差距作为一种广泛存在的管理激励机制，能否促进企业在环境保护、社会责任和公司治理领域的表现？高管薪酬差距对企业 ESG 披露与表现的经济后果究竟如何？这些问题不仅关乎企业内部治理，更涉及政策制定和资本市场的健康发展。

本书正是基于这样的背景，试图通过系统的实证研究来解答这些问题。作者运用了多种统计分析方法和中国上市公司相关数据，深入探讨了高管薪酬差距对企业 ESG 披露与表现的影响机制，旨在为政策制定者、企业管理者以及学术界提供参考。本书的撰写逻辑和框架设计紧密围绕着高管薪酬差距与企业 ESG 披露和表现之间的关系展开。

首先，本书从高管薪酬差距的定义、影响因素以及其对企业行为的潜在影响方面展开分析，结合现有的文献回顾，提出了高管薪酬差距可能影响企业 ESG 表现的理论假设。其次，基于这些理论假设，本书构建了相关实证模型，通过对中国上市公司数据的分析，验证了高管薪酬差距对企业 ESG 披露与表现的实际影响，并通过不同的稳健性检验增强了结论的可靠性。书中进行了异质性分析，即分析在宏观层面、行业层面和企业层面的不同情境下，高管薪酬差距的影响是否存在差异。最后，本书层层递进地分析了高管薪酬差距对企业 ESG 披露，以及企业披露后 ESG 表现的经济后果。全书结构合理，研究设计严谨，数据分析部分通过科学的实证模型为理论提供了有力的支持。在研究设计上，本书不仅使用了基准回归分析，还通过内生性检验、机制检验等多种方法，确保了研究结果的稳健性与科学性。此外，本书还结合了最新的企业管理实践，为未来的政策制定者提供了有价值的参考建议。

本书在以下四个方面具有显著的特色：

第一，理论研究与实证研究相结合。本书不仅从理论上详细阐述了高管薪酬差距可能影响企业 ESG 披露及 ESG 表现的原理和机制，还通过对中国上市公司数据的实证分析验证了假设。书中的实证研究方法具有较强的科学性和严谨性，为理论研究提供了坚实的数据支持。

第二，全面的对比分析。本书通过对 ESG 披露和 ESG 表现的对比分析，发现企业在迎合政府和模仿行业竞争对手时，出现了"多言寡行"的现象，在其他环境下则"言行一致"，揭示了企业"多言寡行"和"言行一致"现象的深层次原因，为企业 ESG "言"和"行"的比较研究提供了经验证据。

第三，政策导向明确。本书不仅关注企业管理层正副职的激励机制，还发现在某些外部因素作用下，"迎合"及"模仿"效应发挥作用，而在某些情境下，"治理"效应发挥作用。对政府来说这有助于加强对企业的精准监管，健全和完善企业 ESG 考核评价体系，积极推动企业 ESG 实践。另外，本书还通过分析高管薪酬差距对企业"漂绿"行为的影响，为政府和企业提供了具体的政策建议。

第四，结合中国情境。虽然 ESG 理念源于西方发达国家，但本书将这一理念置于中国的企业管理环境中进行研究，结合中国独特的经济、社会和治理特点，使得研究结论对中国企业具有更强的适用性和指导意义。

本书在编写过程中，得到了许多同人和亲友的支持与帮助。作者在此表示衷心的感谢。另外，由于作者水平有限，加之时间仓促，书中难免存在疏漏和不足之处。在此，恳请广大读者批评指正，以帮助我们不断改进和完善相关研究内容。

倪志兴，纳超洪

2024 年 9 月

昆明

目　录

第一章 绪 论

第一节 研究背景和研究意义

一、研究背景

2004 年 12 月，联合国发布了《Who Cares Wins》报告，首次提出了环境、社会、公司治理（Environmental，Social，Governance，以下简称 ESG）概念，2015 年 12 月在巴黎召开的第 21 届联合国气候变化大会上通过了《巴黎协定》。中国作为世界上最大的发展中国家，率先接受和参与了《巴黎协定》，积极应对环境变化及践行可持续发展的国家战略。习近平总书记强调：中国是负责任的发展中大国，是全球气候治理的积极参与者。中国将落实创新、协调、绿色、开放、共享的新发展理念，全面推进节能减排和低碳发展，迈向生态文明新时代。

2020 年，习近平总书记又明确提出 2030 年"碳达峰"与 2060 年"碳中和"目标，这一目标与 ESG 可持续发展理念相辅相成。2021 年，我国"十四五"规划对基于国家层面的环境、社会、治理方面提出了远景目标，其中就包含了 ESG 三个维度的目标。环境目标：生态环境持续改善，生态安全屏障更加牢固，城乡人居环境明显改善。社会目标：社会文明程度得到新提高，公共文化服务体系和文化产业体系更加健全，人民精神文化生活日益丰富。

治理目标：国家治理效能得到新提升，社会治理特别是基层治理水平明显提高，社会主义市场经济体制更加完善，高标准市场体系基本建成，市场主体更加充满活力，公平竞争制度更加健全，更高水平开放型经济新体制基本形成。由于政府对环境保护和可持续发展的积极推动（李诗和黄世忠，2022），ESG 已成为目前用于衡量企业绿色标准下可持续发展情况的重要指标（袁业虎和熊笑涵，2021），并逐渐成为衡量企业社会责任及企业整体价值的重要标准。企业在履行社会责任的过程中，通过使命决定的社会性、资源整合的社会性、利润来源的社会性、利润回归的社会性，将企业的有形资产与无形资产相互转化，实现企业永续发展和共同富裕的正向循环。因此在当前我国的企业主体从高速发展转向高质量发展的阶段，对 ESG 的关注和探讨尤为重要（刘柏等，2023）。

目前，我国企业在 ESG 实践方面还存在短板，企业 ESG 进程与国际先进水平还存在差距，一是高管对 ESG 的推动意愿不强，环保意识薄弱，导致一些企业环境违规问题频发（任胜钢等，2022）；二是企业战略与实践脱嵌，内部决策主体协同困难（肖红军和商慧辰，2022）；三是企业推动 ESG 时会存在信息披露流于形式，"说得多，做得少"的印象管理现象突出。有的企业在 ESG 报告披露内容上借助文字游戏做表面文章，采取含混、模棱两可、象征性语言"粉饰"自身环境表现，有的企业采取高调披露的方法提升企业形象，但缺乏实际行动（黄溶冰等，2019）。因此，怎样提升高管积极性和决策协同，避免 ESG 流于形式，成为目前企业亟须解决的问题。

随着经济社会的发展和人民对于美好生活的向往，薪酬分配制度也越来越受到社会的普遍关注（Schulz et al.，2022），据凤凰网财经 2023 年"两会财经热力榜"的调查结果显示，"收入分配"在财经热词排行中以 24.68% 高居榜首。习近平总书记在中央财经委员会会议曾提出："要正确处理效率和公平的关系，构建初次分配、再分配、三次分配协调配套的基础性制度安排，促进社会公平正义"，薪酬差距作为收入分配制度的重要体现，常被视为公司治理领域的核心问题之一。高管团队成员作为企业经营发展的决策者，对企业行为都会产生至关重要的影响（何瑛等，2024），高管决策行为又与薪酬分配带来的激励效应密切相关。因此，如何合理设置企业高管薪酬差距，是充分发挥高管积极性和能动性、促进企业可持续发展的重要保证。放眼全球，为有效推进 ESG 的实施，越来越多企业已将高管薪酬与企业 ESG 进行挂钩。根据全球知名咨询和经纪公司 WTW①的报告，截至 2022 年底，美国 67% 的"标普 500"公司将其短期激励计划与至少一个 ESG 指标挂钩。在欧洲，这种趋势更加明显。例如在英国高管薪酬计划中，使用 ESG 指标的比例已经上升到 89%，ESG 指标采用率最高的则是德国（98%）和法国（100%）。但相比欧美，基于 ESG 的高管薪酬绩效建构在中国还较为欠缺。在一些大型头部企业的带动下，中国高管薪酬与 ESG 的联系愈加紧密，基于以上背景，中国企业如何通过高管薪酬契约的设计来实现 ESG 目标，将是一个值得研究的重要主题。

目前中国部分上市公司已经将 ESG 考核目标增加到了董事会薪酬与考核委员会的工作中，以随机抽取的一家中国沪市主板上市公司为例：环旭电子股份有限公司（沪市代码：601231）在其 2023 年制定的《董事会薪酬与考核委员会工作细则》中明确规定："公司应根据高级管理人员的职责范围，设定与公司 ESG 之环境、社会及公司治理等可持续发展相关的工作目标，此目标绩效将与公司运营目标、股权激励安排与绩效考核制度相结合。"从这个例子可以看出两个现状：一是部分上市公司已经将 ESG 的考核纳入对高管的薪酬考核当中；二是对 ESG 的考核针对全体高管，而非仅针对 CEO 一人。这就产生了研究高管间薪酬差距如何影响企业 ESG 的必要性。进一步看，CEO 等正职级高管与副职级高管间的薪酬差距反映了企业在解决代理问题过程中激励与公平间的权衡。合理薪酬差距的有效激励作为影响高管行为和企业决策的重要因素，决定着企业高管是否能发挥自主动能，努力实现企业既定的 ESG 战略目标，以平衡不同利益相关者的诉求。

---

① 韦莱韬悦（Willis Towers Watson Public Limited Company，简称 WTW），是一家全球领先的咨询、经纪和解决方案公司。

在此背景下，本书选择同时研究高管薪酬差距对企业 ESG 披露及 ESG 表现的影响和内在机制，以完善和充实薪酬分配制度，实现内外部资源要素有效协同，推动企业高质量和可持续发展。本书主要研究六个问题：①高管薪酬差距与 ESG 披露，ESG 表现间的关系是什么？②高管薪酬差距对企业 ESG 披露及 ESG 表现的作用机制是什么？正职与副职级高管谁对企业 ESG 的影响更大？③高管薪酬差距对企业 ESG 披露及 ESG 表现的作用受到哪些异质性因素的影响？④高管薪酬差距对企业的"言"（ESG 披露）与"行"（ESG 表现）的影响在不同情境下有何差异？⑤高管薪酬差距是否会引发企业的"漂绿"行为？⑥高管薪酬差距影响企业 ESG 披露和 ESG 表现的经济后果如何？

二、研究意义

（一）理论意义

第一，对企业高管薪酬设计有较大理论指导意义。本书针对企业内部的高管薪酬差距，研究其对企业 ESG 披露及 ESG 表现的影响，并对相应的影响机制、异质性以及两者影响的经济后果进行深入研究，首先有助于厘清它们之间的影响机理和逻辑关系，为企业内部治理如何作用于企业可持续发展的行为提供理论分析和实证依据。其次，通过企业层面和高管层面多维度的机制分析，系统分析高管薪酬差距对企业正职级高管及其他副职级高管产生的差异化作用，并结合不同层级高管的心理因素，揭露了高管薪酬差距影响企业可持续发展的深层次因素，对于高管薪酬设计有着较大理论意义。

第二，对企业提升内部治理效率，真实提升自身绿色可持续发展水平，避免"漂绿"，促进企业高质量提供理论支持。本书从高管薪酬差距与企业 ESG 披露和 ESG 表现的关系分析与机制分析入手进行深入探讨。一方面，有助于从理论上梳理高管团队在企业 ESG 实践中的影响方式，为可持续发展趋势下企业如何开展内部治理提供理论依据。另一方面，通过对高管薪酬差距对企业 ESG 披露及 ESG 表现不同情境下的差异化比较，寻找企业在面对不同层面外部监管、行业特性、高管特征时对 ESG 披露和 ESG 表现的理论动机，对于帮助企业避免"漂绿"行为，切实提升 ESG 水平，促进企业高质量可持续发展具有重要意义。

第三，丰富了中国特色的高管薪酬与 ESG 实践涉及的经典理论的研究。在现有中国特色社会主义市场经济情境下，企业外部环境与国外有较大差别，必然对应于不同的研究理论、研究方法和研究方向。尤其在中国情境中，渐进式的经济改革和独特的薪酬制度体系，决定了中国薪酬差距必然具有明显的中国特色。本书结合了高管薪酬差距研究中经常使用的锦标赛理论、公平理论、社会比较理论、委托代理理论以及 ESG 研究中常用的制度理论、合法性理论、利益相关者理论、资源依赖理论等，用理论分析现象，用现象反哺理论，并且将这些理论运用到高管心理层面进行分析，系统地将这些理论与高管动机、企业行为等因素进行有效耦合，为理解中国情境下薪酬差距影响 ESG 的机制和路径提供实证证据，对企业促进薪酬公平，实现可持续发展，最终实现全社会共同富裕目标有着重要的意义。

（二）实践意义

利益相关者对 ESG 的重视程度越来越高，因此 ESG 研究也变得更加重要。然而，高管薪酬差距是企业中最受关注的社会问题之一。高管薪酬差距对 ESG 行为的影响研究的实践意义是重大的，它可以解释企业通过高管薪酬差距来提高企业的道德标准和激励机制，从而使其在可持续发展方面取得更大的进步。基于此，本书的研究有以下几方面实践意义。

第一，有助于促进公司完善内部薪酬体系设计，强化治理效应。在共同富裕目标的背景下，企业作为国民收入初次分配的主要参与主体，扮演着重要角色。为更平衡、更充分地推动共同富裕的实质性进展，在调整再次分配力度的同时，也要兼顾初次分配的效率与公平。首先，本书对高管薪酬差距框架下的高管动机进行研究，有利于分析企业激励 CEO 还是副职级高管，才能促进企业 ESG 真实水平的提升，有利于为企业决策提供依据，从而优化薪酬体系设计，为保障企业实现"效率优先，兼顾公平"的目标创造有利条件。其次，本书从公平机制的研究入手，为企业在环境、社会责任、治理的制度安排提供实证依据，有利于外部监督机制对企业监管效能的提升，从而保障企业内部分配规则的公平性，从而实现效率与公平的有效统一（魏志华等，2022）。

第二，有助于中国式现代化政策规制的完善。不同群体之间的薪酬差距不管对组织还是对组织的管理者来说都是一个重大的挑战（Bapuji et al.，2020）。从实践角度而言，随着时代的不断进步和发展，人类社会不断地演化和发展，基于劳动生产力发展而带来的分配制度也在不断地完善和发展。而数字化、网络化、虚拟化产业的兴起，新旧产业的更迭，也造成了传统分配制度的巨大变革，因此，把握由时代背景发展引致的薪酬差距变化十分必要。本书深入分析了高管薪酬差距对企业 ESG 披露和 ESG 表现的影响机制，特别将企业 ESG 披露和 ESG 表现的异质性影响因素进行比较分析，发现在某些外部因素作用下，"迎合"及"模仿"效应发挥作用，而在某些情境下，"治理"效应发挥作用。对政府来说有助于加强对企业的精准监管，健全和完善企业 ESG 考核评价体系，积极推动企业 ESG 实践。

第三，有助于投资者的投资决策。考虑到企业良好的 ESG 表现能够为投资者带来持续稳定的回报，越来越多机构投资者将企业 ESG 表现作为投资决策的因素之一，因此投资者除关注企业的财务回报外还需关注企业的非财务回报，更注重整个社会和所有利益相关者的价值（张慧和黄群慧，2022）。因此，本书对 ESG 影响因素的研究有利于帮助投资者识别并跟踪企业的 ESG 信息，从而做出准确的投资决策，促进良好的社会投资行为。通过实施合理的 ESG 政策，企业可实现更高的社会和财务效益，提高自身的可持续性，并为投资者创造更多价值。此外，本书在目前倡导绿色投资的潮流下，对企业 ESG 披露和 ESG 表现影响因素进行了深入分析，有助于金融机构对于企业 ESG 披露和 ESG 表现的差异性区分，有效识别 ESG "漂绿"行为，为信贷精准投放、风险有效防控提供了实证经验和证据。

第二节　研究内容与研究方法

一、研究内容

企业内部的高管薪酬差距对企业高管团队成员的心理、行为与决策产生重要的作用，这些作用影响了企业 ESG 信息的对外披露和 ESG 表现。本书分别研究了高管薪酬差距对 ESG 披露和 ESG 表现的影响，分析高管薪酬差距到底影响了"谁"进而影响了企业 ESG 的行为。本书还分析了高管薪酬差距对 ESG 披露和 ESG 表现产生影响的完全中介和部分中介的机制。另外，分别对 ESG 披露和 ESG 表现产生差异化作用的宏观层面、行业层面、企业层面的外部情境因素进行了异质性分析，通过对 ESG 披露和 ESG 表现两者异质性分析的比较，分析了企业在不同外部环境下"言"（ESG 披露）与"行"（ESG 表现）的不同表现。进一步研究了高管薪酬差距对企业 ESG "漂绿"行为产生的作用。最后，进行了高管薪酬差距对企业 ESG 影响的经济后果研究。本书的技术路线如图 1.1 所示，具体而言，本书包含以下七章：

第一章，绪论。介绍本书的研究背景和研究意义、研究内容与研究方法、研究创新。

第二章，理论基础与文献综述。介绍高管薪酬差距和企业 ESG 披露、ESG 表现的基本概念及历史演化。阐述本书研究所涉及的制度理论、锦标赛理论、公平理论、社会比较理论、委托代理理论等。收集并整理现有薪酬差距和企业 ESG 的相关文献，并对文献进行总结和评述。

第三章，制度背景与理论分析框架。梳理并总结薪酬差距与 ESG 的相关制度，结合制度背景及理论基础构建本书的理论分析框架。

第四章，高管薪酬差距对企业 ESG 披露的影响研究。通过收集 2010～2022 年中国 A 股非金融类上市公司的样本，对高管薪酬差距与企业 ESG 披露的总体关系进行检验，然后对公司透明度、公司创新、公司风险的中介机制进行了分析，另外，检验了宏观层面、行业层面、企业层面等外部因素的异质性。进一步，对高管薪酬差距高和低水平下的不同区间的作用进行了实证分析。

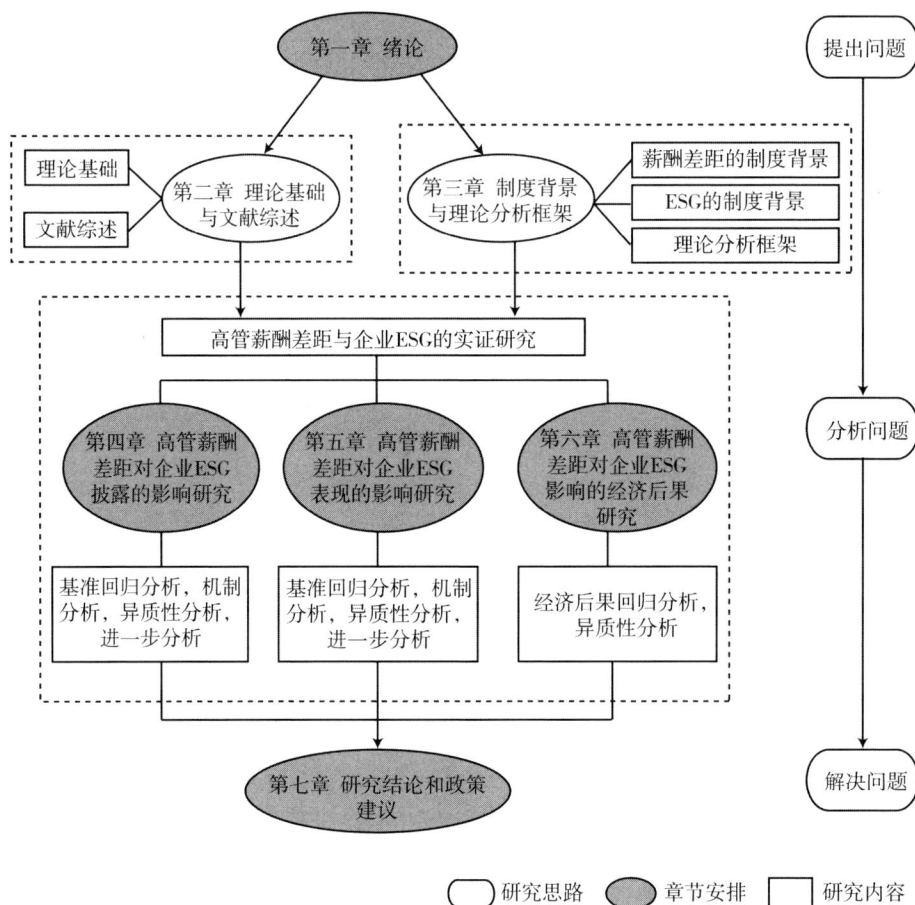

图 1.1 技术路线图

第五章，高管薪酬差距对企业 ESG 表现的影响研究。以 2010~2022 年中国 A 股非金融类上市公司为样本，考察了高管薪酬差距对企业 ESG 表现会产生何种影响。接下来分析了正职级高管过度自信，副职级高管的组织认同以及代理成本的中介效应。检验了宏观层面、行业层面、企业层面等外部因素的异质性。进一步探究了高管薪酬差距高低区间对企业 ESG 表现的不同影响，另外，通过对 ESG 披露与 ESG 表现的异质性结果的对比分析，寻找企业在不同情境下言行不一致的深层次原因，并对高管薪酬差距是否会引发企业"漂绿"行为进行了实证分析。

第六章，高管薪酬差距对企业 ESG 影响的经济后果研究。经济后果选取了企业权益资本成本、企业价值、企业全要素生产率三个变量。首先用2010~2022 年中国 A 股非金融类上市公司的全样本分析高管薪酬差距对企业 ESG 披露影响的经济后果，其次分析已进行 ESG 披露并获得第三方 ESG 评分的上市公司中，高管薪酬差距对企业 ESG 表现影响的经济后果。同时，对企业外部因素和内部因素造成的效应差异进行了实证检验。

第七章，研究结论和政策建议。在对前述实证研究结果进行全面总结的基础上，从对政府、对企业、对投资者提出了相关的启示与建议，进一步提出了本书研究的局限性及未来研究的展望。

二、研究方法

（一）规范性研究

首先，为了掌握和总结国内外研究的发展脉络和最新动态，本书利用 CNKI、WOS、Wiley 等中外文献索引库，对相关文献进行全面收集、阅读和整理，并按研究主题和内容进行归类总结和回顾，为本书的研究分析提供理论参考。其次，总结现有文献关于薪酬差距和 ESG 的概念界定，梳理了制度理论、锦标赛理论、公平理论、社会比较理论、委托代理理论等经典理论的演化发展。在此基础上进行深入逻辑分析，提出研究假设。

（二）实证研究

本书收集了 2010~2022 年中国 A 股非金融类上市公司的样本，构建了面板数据，通过双向固定效应的多元回归分析进行基准回归检验，在稳健性和内生性检验中，主要采用了 Heckman 两阶段法、工具变量法、PSM 倾向得分匹配法等估计方法。采用中介效应模型对中介变量进行检验，在对中介变量的衡量中，采用了主成分分析对心理因素的变量进行衡量。异质性分析主要采用分组回归法，并且对检验结果显著的两组采用邹检验法进行组间系数差异检验。且运用比较研究法对在 ESG 披露和 ESG 表现的不同异质性因素的结果进行对比分析。本书的计量分析采用 stata17 进行数据处理。

第三节　研究创新

第一，构建了企业高管薪酬差距—ESG 披露—ESG 表现—经济后果的系统化、递进式、学科交叉研究框架，丰富了企业 ESG 驱动因素的体系化研究。首先，现有文献基本局限于单独对 ESG 信息披露或者 ESG 表现进行分析，割裂了代表企业"言"与"行"的 ESG 披露与 ESG 表现的联系，不利于对企业 ESG "言"与"行"的相互比较，未能全面考虑 ESG 披露与 ESG 表现的内在联系。本书将高管薪酬差距、ESG 披露与 ESG 表现纳入统一的理论框架，分析高管薪酬差距分别对企业 ESG 的"言"（ESG 披露）和"行"（ESG 表现）的影响，为中国特色环境中企业高管薪酬分配因素如何影响企业可持续发展行为提供了立体化视角。其次，本书将高管组织认同等心理学影响因素纳入高管薪酬差距对企业 ESG 的影响机制分析框架，拓展了学科交叉的应用。在探讨高管薪酬差距与企业 ESG 表现的机制时分析了正职级别的高管过度自信和副职级别的组织认同的中介作用。其中，副职级别的组织认同在国内鲜有除问卷外的衡量方式，本书用主成分分析法构建了副职级别高管组织认同程度的综合指标。避免了调查问卷收集数据的主观性偏误，尝试进行学科交叉方面的创新。

第二，本书的研究丰富了高管团队内部薪酬差距的研究，从高管代理行为视角揭示了企业 ESG 影响的内在机制。现有研究多关注高管与员工、企业内部高管与外部高管的薪酬差距，而对高管团队内部不同层级间的薪酬差距研究较少，导致对企业决策主体的深入分析不足。而高管团队内部薪酬差距作为影响高管行为和企业决策的重要因素，决定着企业高管是否能发挥自主动能，努力实现企业既定的 ESG 战略目标，以平衡不同利益相关者的诉求。本书从高管薪酬差距这一企业内部治理关系出发，对正职级高管与副职级高管的薪酬差距进行探讨，研究发现副职级高管的薪酬差距对企业 ESG 的影响更大。本书的研究结论为企业在绿色可持续发展推进过程中激励"谁"更有效提供了政策建议的依据，为如何更有效激励高管践行 ESG 提供了实证依据。

第三，本书深入分析了企业"多言寡行"和"言行一致"的现象和深层次原因，为企业 ESG "言"和"行"的比较研究提供了经验证据。本书将高管薪酬差距对企业 ESG 披露、ESG 表现的异质性结果进行了对比分析，寻找企业在何种情境下出现言行不一致的情况，发现在政府监督、行业污染水平、政治关联、行业竞争程度情境下企业出现"多言寡行"的情况，探究出现这种情况的原因，发现主要是由于企业对政府进行迎合（迎合效应），对行业竞争对手进行模仿（模仿效应）。而企业在高质量审计机构、媒体、股东等其他利益相关者介入程度高的情况下，通过外部压力缓解了高管薪酬差距过大引起的高管间的冲突，言行更趋于一致，起到了治理效应。对 ESG 的经济后果分析发现，企业在"言行一致"的情况下，权益资本成本更低、企业价值更高，更有利于高质量发展。这些研究发现具有一定的创新价值。

第二章 理论基础与文献综述

第一节 主要概念界定

一、高管薪酬差距概念及演化

（一）高管薪酬差距的概念

薪酬差距的概念是由收入差距演变而来的，主要描述不同主体间薪酬差异的程度。高管薪酬差距，即企业高管间薪酬的差异程度。本书的高管薪酬差距指以 CEO 为代表的正职级高管（简称 CEO）[①]与其他副职级高管间的薪酬差距。对这种高管薪酬差距的研究，可以深入探讨正职级高管与副职级高管谁对企业 ESG 影响更大的问题。

（二）薪酬差距的演化及发展

在社会发展进程下，随着社会分工的不断完善和细化，薪酬差距的问题越发显著，亚当·斯密在其劳动价值理论中提到了劳动收入差距的来源，认为有两类因素造成了劳动收入差别：一类是不同的"职业性质"；另一类是工资政策。不同的工作岗位、不同的职业，对劳动者素质的要求是不尽相同

[①] 由于现有研究常把以 CEO 为代表的正职级高管职位统称为"CEO"，因此，本书将正职级高管简称为"CEO"。

的，自然就产生差异化的收入（亚当·斯密，2015）。他的理念形成了最早的工资差别理论的基础。

马克思在批判和继承了西方古典经济学的劳动价值理论的基础上，形成了按劳分配理论，马克思认为"以劳动为公平的标准，承认个人劳动能力以及与其相关的利益差别是个人天然的权利，要求不同的个人和不同的团体之间具有明确的利益界限及权利界限，多劳多得，少劳少得，不劳则不得，即按劳分配，以劳动来衡量才是公平的，一个人在体力或智力上胜过另外一个人，因此在同一时间内提供较多的劳动，或者能劳动较长的时间，而劳动，为了要使它能够成为一种尺度，就必须按照它的时间或强度来确定，不然它就不能称其为尺度了"（马克思和恩格斯，2009）。也就是说，劳动者先天禀赋等方面存在的差异而引起的分配结果的薪酬差距，是个人劳动能力的差异的体现。

20 世纪 60 年代，随着人力资本理论的兴起，人力资源成为研究的热点。西奥多·舒尔茨在其所著的《人力资本的投资》中提出，人力资本是由人力资本的投资形成的，是存在于人体中的知识和技能等存量总和。从个体劳动者的角度来讲，一个人的人力资本含量越高，其劳动生产率越高，边际产品的价值也就越大；反之，其劳动生产率越低，边际产品的价值也就越小。同样，在劳动力市场上，人力资本含量高的劳动者应该得到较好的工作和较高的待遇，这是内在人力资本的价值表现。只有使每个劳动力的人力资本价值都得到体现，社会总体劳动力资源才能得到有效配置。

20 世纪 90 年代，诺贝尔经济学奖获得者约瑟夫·斯蒂格利茨对形成薪酬差距的原因做了系统性的解释，他认为：①由于职业和工作性质产生的报酬差异形成了补偿性差别；②由员工个人劳动生产率的差异产生的报酬差异形成了生产率差异；③信息不完全差别是由于劳动者不具有劳动力市场上完整的工作信息所导致的报酬差别；④由于劳动力不能自由地变换职业造成工资差别无法得到有效的消除，形成了劳动力流动不完全对工资差别的影响。

中国改革开放以来，薪酬的分配经历了四个阶段的演变，第一阶段是

1949～1978 年计划经济时代下的薪酬制度，这一阶段在收入分配领域的工资管理采取高度集中的管理模式，特点为各行业，各级别薪酬差距不大，"大锅饭"形式导致奖惩不明，积极性难以调动。第二阶段是 1978～1992 年经济转型时期改革探索中的薪酬制度，这一阶段随着市场经济体制改革的全面展开，我国对薪酬制度开始进行了改革和探索，出现了"从留利中提取奖励基金""工资和奖金同企业经济效益挂钩""企业的工资分配权下放"等市场化改革的探索，但却未实现薪酬制度的激励功能，在此期间，各种名目的奖金、津贴、补贴繁多，出现了福利化的倾向。第三阶段是 1992～2012 年在现代企业制度建立下不断完善的薪酬制度。这一阶段随着市场经济体制改革的不断深化，"按劳分配"的要素分配思想复归，这期间的薪酬制度主要围绕着如何调动普通职工积极性展开，在"产权清晰、权责明确、政企分开、管理科学"现代企业制度的建立下，薪酬制度不断完善，薪酬差距开始逐步拉大。第四阶段是 2012 年至今的薪酬制度改革，这一阶段改革的主要对象是国有企业。党的十八大明确提出了收入分配要兼顾效率和公平。2015 年，国家又颁布了《中央管理企业负责人薪酬制度改革方案》，改革的重点是规范组织任命的国有企业负责人薪酬分配，对不合理的偏高、过高收入进行调整（方芳和李实，2015）。由此，目前薪酬差距的合理运用，关乎着整个社会的效率、和谐和公平，国内对占国民经济很大比重的国有企业薪酬差距的研究，也成了国内研究的热点。

二、企业 ESG 概念及演化

（一）ESG 的概念

ESG，是 Environmental（环境）、Social（社会责任）和 Governance（公司治理）三个英文单词的首字母缩写，是近年来兴起的企业行动指南和重要投资理念，亦是可持续发展理念在微观企业层面的具象投影。ESG 披露，是指环境、社会责任和公司治理相关信息的披露①。目前 ESG 信息披露的独立载体主要是 ESG 报告（或 CSR 报告），因此，本书的 ESG 披露指上市公司是否独立披露社会责任报告或 ESG 报告的情况；而 ESG 表现指企业 ESG 的第三方综合评级得分，体现了企业实施 ESG 效果的评价。

ESG 概念的定义源于 2004 年 12 月联合国环境规划署发布的《Who Cares Wins》报告，旨在提倡企业和投资者关注环境、社会责任和治理问题。企业层面（尤其是上市公司层面）的 ESG 实践，即将环境、社会责任、治理等因素纳入企业管理运营流程，与此前社会各界倡导的企业社会责任（CSR）一脉相承。以往许多研究将 CSR 和 ESG 视为同质，近年来，学术界则更加注重对包括更多内涵的 ESG 的研究。

ESG 的评价体系是通过对 E（环境）、S（社会责任）和 G（治理）三个方面的分别评价展开（李维安等，2019），其中，E（环境）重视企业对自然界的影响及企业为减少对环境影响所做的工作；S（社会责任）的重点则放在了企业对其员工、供应商乃至更广泛的社区关系的影响；G（治理）则聚焦于企业本身的运作程序。总的来说，E、S 和 G 是用来衡量企业的可持续性和道德影响的三个核心支柱。

（二）ESG 的演化及发展

ESG 的起源可以追溯到传统的西方商业道德观念。在西方某些商人群体中，共同约定在商业活动中非必要不破坏树木、制造武器、收取高利贷等。诞生于 17 世纪英国的贵格会是较早以共识的形式全面地在经济活动中实践 ESG 的组织。贵格会主张简单、和平、正直、归属感、平等和尽责等理念，与我们当代提倡的可持续发展理念非常相似。贵格会成员也被称为"自然资本主义者"，他们成立了诸如劳埃德银行、友诚保险等知名企业，并将自然主义的基本理念纳入实际的企业运作。

18 世纪工业革命期间，资本家消耗自然资源、雇佣奴隶等通过低成本获

---

① 定义来自中国企业改革与发展研究会发布的《企业 ESG 披露指南（团体标准）》。

得超额收益的行为引发了群众大规模抗议。由此，关注商业对社会和环境产生的影响的现代社会责任投资活动开始兴起。

1977 年，苏利文作为美国通用汽车公司董事会成员提出了"苏利文原则"，促进企业的社会责任。后来，"苏利文原则"还被联合国采纳，成为联合国全球契约的一部分。

"可持续发展"的概念在 20 世纪 80 年代被正式提出。短短的十年间，联合国与一些国际组织共同发布了一系列可持续发展相关的倡议，成立了一系列国际机构。因此，可持续发展得到多方面的实质性推动，并于 20 世纪 90 年代在世界各地成为共识。值得一提的是，世界贸易组织（WTO）在成立之初便着重贸易与劳工标准、贸易与环境、贸易与竞争等议题的关注。从此，环境、社会影响等问题成为跨国贸易中不可回避的重要考核标准，推动了一系列劳工和社会责任标准的应用。

到了 21 世纪初，可持续发展在各国间逐渐从共识走向行动方案，关注环境、社会责任的各类组织也纷纷成立以调动金融和商业力量支持可持续发展。

2004 年，联合国环境规划署发布的《Who Cares Wins》报告，正式提出了 ESG 概念。报告中强调，人类社会的良性存续的核心是要统筹兼顾环境、社会和经济的可持续性发展，同年 6 月，联合国环境规划署金融倡议组织发表《ESG 对权益定价的实质影响》，提出了关注 ESG 对长期投资回报的影响。

2006 年，在联合国秘书长安南的推动下，2006 年联合国环境规划署金融倡议组织和联合国全球契约组织联合发起了负责任投资原则倡议（PRI），其内容包含六项原则，内容中将环境、社会和治理相结合，首次提出了 ESG 投资理念及评价体系，并通过吸引签署方的模式让更多资产所有者和资产管理者承诺融入 ESG 投资的原则和实践。自此，ESG 理念开始在全球广泛传播，绿色发展和可持续理念逐渐成为经济发展的新趋势。

2009 年，联合国贸易和发展会议发起可持续证券交易所倡议，推动交易所编制 ESG 报告指南从而促进上市公司的 ESG 信息披露。自此，各国对 ESG 报告的披露开始重视，从原有的无序披露开始走向制度化、规范化披露。

2015 年 9 月，在联合国纽约总部召开的可持续发展峰会上，193 个成员国通过了《联合国 2030 年可持续发展议程》，制定了 17 项可持续发展目标，涵盖了目前全球面临的经济发展、社会和谐和环境治理三个维度的发展目标。2015 年 12 月在巴黎召开的第 21 届联合国气候变化大会上通过了《巴黎协定》，提出将 21 世纪全球气温上升控制在工业革命前的 2℃以内、力争 1.5℃以内的控温目标，以减缓气候变化，确保人类的可持续发展。

第二节 理论基础

一、制度理论

制度理论讨论的是社会结构为何呈现如今特征的问题。具体到管理学领域，制度理论讨论了同一个领域中的企业行为为何体现出一致性（Nofsinger et al.，2019；邹鸿辉和谢恩，2024）。在传统经济学理论中，企业是以营利为目的的，但是在特定的制度背景中，企业的行为方式可能会存在违背经济逻辑或理性行为的现象，制度理论解释了这一现象（Scott，1987）。制度包括法律、规定、习俗、职业规范、文化、伦理等（Scott，2005）。制度理论认为个人和组织会受到所处环境的信仰体系与文化框架的影响，并逐渐使自身行为和该信仰体系与文化框架相适应（DiMaggio and Powell，1983）。因此，处于相同的历史文化背景和道德法律约束环境的企业可能会呈现出相同的行为逻辑和经营信念，这种信念从习俗逐渐变成了社会契约和制度约束，会对企业经营形成一定的压力（Campbell，2007）。

在公司治理领域，制度理论研究的是不同制度环境对于企业行为的影响。由于中国具有独特的地理条件、悠久的历史文化和长期的道德传承，中国企业往往具有股权较为集中、层级较为复杂的特征，并且受人情关系、国有背景、政府调控等因素影响，呈现出与其他国家企业不同的特征（方芳和李实，2015）。首先，在企业的薪酬分配制度方面，体现出了中国特色（韩小芳，2018）。中国企业，尤其是国有企业的薪酬分配制度的历史演变，反映了制度背景的深刻影响。计划经济时代，"大锅饭"制度解决了人民温饱问题的同时也存在奖惩不明缺陷，此时中国企业的薪酬差距非常小；改革开放后，党和国家领导人提出先富带动后富，激励创新创业、提高企业经营积极性，薪酬差距逐渐扩大；随着中国企业市场化和国际化进程的加速，薪酬差距无序扩大，引发了一定的社会问题，因此开始倡导"效率优先、兼顾公平"，逐渐缓解薪酬差距。因此，总体来说，中国企业高管薪酬差距问题具有中国特色社会主义市场经济的时代烙印和制度特征。其次，中国企业 ESG 的深入推进也得益于中国制度背景。中国特色制度理论注重党的领导下的公司治理，提倡依法治企、党领导公司决策，推动公司治理水平不断强化。同时，随着中国"双碳"目标的不断推进和绿色中国战略的不断深化，企业必须不断适应绿色发展和可持续发展，强调环境保护和社会责任，以实现经济效益、社会效益和环境效益的有机结合。

二、锦标赛理论

锦标赛理论由美国的拉泽尔和罗森共同提出，认为个体行为受到所处环境的激励以及竞争程度的影响。在竞争激烈的环境中，个体会为了达到某种目标而不断努力，通过不断争夺资源、地位、声誉或奖励，不断提升自身的能力和表现以期能取得最终的胜利（Lazear and Rosen，1981）。

一方面，锦标赛理论强调了竞争对于个体行为和组织绩效的影响（Kacperczyk and Balachandran，2018）。在公司治理领域，锦标赛理论被用来解释企业组织中高管的竞争行为和绩效激励机制（Kim et al.，2022），企业可以通过薪酬差距、绩效奖金、股权期权等奖励制度，激励高管积极竞争、提升表现，以期提升企业整体绩效（Coles et al.，2018）。锦标赛理论将企业绩效与薪酬挂钩，通过设计薪酬等级来激励高管实现更高的企业绩效（于良春和姜娜娜，2024），薪酬等级之间差异越大，即薪酬差距越大，高管越有动力通过提高企业绩效来获得更多利益（Main et al.，1993），即企业内部薪酬差距与企业业绩之间正相关。适当地扩大薪酬差距能够有效提高高管的努力水平，降低代理成本，提高企业价值（Main et al.，1993；Eriksson，1999）。高管通过不断努力攀升企业绩效阶梯，努力赢得一系列连续的绩效等级锦标赛（Siegel et al.，2005），这不仅是获得更高的薪酬水平的必经之路，也是高管获得职位晋升的必由之路（柳光强和孔高文，2018）。高管努力的最终奖励，就是职位晋升带来的薪酬差距（Leonard，1990；Shen et al.，2018）。这一系列绩效锦标赛覆盖了企业绩效考核的方方面面，包括财务绩效、市场绩效和社会绩效（Kim et al.，2022），因此，为了获得更高薪酬和更好的竞争机会，高管有动力提升企业盈利能力、获得良好的市场反应（lim，2019）、提升企业的 ESG 水平（Pan et al.，2022）。在较为复杂的企业组织中，例如金字塔结构的企业集团中，随着企业组织层级的提升，不同级别之间的薪酬差异增加，尤其是集团 CEO 与直接下属主管的薪酬差距（Lambert et al.，1993；Main et al.，1993；Coles et al.，2018）。

另一方面，锦标赛理论也指出，过度竞争可能引发敌对矛盾，不利于企业绩效（缪毅和胡奕明，2014）。高管团队内部薪酬差距越大，越容易引发员工矛盾，产生高管与员工间（Cheng and Zhan，2023）、员工与员工间的对立关系（Oreilly，1988），促使员工整体的工作效率和个人满意度降低（Pfeffer et al.，1993），降低团队协作可能性，增加企业组织内部沟通成本，不利于组织绩效的提升。具体来说，外部董事和高管团队之间的薪酬差距越大，高管越可能采取激进战略来证明自身价值以保持高额薪酬，从而引发企业面临更高的战略风险（Patel et al.，2018）。

三、公平理论

随着社会分工的不断完善和细化，薪酬差距的问题越发显著，亚当·斯密在其劳动价值理论中提到了劳动收入差距的来源，认为职业性质、工资政策造成了劳动收入差别。不同的工作岗位、不同的职业，对劳动者素质的要求是不尽相同的，自然就产生差异化的收入（亚当·斯密，2015）。他的理念形成了最早的工资差别理论的基础。随后，马克思在批判和继承了西方古典经济学的劳动价值理论的基础上，形成了按劳分配理论，马克思认为应当将劳动作为公平的标准，将个人劳动能力与其相应收益挂钩（马克思和恩格斯，2009）。虽然劳动者先天禀赋等方面存在差异，容易引起的分配结果的差距，即薪酬差距，但是更多的劳动时间和更高的劳动强度一定程度能够弥补这种差异，实现资源分配的相对公平（于良春和姜娜娜，2024）。

公平理论探讨的是在社会资源分配、权利享有、机会平等等方面的正义和公平原则。公平理论认为人人平等，应当按照个体贡献、努力程度或者需求来分配资源。虽然不同的社会制度和价值观可能强调不同的公平原则，导致对公平的理解存在多样性和复杂性，但是公平理论强调的是付出和收益的平衡。公司财务领域的公平理论主要关注的是如何在公司内部利益相关者之间、内部和外部利益相关者之间实现公平和平衡，以促进公司长期发展和社会福祉的提升。

Adams（1965）提出了公平理论，认为只有公平的报酬，才能使职工感到满意和起到激励作用。当其他员工的投入和结果的比例与个人自身的投入和结果不同时，员工和管理者之间就会产生不公平的感受（Schulz et al.，2022）。进一步研究发现，薪酬差距带来的不公平感会降低企业内部薪酬激励强度、生产效率和内部合作可能（Cowherd and Levine，1992），会减弱薪酬差距对员工的激励效应（雷宇和郭剑花，2017）。对于内部利益相关者来说，企业内部薪酬差距越大，管理层的不公平感越强，越会降低管理层留任意愿、降低高管任期、提高离职率（Bloom and Michel，2002），导致企业管理人才和技术人才流失，最终降低企业绩效（Rouen，2020），增加企业经营环境的不确定性（Kim et al.，2022）。尤其当员工强烈关注晋升时，薪酬差距越大，员工的不公平感越强烈（Park et al.，2017）。对于外部利益相关者来说，企业组织内部薪酬公平和外部薪酬公平都会影响员工旷工概率，外部薪酬公平性越高，员工缺勤率越低（Torre et al.，2015）。专业机构投资者的关注和公平的企业制度有利于降低企业内部薪酬差距（Connelly et al.，2013；于良春和姜娜娜，2024）。

四、社会比较理论

社会比较理论认为，在没有客观评价标准的情况下，人们经常通过与他人进行比较来评估自己的社会地位、财富、能力、声望等（Lim，2019），并且这种比较会影响他们的行为和幸福感。社会比较理论主要包括三个方面：收入比较、社会地位比较和动态适应性。其中最主要的是收入比较，即相对收入理论。相对收入理论认为，个体的幸福感取决于他们在社会中相对他人的收入水平，而不仅仅是绝对收入水平（Suls and Wheeler，2000）。即使一个人的收入很高，但如果他感觉自己相对其他人处于劣势地位，他的幸福感可能会降低（Wills，1981）。其次是社会地位比较，即个体通过与他人在社会地位上的比较来确定自己在社会等级中的位置，这种比较可能会影响个体的自我价值感和自尊心，从而影响其行为和决策（Bloom and Michel，2002）。最后是适应水平理论，即人们会逐渐适应自身经济状况和生活水平，并且其幸福感受到周围人群的影响，如果周围人群的生活水平提高，个体可能会感到不满意自己的境况，导致幸福感下降（Fredrickson et al.，2010）。

在公司治理领域，社会比较理论认为，员工的满意度和幸福感受到他们在组织中与同事的相对薪酬的比较影响（Williams et al.，2006）。其解释了相对薪酬或者说薪酬差距对于员工的影响（翟少轩和王欣然，2023），有助于组织设计更具吸引力和公平性的薪酬制度和激励机制（Kim et al.，2019）。如果企业组织中的薪酬差距过大，员工社会比较心理产生的不公平感会挫伤员工工作积极性（Wade et al.，2006；Tenhiälä et al.，2023），造成组织和个人层面的生产力下降（Bloom，1999）、群体凝聚力丧失（Pfeffer and Langton，1993）、失业率提高（Siegel，1996）、产品质量下降（Cowherd and Levine，1992）等。另外，由于高管之间有着共同的关键属性，如职业路径、教育历史和职业等，相比员工，更容易形成彼此的薪酬比较参照（Fredrickson et al.，2010；Lim，2018）。高管团队成员之间的社会比较心理会影响董事会的薪酬设定过程，高薪者愿意保有较高的薪酬差距，而低薪者倾向于打破薪酬差距，因此会形成薪酬差距博弈，最终影响公司的业绩（Fredrickson et al.，2010）。其中，有政治联系的董事人数越多，越容易依赖政治资源优势保有自身高薪，会促使企业高管与员工之间的薪酬差距增大（Chizema et al.，2015），这种差距越大，越容易激发员工由于社会比较产生的不公平感，会促使员工不当行为增加（Smulowitz，2021）。

五、委托代理理论

伯利和米恩斯（2005）在其著作《现代公司和私有资产》中，开创性地提出了委托代理理论，认为股东和高管两个不同的利益群体应将所有权和经营权相分离，股东应当保留企业所有权，将经营权让渡给高管，以此实现两权分离，充分发挥高管的经营才能。基于这种代理关系，Jensen and Meckling（1976）认为代理人即高管可能违背股东意愿出现逆向选择，即以自身利益最大化而非股东利益最大化为行动目标，因此股东（委托人）需要对高管（代理人）进行适当的监督和激励，促使代理人和委托人目标一致。

在企业组织中，公司雇用高管和员工对于企业执行特定管理和操作工作，以薪酬作为委托代理关系的纽带（Chen et al.，2013）。但是高管和员工对于企业内部同事和外部同行的社会比较，会使他们对于自身薪酬的数量形成等级认知，了解薪酬差距的程度和方向，从而衍生出对于自身的社会地位、自我认知的主观感受（Sengupta and Yoon，2018），会影响薪酬对于高管和员工工作激励的效果，从而影响高管和员工的工作积极性（Tenhiälä et al.，2023），可能促使高管和员工违背委托代理关系而为自身牟取利益。随着董事会监督的下降和 CEO 权力的增加，高管倾向于利用自身权力自定薪酬（Shin et al.，2016），获得更大比例的公司剩余资产，从而加剧薪酬差距（Kolev et al.，2017）。委托代理理论强调了在设定薪酬水平时要考虑员工的激励问题。公司需要设计合理的薪酬结构和绩效考核机制，激励员工为实现公司目标做出努力，同时公司还需要平衡薪酬公平性和员工激励之间的关系，确保薪酬制度的公正性和有效性，避免因为薪酬差距过大而导致的员工不满和潜在的道德风险（Jaskiewicz et al.，2017）。

根据 Otten（2008）薪酬理论框架，委托代理理论是薪酬理论的基础，企业往往基于委托代理关系及其中可能存在的逆向选择和道德风险来设计薪酬方案（Jaskiewicz et al.，2017），在实现最优契约的同时，有效管控高管权力、约束代理人越轨行为（Sengupta and Yoon，2018），从而有效降低代理成本（柳光强和孔高文，2018）。高管薪酬差距本质上是保障为解决代理问题而形成的高管契约的有效性（Smulowitz et al.，2021）。

第三节　文献综述

一、高管薪酬差距的相关研究

（一）高管薪酬差距的基本结构

薪酬是企业向劳动者支付的报酬，它既体现了企业内部的收益分配，又体现了企业外部劳动力市场的价格（宋芸芸和吴昊旻，2022）。随着生产效率的不断提升，个体间的收入差距逐渐加大，特别是高管们和普通员工的收入差距不断加大，引发了一系列社会问题，由此带来了关于"收入公平、薪酬公平"的研究和讨论。薪酬差距的概念在近年来的研究中也不断细化。薪酬差距是指某特定群体中特定主体的薪酬与最低主体的薪酬之间的差距，实际反映了薪酬的激励程度。薪酬差距主要描述不同主体间薪酬差异的程度。薪酬差距的概念是由收入差距演变而来的，目前学术界对薪酬差距、工资差距、薪酬不平等、薪酬公平、收入公平等概念未做严格区分。

根据现有研究，薪酬差距的分类基本如下：一是根据薪酬比较对象位于企业内部或者外部，分为内部薪酬差距和外部薪酬差距（Kim et al.，2022）；二是根据企业内部的职位层级或者社会地位，分为不同层级间的纵向薪酬差距和相同层级间的横向薪酬差距（Fang and Tilcsik，2022）；三是根据员工投入于组织生产力对薪酬差距的解释程度，将薪酬差距分为可解释薪酬差距和非可解释薪酬差距（Charlie et al.，2012）；四是根据性别、民族、地域等因素划分的性别薪酬差距（Maoret et al.，2023）、种族薪酬差距、地域薪酬差距等（Biasi and Sarsons，2022）。通过对薪酬差距进行分类，可以更清晰地了解不同方面的差距情况，有针对性地采取措施来减少不合理的薪酬差距，提高员工的工作满意度和工作绩效，促进企业发展和成长。

（二）高管薪酬差距的影响因素

关于薪酬差距形成的讨论可追溯到 17 世纪威廉·配第提出的"劳动创造价值"理论，他认为薪酬差距的形成来源于个体劳动能力的差异。随后亚当·斯密认为职业性质和工资政策共同造成了薪酬差距，工作本身对于劳动者素质的不同要求，产生了差异化的收入（Lemieux et al.，2009）。20 世纪90 年代，诺贝尔经济学奖得主约瑟夫·斯蒂格利茨认为薪酬差距来源于职业和工作性质、员工个人劳动生产率差异、劳动信息不对称和劳动力流动不完全。根据现有研究成果，薪酬差距主要受到制度层面、公司层面和个体层面多因素的影响。

（1）制度层面因素。Lemieux（2008）认为，美国最低工资政策、税收政策等制度因素扩大了薪酬差距，体现了薪酬差距研究中的制度重要性。在中国特色制度背景下，制度因素是薪酬差距研究中的重要因素。第一，薪酬管制政策（限薪令）。中国从 2009 年开始陆续颁布一系列中央企业负责人限薪令，一部分学者认为限薪令产生了积极效果，降低了中央国有企业高管的内部薪酬差距（杨青等，2018），另一部分学者认为限薪令造成了一系列负面影响，例如加速企业高管腐败（徐细雄和刘星，2013）、降低企业绩效（沈艺峰和李培功，2010）。第二，国企改革政策。随着混合所有制改革等国有企业改革政策的推进，我国国有企业薪酬设置根据高管身份不同采取不同方式。市场化招聘职业经理人的薪酬构成为基本年薪、绩效年薪和中长期激励收入，而具有行政身份的国资委派高管，虽然也有基本年薪和绩效年薪，但其上限受"限薪令"约束，形成了独特的同级岗位、不同身份、不同薪酬的"双轨并行"现象。混合所有制改革改变了企业的股权结构和董事会结构（陈良银等，2021），非国有股东和党组织的进入增加高管薪酬、降低员工薪酬（邹鸿辉和谢恩，2024），从而扩大了企业内部薪酬差距（耿云江和马影，2020）。第三，税收制度及政策。薪酬抵税改革通过允许薪酬支出全额税前扣除，降低企业成本、提高员工薪酬总额，降低了企业高管与员工间的薪酬差距（韩晓梅等，2016；Cheng and Zhan，2023）；企业公平竞争审查制度有效减少企业内部薪酬差距（于良春和姜娜娜，2024）；针对固定资产加速折旧政策的税收优惠通过增加高管平均工资，扩大了高管与员工间的薪酬差距（张克中等，2021）；数字化转型缓解了代理问题、改善了信息环境，从而降低了企业内部薪酬差距和外部薪酬差距（魏志华等，2022；翟少轩和王欣然，2023）。第四，产业政策。产业扶持政策同时具有"激励效应"和"引导效应"，以政府优惠和高薪吸引产业人才入驻企业，通过提升员工薪酬来降低内部薪酬差距，进而提升企业创新效率（宋芸芸和吴昊旻，2022）。

（2）公司层面因素。薪酬差距受到公司治理、组织地位、企业绩效等公司层面诸多因素影响。第一，公司治理因素。职务兼任对薪酬差距的影响存在激烈争议（刘子君等，2011）。一方面，CEO 兼任董事会主席会使 CEO 拥有更多权力，削弱了董事会监督能力，通过影响董事会议程、审议和决定，增加了 CEO 相对薪酬，扩大了薪酬差距（Kolev et al.，2017）；另一方面，董事长或 CEO 在上级控股母公司纵向兼任，会减少本级公司中高管和员工的薪酬差距，具体表现为薪酬总额增加、员工薪酬增加，从而降低内部薪酬差距（潘红波和张哲，2019）。高管有动机通过薪酬操纵实现私有收益最大化，促使管理层与员工间的薪酬差距持续扩大，良好的内部监督有利于缩小内部薪酬差距（张昭等，2020）。第二，组织地位因素。在企业集团各个成员单位的相互关系中，由于内部资本市场的存在，组织地位对于集团中各组织薪酬产生较大影响。Hu and Xu（2022）认为中国国有企业集团高管存在经济报酬和职务晋升的双重职业轨道，企业组织在集团中的层级越高，薪酬差距越低，且抑制了性别薪酬差距的产生（Blevins et al.，2019；Maoret et al.，2023）。第三，企业绩效因素。企业绩效作为高管团队或者员工的重要考核指标，直接影响企业内外部的薪酬差距。Coles et al.（2018）横向对比不同企业组织 CEO 间的薪酬差距，发现企业业绩越好、企业风险越高，CEO 薪酬越高，企业与行业间的薪酬差距越大。同样地，企业组织内部高管之间的绩效差距越大，内部薪酬差距越大，体现出较为强烈的绩效薪酬敏感性（Barth et al.，2016）。第四，其他组织因素。技术创新增加了企业绩效，提高了创新主导高管与员工之间的薪酬差异（Frydman et al.，2018），但对企业内部员工之间的纵向薪酬差异影响不大（Domin，2022）。企业组织的多元化经营（Leslie et al.，2017）和产品差异化战略（胡楠等，2021）细分了企业收入结构，增加了对应增收业务单元高管和员工的薪酬激励，从而扩大了企业整体薪酬差距。在中国情境下，红色文化的"平等"价值观和儒家文化中的"均平"思想，能够影响企业薪酬设计体系，缩小高管与普通员工间的薪酬差距（Jin et al.，2023）。在激烈的竞争环境中，企业倾向于通过提高绩效薪酬敏感性来激励高管员工积极工作，因此会加剧公司内部薪酬差距（Gartenberg and Wulf，2020）。

（3）个体层面因素。影响薪酬差距的个体层面因素包括高管特征、职业生涯、个人价值观等。第一，高管特征。高管特征包括性别、年龄、教育背景、海外背景、高管名誉等（何瑛等，2023）。首先被国外学者研究最多的是性别特征，基于角色一致性理论揭示了性别薪酬差距的来源（Wiedman，2020；Maoret et al.，2023），男性通常被认为更具侵略性（Kim et al.，2019），而女性则竞争意识较弱、议价能力较低（Folbre et al.，2023），因此受到歧视（García et al.，2022）。其次，高管团队年龄越大（刘建秋等，2021）、高管学历水平越高（柳光强和孔高文，2021）、高管具有海外经历

（柳光强和孔高文，2018），越注重组织中的社会地位和薪酬优势，企业会有更大的内部薪酬差距（邵剑兵和吴珊，2019）。第二，职业经历。基于契约理论，政府任命的 CEO 或国有企业高管有着经济报酬和职务晋升的"双重目标"，晋升预期高的高管愿意接受更低的薪酬、更小的薪酬差距（步丹璐等，2017），即为了获得更高的晋升可能性，高管愿意在一定程度上牺牲薪酬上的相对优势，忍受较小的薪酬差距。CEO 职业经历越丰富，高管团队薪酬差距越大（何瑛等，2023）。第三，个人价值观。拥有自由主义思想的 CEO 强调个人责任和自由，更注重员工自主权、责任感和公平感（Chin et al.，2017），尊重性别多样化（Briscoe and Joshi，2017），倾向于减少高管团队之间和不同性别间的薪酬差距。

（三）高管薪酬差距的经济后果

从经济学的角度来看，薪酬差异反映了不同人力资本的投入产出情况，不同维度的薪酬差距会引起不同的经济后果（Shaw，2014）。总体来看，国内外薪酬差距的经济后果研究可以分为企业绩效、企业行为和个人行为三方面，经济后果大部分聚焦于企业绩效，讨论企业内部不同层级高管员工之间的纵向薪酬差距对于企业绩效的影响，对外部企业组织之间横向薪酬差距的经济后果研究较少。

1. 高管薪酬差距与企业绩效

内部薪酬差距与企业绩效。大部分研究认为内部薪酬差距与企业绩效正相关。根据锦标赛理论，薪酬差距是企业高管员工之间的激励动因和竞争机制（Song et al.，2019）。企业以提升绩效为目的设计了一系列不同等级的薪酬激励（黎文靖和胡玉明，2012），使得高管和员工薪酬往往与企业绩效高度相关（刘春和孙亮，2010；刘子君等，2011），高管需要努力工作才能赢得薪酬优势和职位晋升（Siegel et al.，2005）。因此适当扩大薪酬差距能够有效提高高管的努力水平、降低代理成本、提高企业绩效（Kim et al.，2022）。

然而薪酬差距的积极作用也受到一些学者的质疑（缪毅和胡奕明，

2014）。部分学者认为内部薪酬差距与企业绩效间存在倒"U"型关系，内部薪酬差距过大可能引发企业绩效的降低（高良谋和卢建词，2015；李倩和焦豪，2021）。如果企业组织中的薪酬差距过大，可能引发高管和员工的社会比较，产生强烈的不公平感（Wade et al.，2006），挫伤员工工作积极性，造成组织和个人层面的生产力和生产质量下降，威胁企业长期可持续的绩效水平（Hill et al.，2017；Mohan et al.，2018）。同时，高管团队之间关于薪酬、地位和话语权的社会比较会影响董事会的薪酬制定、扩大薪酬差距，挫伤高管工作积极性（Tenhiälä et al.，2023），不利于企业绩效的提升（Fredrickson et al.，2010）。而对于薪酬低于企业内部平均薪酬的员工，企业内部薪酬差距的增加降低了该部分员工的工作效率，不利于企业绩效的提升（陈胜军等，2017）。

外部薪酬差距与企业绩效。当高管和员工薪酬水平高于行业平均标准时，外部薪酬差距越大，高管和员工会获得更多的满足感和认同感，越能激发其努力工作，降低离职率（Bloom et al.，2002；He et al.，2016），从而为企业带来较好的风险收益。同时，薪酬的固定性、稳定性、易升难降等特征使得高管员工在薪酬水平高于行业标准时，愿意承担更高风险以获得更高收益，激发企业创新（梅春等，2022），增加企业风险承担水平（董维维和潘金晶，2020）。但是当高管和员工薪酬低于行业平均水平时，外部薪酬差距越大，高管和员工社会比较后的不公平感越强（卢允之和周开国，2022），愿意为企业承担风险的意愿降低（钟熙等，2019），工作积极性下降，不利于企业绩效的提升。

2. 高管薪酬差距与企业行为

（1）高管薪酬差距与企业创新。企业创新既是宏观经济增长的引擎，又是企业可持续发展的源动力（梅春等，2022）。高管是企业创新的领头人，通过高管心理和公司治理效应影响企业创新（牛建波等，2019）。一方面，根据锦标赛理论，薪酬差距越大，高管对创新越具有积极性。在高管薪酬高于行业平均的企业中，外部薪酬差距越大，高管的风险容忍度和企业认同感越高，越倾向于提高企业创新投入、提高企业创新效率，增加企业的长期竞争优势（Yanadori et al.，2013）。在企业内部，高管之间、高管与员工间的薪酬差距越大，高薪者越有动机利用已有知识、技术和资源进行创新（潘子成和易志高，2023）。同时为了证明自身高额薪酬的合理性和正当性（Patel et al.，2018），以及为了保持长期可持续的高额薪酬优势，高薪者会通过提出更多创新构想、积极推进企业创新项目建设、增加企业创新投入、提高企业创新产出等方式证明自身的职业价值（孔东民等，2017；王新红和孙美娟，2023）。另一方面，根据行为理论，高管薪酬差距越大，越不利于创新。薪酬差距越大，低薪者通过内部薪酬比较会产生被剥削心理，怠工罢工等负面行为增加，同时更大的薪酬差距会增加"政治阴谋"的可能性，增加高管权力把控和"一言堂"可能，增加企业中的政治斗争、利益争夺和权力角逐，不利于企业创新（Wang et al.，2015；张瀛之等，2017）。另外，企业内部薪酬差距越大，高管有动机通过保证企业稳健经营来保持薪酬优势，因此投入成本较大的探索式创新活动减少（潘子成和易志高，2023）。

（2）高管薪酬差距与企业风险承担。薪酬差距会影响高管和员工面对企业风险的态度，影响企业的风险承担能力（刘思彤等，2018）。一是薪酬差距通过影响高管员工的风险容忍度影响企业风险承担。企业内部薪酬差距越大，高薪者为了继续保持高于企业内部平均水平的薪酬（Patel et al.，2018），越愿意承担风险进行项目投资，以体现个人能力，提高劳动力市场价值（孔东民等，2017）。同样地，企业外部薪酬差距越大，高管风险容忍度越强，企业战略激进度越高（吴祖光等，2023）。但是当企业面临激烈竞争和较大的外部不确定性时，高薪高管倾向于维持现有的企业盈利现状以保持高额收益，因此对企业风险持保守态度，会选择风险较低的投资项目，降低企业风险承担水平（董维维和潘金晶，2020）。二是薪酬差距通过影响高管和员工能力影响企业风险承担。在企业内部或者不同企业之间，薪酬高于平均水平的高管和员工往往掌握较大权力、具有行业专长或者对企业非常了解，这些因素促使他们得到高薪的特殊待遇，这也意味着他们比普通的高管员工具有信息、技术、人脉等方面的资源优势（Ma et al.，2020），从而促使高管和员工有能力、有渠道承担高风险项目，提高企业风险承担水平（刘孟飞，2022）。但是企业内部高管薪酬差距较大也会使薪酬低于平均水平的高管感到不平衡，会拒绝提供有价值信息，拒绝提供合作，这类高管会因避免承担战略执行风险而减少投资，降低企业风险承担水平（潘镇等，2019）。

（3）高管薪酬差距与企业投融资。高管薪酬差距对企业投融资的影响存在争议。部分学者认为高管薪酬差距有利于促进企业投融资。顾海峰和朱慧萍（2021）认为当高管薪酬大于行业平均水平时，且薪酬差距越大，高管的工作热情越高，通过提高其创新风险承担水平促进了创新投资效率。黄诗华等（2022）认为高管薪酬差距越大，越会增加高管的正面感知，从而减少企业的权益资本成本，降低股价崩盘风险。也有学者认为薪酬差距会增加资本成本、抑制投融资。张瀛之等（2017）基于相对剥削理论，认为高管团队的薪酬差距越大，越会抑制企业对知识资本的投资，从而降低创新投资水平。Chen et al.（2013）基于管理权力理论，发现高管薪酬差距大，企业的股权资本成本高，会导致企业融资成本增加，限制企业扩大投资规模和实施新项目的能力。

3. 高管薪酬差距与个人行为

（1）高管薪酬差距与离职意愿。薪酬差距影响了高管和员工对于自身相对薪酬、社会地位和自我价值的社会比较和感性认知，进而影响高管和员工行为。由于晋升需要，高管和员工十分关注企业组织中的社会比较和公平感知（Joseph et al.，2015），在内部薪酬差距和外部薪酬差距较大时，低薪的高管和员工会感受到更强烈的不公平感和屈辱感（He et al.，2016；Tenhiälä et al.，2023），从而导致较高的离职率（Pissaris et al.，2017）。企业组织中同级别高管间、同级别员工间的社会比较容易造成低薪者的仇视态度和高薪者的优越感（熊冠星等，2017），即不患寡而患不均，不利于同事合作，降低了工作信任度，提高了低薪者离职可能。

（2）高管薪酬差距与在职消费。一方面，在职消费是高管和员工对于自身薪酬不满而产生的报复性行为。代理观认为，如果高管和员工在外部薪酬比较中发现薪酬不如竞争对手，容易引发在职奢华消费的心理报复行为（袁堂梅，2020），即为了表达自身对于薪酬差距的控诉也为了满足自身利益需求。另一方面，适当的在职消费可能激励高管和员工努力工作。效率观认为，适当的在职消费例如购买午餐、工作设备更新、出差费用报销、培训费用报销等，在高管和员工薪酬差距较小，或者高管和员工薪酬低于平均薪酬水平且薪酬差距较大时，有利于增加高管和员工对于企业组织的认同感和归属感，提高工作效率（李宝宝和黄寿昌，2012）。

（3）高管薪酬差距与违规行为。高管和员工出于对财富追求的满足感，通常以薪酬与自身贡献不匹配为借口合理化违规行为，即内部薪酬差距越小，高管实施侵占型职务犯罪的可能性越大（张蕊和管考磊，2016）。同时由于高管薪酬契约中绩效薪酬敏感性特征，在内部薪酬差距较小或者外部薪酬差距较大，高管不满足于自身现有薪酬的情况下，高管有动机通过盈余管理增加企业绩效以提高自身通过薪酬契约能够获得的薪酬数量（权小锋等，2010；缪毅和胡奕明，2016）。同时外部薪酬差距越小，高管越有动机保持这种接近最高薪酬的状态，会减少侵占型职务犯罪的可能性（张蕊和管考磊，2016），以维持企业的盈利能力。对于员工来说，企业内部高管和员工之间的纵向薪酬差距越大，员工越容易产生不公平感和嫉妒感，导致员工在企业中出现违规行为的数量增加（Smulowitz et al.，2021）。

（4）高管薪酬差距与合作意愿。Feldman et al.（2018）基于绩效薪酬敏感性，认为部门经理之间的薪酬不平等程度较高，说明不同部门之间对于企业绩效的贡献程度存在较大差异，企业更有可能剥离或者合并绩效贡献度较低的部门，引发高管员工内部政治斗争、利益争夺，降低部门合作意愿。尤其是外部薪酬差距较大且企业平均薪酬水平低于行业平均时，这种薪酬差距与合作意愿的负面关系更强烈。李世刚等（2019）认为，独立董事与 CEO 团队的内部薪酬差距越大，独立董事对于自身薪酬越不满，其在董事会上发表异议的数量越多、概率越高，越容易产生高管团队成员间的敌对关系，不利于企业内部的团结协作。同时，企业内部薪酬差距越大，位于薪酬级别顶端的高管越容易过度自信，导致公司重大决策时的合作意愿降低，"一言堂"概率提高（文芳和汤四新，2012）。

二、企业 ESG 的相关研究

（一）ESG 的影响因素

ESG 即环境、社会和治理，其推进和完善需要制度环境、企业组织和公民个人三个方面的支持。现有研究主要将 ESG 的影响因素分为制度、组织、个人三方面，分别探究政策、法律等制度因素，公司治理、所有权等组织因素，性别、薪酬等个人因素对 ESG 的影响。

1. 制度因素

制度因素主要探究企业所在国家、区域的政策、法律等宏观因素对微观企业 ESG 的影响。制度因素往往决定了企业 ESG 的努力方向和评价基准。

（1）ESG 政策。ESG 政策通过利益相关者压力和公司治理改变企业 ESG 评级。各国关于 ESG 的监管政策，一方面影响和细化了 ESG 评价标准和 ESG 披露要求（黄珺等，2022），引导利益相关者关注企业 ESG，进而通过分析师、投资者等利益相关者压力，促使企业进行 ESG 活动并进行合规性 ESG 信息披露（Christensen et al.，2022）；另一方面通过制度的"硬约束"促使企业变革（肖红军和李平，2019），通过改善公司治理、改进企业固有经营模式和商业模式以适应政策要求（Brooks and Oikonomou，2018），从而促使企业将 ESG 要求融入企业发展战略，提高企业 ESG 水平。

（2）法律制度。不同国家所采用的法律制度塑造了区域性公司治理模式，衍生出了不同的 ESG 发展战略。以利益相关者为导向的民法国家（如欧洲），在环境和社会问题上立法更加详细，便于利益相关者考察企业 ESG 行为，ESG 信息披露也更加详细，因此民法国家企业往往具有更好的 ESG 表现（Collison et al.，2012）。而股东利益至上的普通法国家（如美国），往往存在股东价值最大化和利益相关者的明显冲突（Kock and Min，2016）。相对其他公司，被 KLD 评为慈善组织的美国公司更可能减少慈善捐款和 ESG 活动，因为被利益相关者认为企业将更多精力和资源放在慈善事业而非企业经营和股东财富（Lewis and Carlos，2022）。

2. 组织因素

组织因素主要探究公司治理、所有权、董事会等企业层面因素对企业本身 ESG 的影响。相对制度因素，组织因素对 ESG 的影响更为直接和有效。

（1）公司治理。公司治理是企业运营和成长的核心，因此企业追求 ESG 目标的首要方式是改善公司治理，将环境议题和社会议题整合到企业决策中，优先考虑企业长期财务绩效和短期绩效（Hussain et al.，2018；Burke et al.，2021；Hamed et al.，2022）。

（2）所有权。所有权可分为机构投资者所有权、国有所有权、家庭所有权和集中所有权。首先，家族企业以盈利为第一目标，家族所有权越大，企业 ESG 评级越低，家族大股东越促使企业将精力和资源投向企业经营以维持正向增长的企业绩效，而不愿牺牲短期绩效以获得更高的 ESG 评级和长期绩效（Rees and Rodionova，2015）。其次，国有控股企业的 ESG 评级相对更高，因为国有股东更加重视企业的社会效益（Weber，2014）。最后，机构投资者被视为控制和监督公司行为的"主体"，机构投资者所有权越多，越容易通过投票权和沟通来改善企业 ESG 水平，包括增加 ESG 披露、改善 ESG 绩效、积极促成 ESG 战略成型等，对于公司和利益相关者具有积极影响（Mitra and Cready，2005）。

（3）董事会。不同的董事会被视为公司的重要资源，因为其能够更好地将公司的目标和运作能力与 ESG 保持一致（Patel et al.，2018）。第一，董事会规模与 ESG 评级正相关，更大的董事会通过提供更好的实施过程，以及更好的 ESG 披露监控过程，提高公司绩效（Albitar et al.，2020）。第二，经常举行董事会会议有助于加强对企业活动的监督，帮助企业提高信息透明度（Kent and Stewart，2008），有利于企业可持续性发展。第三，外部董事有助于监控高层管理者的机会主义行为，减轻公司代理问题，维护利益相关者利益（Zhang，2012）。

3. 个人因素

（1）董事多样性。更大的董事会性别多样性促使企业产生更多的社会责任行为。首先，在欧盟企业中，女性董事的存在通过提高 ESG 披露、减少碳排放、关注弱势群体从而改善了 ESG 指标，而在美国企业中并不明显（Albitar et al.，2020）。其次，女性董事有助于改善对经理行为以及经理和董事私人关系的监控，提高公司透明度，从而将 ESG 整合到公司运作中（Burke，2021）。同时女性董事在董事会中推动社会议程，推动组织与外部环境和资源相结合，改善了决策过程和公司的社会形象（Ricart et al.，2005）。

（2）CEO 特征。CEO 决策受到他们的个性、经历、教育背景、价值观和偏好的影响，而 CEO 是企业经营和 ESG 战略决策的重要执行者，因此 CEO 特征会影响企业 ESG 水平。自恋和强大的 CEO 希望通过企业行为吸引利益相关者和媒体的大量关注，以提高 CEO 知名度和声誉，因此这类 CEO 会增加 ESG 信息披露（Dabbebi et al.，2022）。

（3）薪酬激励。为缓解 ESG 与企业绩效和高管薪酬的冲突，更多企业将 ESG 融入高管薪酬，在高管薪酬计划中加入了与 ESG 相关的激励措施，并成立了具体的可持续发展委员会（Ricart et al.，2005）。董事薪酬可以用来改善董事对经理的 ESG 主题行为的监控，从而增加 ESG 披露，降低 ESG 相关的声誉风险（Patel et al.，2018）。董事的环境激励能够改善企业 ESG 绩效（Ritz，2022）。将执行董事的薪酬与 ESG 披露联系起来，可以改善企业 ESG 绩效，满足利益相关者需求。当董事受到经济激励以改善 ESG 指标时，ESG 的披露显著增加。基于 ESG 和企业社会责任的薪酬政策有助于推动董事追求长期可持续目标（Haque，2017）。当董事薪酬和 ESG 相关联时，董事会利用自己的资源帮助企业实现 ESG 目标，ESG 因而成为企业竞争优势来源，从而增加公司价值和股东价值（Pan et al.，2022）。

（二）ESG 的经济后果

以往对 ESG 经济后果的研究主要表现在市场表现、公司治理、企业绩效三个方面。

1. 市场表现

（1）股票市场。首先，ESG 信息披露通过提高企业信息透明度，减少了投资者的信息获取成本，对股票价格和股票交易具有积极影响。合规披露的 ESG 信息具有价值相关性和可比性，能够传递企业风险信号，提高 ESG 报告质量，降低企业负面 ESG 事件发生可能（李小荣和徐腾冲，2022）。相对烟草、酒精、武器、游戏等涉罪股票，投资者更青睐于高 ESG 的非涉罪股票，股票价格也相对更高（Pedersen et al.，2021）。其次，ESG 实践有利于降低股价波动性。长期有效的 ESG 实践能够帮助企业形成股价保险作用，在面对丑闻、宏观经济等外生事件冲击时，ESG 能够有效降低股价波动，具有声誉保险作用（Janney and Gove，2011）。

（2）劳动力市场。首先，ESG 指标可能影响 CEO 的职业生涯。如果 CEO 在 ESG 方面表现不佳或者受到处罚，引发利益相关者尤其是股东不满，则 CEO 被解雇的概率会显著提高（Buchetti et al.，2022），同时影响公司声誉和股价。其次，ESG 指标影响公司吸引力。ESG 有利于提高企业对潜在员工和潜在高管的组织吸引力，当企业在产品销售、专利研发、员工团队等方面能力越强时，越应当匹配相应强度的 ESG 投入，否则会增强负面 ESG 新闻、疫情期间价格飙升、税收作弊等对组织吸引力的削弱作用（Wang et al.，2022）。最后，ESG 指标作为 CEO 工作绩效的表现。多数 CEO 认为 ESG 是一种增强自己的个人满意度和公众赞誉的消费活动，提高了 CEO 在劳动力市场上的价格和稀缺性（Gillan et al.，2010）。

（3）债券市场。高 ESG 企业能够获得更高的债券评级，有助于获得更多债券融资。一方面高 ESG 企业发布的债券更受投资者信赖，会获得更多投资者关注，债券收益增加；另一方面，高 ESG 表明企业长期致力于可持续投资和发展，具有长远目标规划和足够经营能力，企业本身"资质优良"，帮助企业获得更多收益（Flammer，2021）。ESG 信息披露可以抑制企业污染排放，降低二氧化碳和废水排放，获得绿色债券市场准入资格，通过债券市场和债权人的外部监督和利益相关者压力促进企业承担社会责任（Chen et al.，2018）。

2. 公司治理

ESG 对公司治理的影响，体现了 ESG 如何深入改变企业，创造新的治理结构和决策过程。

（1）生产经营。高 ESG 企业具有更高的生产经营效率。企业对于 ESG 的投资，一方面改善了企业所处的自然环境和社会环境，例如优化道路、宜居环境建设、社会治安维护等，可以视为一种运营投资和人力资本投资，可以降低企业运输成本和招聘成本，吸引优质资本和人才（Zivin and Neidell，2012）。另一方面，企业对于 ESG 的投资优化了公司流程、组织架构、人员结构，降低了运营费用，提高了公司生产经营效率（Gillan et al.，2010）。

（2）投融资。高 ESG 企业会吸引更多投资者，因为投资者重视 ESG 投资并从中获得满足感，即使这些投资预计会降低财务回报（Gillan et al.，2010）。银行倾向于给高 ESG 企业发放贷款，尽管低 ESG 企业销售利润丰厚、资金流动性强，但高 ESG 评级银行依旧坚持 ESG 企业贷款理念（李小荣和徐腾冲，2022）。投融资决策中，企业会权衡 ESG 实践成本与违规成本大小来决定投资决策。高 ESG 等级意味着企业经营具有可持续发展能力，会吸引具有更长视野的机构投资者，有利于企业长期经营发展（Mitra and Cready，2005）。

（3）企业风险。ESG 降低企业风险。首先，ESG 有助于降低企业诉讼风险。早期多数企业采取粗放型发展模式，为了实现增长而忽视环境污染，ESG 帮助企业改革落后的生产方式和经营方式，促进绿色生产和高效经营，降低了企业因环境问题而产生的诉讼纠纷（Koh et al.，2014）。其次，ESG 有助于降低企业经营风险。强制性 ESG 信息披露具有一定的格式要求和规范模板，向市场提供了更多的企业信息，有助于企业观察和学习行业龙头、竞争对手、优质国企等的经营模式和非财务信息，有助于企业识别经营风险、抓住发展机会（Maso et al.，2020）。

3. 企业绩效

ESG 对企业绩效的影响主要表现在社会绩效、财务绩效、市场绩效。

（1）社会绩效。ESG 满足了利益相关者需求，提高了整体社会效益。一方面，ESG 使得在社会财富分配中处于上层的公司将财富用于自然环境、基础设施等领域，平衡并且增加了社会整体福利（Barigozzi and Tedeschi，2015）。例如企业对于环境信息的披露降低了投资者的信息获取成本，企业产品绿色化改造和污染排放量的减少极大缓解了环境压力和资源困境，使众多利益相关者获益（Chatterji and Toffel，2010）。另一方面，ESG 提高了企业对于社会议题和环境议题的关注程度，包括提高女性在公司董事会和高管中的人数占比，增加高管性别多样性和性别平等（Mun and Jung，2018），以及关注职工薪酬发放中的公平问题（Ritz，2022）。

（2）财务绩效。首先，ESG 表现越好，公司受到越多关注和监管，高管从内幕交易和盈余操纵中获得的利润越少（Gao et al.，2014），有效缓解了股东和高管之间的代理冲突，提高了企业治理水平（Barigozzi and Tedeschi，2015）。其次，ESG 通过塑造正面企业形象，帮助企业获得员工、客户等利益相关者的支持，有利于建立企业竞争优势、增强利益相关者关系，提高企业经营绩效和利益相关者信赖程度，最终实现企业财务绩效的提升（Hannah et al.，2021）。

（3）市场绩效。ESG 对公司价值的提升主要来源于利益相关者关注。一方面，高 ESG 的企业更容易获得银行贷款、客户和供应商信赖、员工工作积极性（Tenhiälä et al.，2023），节约了企业经营过程中的费用损耗，将资源集中于企业经营，提高了公司价值和股东财富（Manchiraju and Rajgopal，2017）。另一方面，企业 ESG 表现越好，企业声誉及其信息披露可信度越高（Wang and Li，2019），越能获得分析师和投资者信赖，提升了分析师正面评价概率和长期投资者持股比例（Durand et al.，2019），进一步提升股票价格和股票回报率（Ding et al.，2021）。

三、高管薪酬差距与 ESG 的相关研究

目前关于高管薪酬差距与 ESG 的研究不多且局限于社会责任层面。部分学者认为，由于企业绩效与高管薪酬之间的高度相关性，薪酬差距的扩大有利于激励高管努力提高企业绩效以获得更高的薪酬水平。企业绩效包括市场绩效、财务绩效、社会绩效等方面，因此薪酬差距越大，高管越可能提升企业社会绩效，即激励观（Ritz，2022；Park et al.，2023）。另一部分学者认为，正是因为薪酬绩效的高度敏感性，会导致高管将企业资源全部投资于能够快速提升企业绩效的领域和项目，但是企业社会责任短期投入大，回报不确定的特征可能促使短视高管减少投入，即资源占用观（朱滔和涂跃俊，2022）。

（一）薪酬激励观

激励观认为高管薪酬差距与企业社会责任正相关（伍湛清，2021）。如果企业在薪酬合同中将环境绩效与高管薪酬相关联，高管为了获得更多的薪酬，会积极提高企业的环境绩效（Ji et al.，2015），这种激励方式在一定程度上规避了短视行为，促进了高管对长期环境绩效的有效执行，即高管薪酬差距与企业环境绩效正相关（Cordeiro and Sarkis，2008）。

另外，当高管受到的薪酬奖励较高时，为了维持这种长期可持续的高薪酬奖励，高管一方面会激发主观能动性，利用自己的资源帮助企业实现 CSR 目标，进行长期环境绩效的改善（Chen et al.，2018），协调股东和高管的利益（Ji et al.，2015），持续提高企业社会责任履行（苑泽明和王培林，2018），另一方面也会更加关注公司的声誉、追求公司长远的利益，提高企业社会责任履行意愿（罗正英等，2018）。尤其是当企业提高了首席社会责任官、首席 ESG 官、首席气候官等与 ESG 相关岗位的高管薪酬，提高企业内

部薪酬差距时，ESG 绩效特别是环境激励的提升效果更显著（Ritz，2022）。

（二）资源占用观

资源占用观，也称高管辩护观，认为高管薪酬差距与企业社会责任负相关，高管薪酬差距越大，社会责任信息披露、社会慈善捐赠等社会责任履行越消极。

首先，由于高管薪酬与企业绩效高度相关，高管为了获得更高的薪酬有动机通过信息操纵、盈余管理等方式提高企业绩效（李倩和焦豪，2021）。企业内部薪酬差距和外部薪酬差距的提高，会使高薪高管有动机继续保持薪酬水平、低薪高管有动机尽可能提高自身薪酬，因此，高管有动机进行 ESG "漂绿行为" 和社会责任报告虚假宣传（Kassinis et al.，2022），优化企业印象管理以提高企业声誉和绩效（陈华等，2021）。但是，这种行为提高了企业声誉风险，不利于企业信息披露（Melis and Rombi，2021）。

其次，薪酬绩效敏感性可能加剧高管短视行为（邹成武等，2019），促使高管将本该用于可持续发展的有关资源全部集中于实现企业短期绩效的提升（钟熙等，2019）。由于企业资源的有限性，慈善捐赠等非营利性投资对公司可用于运营、研发或扭亏的资源产生了挤占效应（金宇等，2018）。这种条件下，当高管面临薪酬行权的业绩条件压力时，管理层作为理性经济人存在削减慈善捐赠、ESG 等方面支出的动机，从而将更多资源直接配置到能够在短期内提高公司会计业绩的领域，以便快速达成高额薪酬的条件。此时，企业内部薪酬差距越大，高管被授予的股权激励强度越高，高管提升短期会计业绩达标的动机越强，越可能减少营业外支出、削减社会责任投资（朱滔和涂跃俊，2022）。

四、研究评述

从现有研究来看，高管薪酬差距及其经济后果研究是公司财务领域的经典话题，其中高管薪酬差距对于企业绩效的影响一直是研究热点。在当前中国绿色低碳发展如火如荼、ESG 政策规则不断细化的今天，企业 ESG 逐渐成为企业关键竞争力、ESG 作为企业绩效的重要部分，为高管薪酬差距与企业绩效的研究赋予了新的内涵。高管薪酬差距如何影响企业 ESG，如何通过高管心理、行为等个人方面的影响最终传导到企业层面的 ESG，成为今天可拓展的新研究话题。

高管薪酬差距的本质就是灵活应用薪酬的激励和公平效应，促进企业绩效的提升。目前对于高管薪酬差距的划分较为细致，包含内部薪酬差距、外部薪酬差距、纵向薪酬差距、横向薪酬差距以及性别薪酬差距等多种类型（Maoret et al.，2023）。高管薪酬差距的形成受到诸多因素的影响，限薪令、国企改革政策、税收制度等制度层面因素构成了高管薪酬设计的底层逻辑和基本框架，呈现出明显的制度特征，例如中国独特的薪酬倒挂现象。劳动者个体层面的能力和知识差异形成了最基础的个体层面薪酬差距，而公司层面治理需要的存在，最终将薪酬差距根据职位级别、个人能力等划分为不同等级，以实现绩效激励效果。即企业绩效的提升是高管薪酬差距存在的主要目标。高管薪酬差距的经济后果研究也主要围绕企业绩效展开，高管薪酬差距通过影响企业创新、企业风险承担、企业投融资以及高管员工离职意愿、在职消费等因素，最终反馈为企业绩效的变化。其中值得注意的是，高管薪酬差距与企业绩效存在相互影响关系。

相比高管薪酬差距研究，企业 ESG 是近年较为新颖的研究话题。由于其相比企业社会责任的包容性，ESG 逐渐被大中型企业所接受并将其作为企业绩效的另一种度量方式。ESG 包含了企业的环境责任、社会责任和公司治理责任，是传统股东至上企业经营理念变革、技术流程转型的关键一步，其影响因素较为复杂，包括政策、法律等制度因素，公司治理、所有权等组织因素，性别等个人因素。在 ESG 的经济后果方面，主要体现为企业市场表现、公司治理和企业绩效的提高。

总体来看，目前同时涉及高管薪酬差距与 ESG 的研究很少，且主要局限于探讨高管薪酬与企业社会责任间的关系，具体而言，现有研究存在以下四个方面的不足：

第一，缺乏高管薪酬与企业 ESG 的体系化研究。一是高管薪酬的影响未明确到 ESG 层面。目前相关研究主要针对高管薪酬差距与企业社会责任（罗正英等，2018；苑泽明和王培林，2018；邹成武等，2019）或环境绩效（Cordeiro and Sarkis，2008；Ji et al.，2015）的关系展开研究，鲜有考虑高管薪酬差距对环境（E）、社会（S）和公司治理（G）的影响。二是现有文献主要关注企业 ESG 的经济后果，对 ESG 驱动因素的研究相对较少。近年来，虽有学者开始关注 ESG 驱动因素，但多数研究仅限于单独影响 ESG 信息披露或 ESG 表现，未能将 ESG 披露与 ESG 表现结合起来分析内在联系。三是鲜有文献将 ESG 披露与 ESG 表现所呈现出的"言行一致"和"多言寡行"进行体系化的比较分析，以探寻其中的内在原因。

第二，对高管内部薪酬差距的研究不够深入。现有研究多关注于企业高管与企业外部的薪酬差距或高管与员工的薪酬差距，对高管团队内部不同层级间的薪酬差距研究较少，导致对高管薪酬中构成主体差异的深入分析不足。另外，由于薪酬差距的研究分为企业内部、外部、横向、纵向等多种维度，众多维度的可选择性导致研究难以聚焦。实际上，高管薪酬差距作为影响高管行为和企业决策的关键因素，直接关系到企业高管能否发挥自主动能，实现既定的战略目标。因此，聚焦于高管内部的薪酬差距显得十分必要。

第三，高管薪酬与企业社会责任间适用于激励效应，还是公平效应仍存在较大争议。目前高管薪酬差距对企业社会责任的关系是促进还是抑制未达成一致结论。锦标赛理论体现了薪酬差距的激励效应（Coles et al.，2018），而公平理论和社会比较理论则主要研究薪酬差距的公平效应（Ma et al.，2022）。较高的薪酬差距是否产生了激励的正面效果，提高了企业社会责任水平（Cui et al.，2019）；还是较低的薪酬差距更能体现社会公平，更能促进企业社会责任（钱爱民等，2014；Kim et al.，2019）。学者们对此产生了激烈争论，还未能达成一致。

第四，高管薪酬差距对企业 ESG 的影响机制尚未挖掘。不论是从激励观还是资源占用观，不论是采用激励理论、公平理论还是社会比较理论，高管薪酬差距都是源于高管个人的心理认知，受到高管特征、职业生涯和个人价值观的影响，并最终反馈到公司经营和治理上来。现有研究并未明确对高管薪酬差距和企业 ESG 中"人"的因素衡量的方法，还未体系化探究高管薪酬的不同激励机制对 ESG 不同方面的因果效应和影响路径。另外，对于不同层级高管薪酬的多元化研究不足，现有文献研究呈现出了明显的学科界限，较少涉及多领域融合及学科交叉研究，例如探究高管心理层面因素对 ESG 行为的影响机制等，导致了机制研究的局限性。

第三章　制度背景与理论分析框架

第一节　制度背景

一、企业薪酬差距的制度背景与发展历程

（一）国际薪酬差距制度概况

国外关于薪酬的制度法案以提倡公平为主。以美国为例，现代企业制度基础下关于薪酬的最高法案为 1937 年颁布的《公平劳动标准法案》（以下简称《标准法案》），这一法案至今仍然是政府制定劳动就业与薪酬规范的基准。标准法案主要对企业的四方面内容进行了规范：最低工资要求、加班薪酬要求、童工限制和公平薪酬。

进入 21 世纪，媒体对 CEO 的高额薪酬频繁报道，许多濒临破产的公司仍然向 CEO 支付大量的薪酬、期权收益和津贴，且大量公司的高管薪酬与员工薪酬倍数居高不下，从 1960 年的约 20 倍发展到 2000 年的 383 倍，巨大的薪酬差距引起了公众对 CEO 薪酬过高的强烈不满，在此背景下，2010 年美国政府颁布了《多德—弗兰克华尔街改革和消费者保护法案》（简称《多德—弗兰克法案》），该法案强制规定了企业必须披露 CEO 薪酬与员工薪酬中位数之间的薪酬差距比例，且由证券交易委员会对上市公司高管薪酬进行实质

性监管。

美国的《国内税收法》早在 20 世纪 80 年代就对高管薪酬的税收进行了规定，其中，第 162 条规定，一般情况下对金额超过 100 万美元的 CEO 或上市公司薪酬最高的前三名高管进行税收减免，绩效浮动薪酬除外。另外，第 280 条规定，在公司控制权变更时，不允许对不符合资格高管的"超额金色降落伞奖金"做扣税处理。而在 2005 年颁布的《国内税收法》第 409 条，首次对公司的递延薪酬进行了规定。

（二）中国企业薪酬差距的制度背景与发展历程

中国的企业薪酬制度大致经历了两个典型时期，即计划经济与市场经济时期。从计划经济时期的"平均主义"原则到市场经济时期的自主管理和多样化薪酬制度，中国的薪酬制度经历了巨大的变革。具体划分情况见表 3.1。

表 3.1　中国企业薪酬制度的变迁过程

时间	阶段名称	主要的相关政策文本	典型特征
1949~1955 年	供给制下的计划薪酬制度	1950 年《一九五零年度暂行供给制标准》；1952 年《关于颁发各级人民政府供给制人员津贴标准及工资制工作人员工资标准的通知》	平均主义；施行"工资分"与物价津贴制度
1956~1978 年	按劳分配为取向的计划工资制度	1956 年《关于工资改革的决定》；《关于工资改革方案实施程序的通知》	计划干预性较强，执行货币化工资，不再实行工资分；按工资区与职务等级制定工资标准
1978~1992 年	转型时期的工效挂钩制度	1985 年《国务院关于国营企业工资改革问题的通知》（国发〔1985〕2 号）	实行"工效挂钩"制度，即推行工资与效益挂钩的工资制度

时间	阶段名称	主要的相关政策文本	典型特征
1992～2012 年	市场化自由裁量权时期的绝对效率薪酬制度	2009 年《关于进一步规范中央企业负责人薪酬管理的指导意见》；《中央管理企业负责人薪酬制度改革方案》	打破工资行业壁垒，建立"以效率为目标导向的薪酬激励机制"，但也出现了薪酬无序扩张的问题。"第一次限薪令"出台。央企高管薪酬上限不得超过上一年度在岗职工平均工资的 20 倍
2012 年至今	兼顾效率与公平的薪酬制度	2014 年《中央管理企业负责人薪酬制度改革方案》；2016 年《民政部关于加强和改进社会组织薪酬管理的指导意见》（民发〔2016〕101 号）；2018 年《国务院关于改革国有企业工资决定机制的意见》（国发〔2018〕16 号）；2022 年财政部《关于进一步加强国有金融企业财务管理的通知》财金〔2022〕87 号文	"第二次限薪令"出台，将央企高管和员工的薪酬差距上限调整为 8 倍；双轨制：原国企高管国资委派与市场化选聘相结合。规范薪酬分配，对不合理的偏高、过高收入进行调整。2022 年财政部 87 号文要求健全薪酬分配递延支付和追责追薪机制

中华人民共和国成立初期，由于国家施行统一管理与宏观调控政策，这一阶段的典型特征为"计划分配制度"，是一种保障性、非激励型的薪酬制度体系，具体到企业薪酬制度上往往采取"平均主义"方案。因此，企业高管及员工间的薪酬差距比较小。例如：于 1953 年全国统一施行"工资分"薪酬制度，构成了供给制人员的津贴标准和工资制人员的工资标准。其后 1956 年，全国开启了第二轮工资薪酬制度改革，提出取消"工资分"与物价津贴制度，初步建立了以按劳分配为原则的社会主义工资制度。该阶段薪酬制度的重大进步主要体现在从"按需"到"按劳"分配的改革思路，但是也要看到，这一轮的薪酬制度改革仍然具有"计划性"与"平均性"。例如：改革中所实行的"工资区制""行业差异工资制""职务等级制"，尽管打破

了绝对平均的工资薪酬制度，但是对于地区内部、行业内、职级相等的情况而言，仍没有改变平均主义取向。

1978~1992 年，改革开放以后，中国开启了薪酬制度市场化改革的探索。这一时期，企业所有制形式逐渐多样化，薪酬制度也开始发生变革，为适应市场经济发展要求，逐步建立了以市场配置、强化激励为导向的薪酬体系。在此期间，国家开始逐步放宽对薪酬制度的管控，企业开始拥有一定的自主管理权。1985 年，国务院下发《关于国营企业工资改革问题的通知（国发〔1985〕2 号）》，明确提出"企业工资总额同经济效益挂钩"。自此开始，国营企业开始施行"工效挂钩"制度，即推行工资与效益挂钩的工资制度。

1993~2012 年，伴随社会主义市场经济的深化发展，中国薪酬制度中企业自主裁量权进一步加大，"以效率为目标导向的激励机制"进一步得以完善，国家逐渐放开了行业工资管控，允许不同行业、不同企业根据自身特点，分类实施工资制度。这些制度在一定程度上打破了"平均主义"原则，同时也加大了行业间、企业间、就业人员间的薪酬差距。此外，全球化背景下，外资企业的进入推动了中国薪酬制度与国际化的接轨，一些国际化的薪酬管理理念与发展实践逐步引入，如宽带薪酬、全面薪酬等，形成了更富竞争、更加多元灵活的薪酬体系。这期间的薪酬制度主要围绕着如何调动劳动人员积极性展开，构建形成了"产权清晰、权责明确、政企分开、管理科学"的现代企业薪酬制度。但这一时期也出现了薪酬无序扩张问题，从中央出台的系列限薪令，可窥见一斑。例如：2009 年第一次限薪令对国家委派央企高管的最高薪酬做出了"上限不超过职工平均工资 20 倍"的规定，2014 年第二次限薪令将国企高管薪酬差距调整为 8 倍。

2012 年至今，特别是党的十八大以来，国家提出了收入分配要兼顾效率和公平。这一时期，既有解决公平的薪酬改革方案，又有着力解决效率分配的实施意见。例如：2015 年，国家颁布了《中央管理企业负责人薪酬制度改革方案》，改革的重点是规范组织任命的国有企业负责人薪酬分配，对不合理的偏高、过高收入进行调整。2016 年民政部关于加强和改进社会组织薪酬管理的指导意见（民发〔2016〕101 号）中就提到了效率实施问题，明确指出要"建立薪酬水平正常增长机制""确保从业人员薪酬水平与经济发展水平相协调、与劳动生产率提高相适应"。在这一过程中，为建立一套公开透明的薪酬制度体系，2018 年，人力资源和社会保障部联合财政部发文（人社部发〔2018〕29 号），积极推动建立企业薪酬调查和信息发布制度。就此而言，中国薪酬制度的市场化、激励化、规范化并存的发展导向更加鲜明。

二、ESG 的制度背景与发展历程

（一）国际 ESG 制度概况

ESG 理念的深入主要归功于联合国的不懈努力，出于对人类生存和发展环境的担忧，2004 年 12 月联合国环境规划署发布了《Who Cares Wins》报告，首次提出了环境、社会责任、公司治理（ESG）概念，在此之后，联合国不断发布 ESG 的相关文件，成为全球 ESG 实践的指引导向。

2006 年联合国发布了《负责任投资原则》，绿色发展和可持续理念逐渐成为经济发展的新趋势。各国也开始研究相应的 ESG 制度要求。

2009 年，联合国贸易和发展会议发起可持续证券交易所倡议，推动交易所编制 ESG 报告指南从而促进上市公司的 ESG 信息披露。自此，各国对 ESG 报告的披露开始重视，从原有的无序披露开始走向制度化、规范化披露。

2015 年 9 月在联合国纽约总部召开的可持续发展峰会上，193 个成员国通过了《联合国 2030 年可持续发展议程》，制定了 17 项可持续发展目标（SDGs）。2015 年 12 月在巴黎召开的第 21 届联合国气候变化大会上通过了《巴黎协定》，提出将 21 世纪全球气温上升控制在工业革命前的 2℃以内、力争 1.5℃以内的控温目标，以减缓气候变化，确保人类的可持续发展。联合国多年的不懈努力，使世界各国和社会公众日益意识到 ESG 是确保可持续发展的重要基础和制度安排。各国政府正在积极推动政策规制，以应对全球环境恶化，实现可持续发展的目标。《巴黎协定》之后，各国针对环境、社会、治理各方面的强制性制度纷纷出台，有效推动了全球 ESG 行动的迅速开展。

（二）中国 ESG 的制度背景与发展历程

尽管国内 ESG 发展较晚，但是其取得的成绩令世人瞩目。总体而言，ESG 所倡导的"可持续发展""绿色低碳"等核心理念，也是我国经济社会发展的重大战略。梳理中国 ESG 的制度建设过程，大致可以分为四个明显发展阶段，即"自愿信息披露—自愿报告制—强制性责任报告制—规范化、战略化发展"。

2003～2007 年，自愿信息披露阶段。这一时期，国家开始重视 ESG 政策体系建设，但这一过程中并非强制性要求，且表现为非系统性建设特征，相关政策建设仅是单个或多个部委针对某些特定内容展开的。例如：2003 年 9 月，原国家环保总局发布的《关于企业环境信息公开的公告》，其重点就是针对"超标准排放污染物或者超过污染物排放总量规定限额的污染严重企业名单"，而对于没有列入名单的企业则是鼓励自愿进行环境信息（E）公开。其后在《环境信息公开办法（试行）》仍然坚持"名单企业强制性要求"与"非名单企业自愿奖励"的原则。再例如，2006 年 9 月，深圳证券交易所发布《上市公司社会责任指引》，鼓励上市公司自愿披露社会责任（S）相关信息。

2008～2012 年，自愿报告制阶段。ESG 的政策建设呈现出系统化发展特征，例如：2008 年 1 月国务院国资委发布的《关于中央企业履行社会责任的指导意见》就明确要求中央企业建立社会责任报告制度，定期发布社会责任报告或可持续发展报告（ESG）。这一时期的相关政策文件仅是"指引性或指导性的"，并没有强制性要求，也没有实施奖惩措施。例如：2008 年 5 月，上海证券交易所发布的《上市公司环境信息披露指引》和《关于加强上市公司社会责任承担工作的通知》两份文件，要求上市企业披露环保相关重大信息，鼓励披露年度社会责任报告。2012 年 8 月，香港联交所发布《环境、社会及管制报告指引》（第一版）中也仅是建议上市公司自愿披露 ESG 报告。

总体来看，这一时期 ESG 自愿报告制度逐渐成为政策建设共识。2012 年 12 月，证监会发布《公开发行证券的公司信息披露内容与格式准则第 30 号》，要求社会责任报告应经董事会审议，并以单独报告发布。

2013~2020 年，强制性责任报告制阶段。对于企业 ESG 的信息披露从自愿鼓励的政策转向强制性评价政策。例如：2013 年 4 月，深交所发布的《上市公司信息披露工作考核办法》中规定，信披质量分为四个等级，其中未按规定披露社会责任报告的上市公司信披考核结果不能为 A。2015 年 12 月，香港联交所发布对《环境、社会及管制报告指引》进行重新修订，重点是扩大强制披露范围，并且将"披露建议"全面调整为"不披露就解释"。2018 年 6 月，A 股正式纳入 MSCI 新兴市场指数，所有被纳入 MSCI 的上市公司必须接受 ESG 评级。2019 年 12 月，香港联交所发布新修订的《环境、社会及管制报告指引》（第三版），继续增加"管治构架"和"汇报原则"的强制披露规定。2020 年 9 月，深圳证券交易所发布修订后的《上市公司信息披露工作考核办法》引入了"加分机制"，给予履行社会责任披露的上市公司执行加分政策。

2021 年至今，ESG 政策建设进入规范化、战略化发展阶段。第一个典型特点就是，ESG 的政策建设更加系统、全面、规范。例如：2021 年 12 月，香港联交所要求 ESG 报告与上市公司年度报告同步披露，2022 年 4 月，中国证监会发布了修订的《上市公司投资者关系指引》增加了有关环境、社会和治理信息的投资者沟通内容。2023 年 7 月，国资委《关于转发〈央企控股上市公司 ESG 专项报告编制研究〉的通知》，重点内容包括《中央企业控股上市公司 ESG 专项报告编制研究课题相关情况报告》《央企控股上市公司 ESG 专项报告参考指标体系》和《央企控股上市公司 ESG 专项报告参考模板》，其中，《央企控股上市公司 ESG 专项报告参考指标体系》从环境、社会、治理三大维度，构建了包含 14 个一级指标、45 个二级指标、132 个三级指标的指标体系，形成了系统性、规范化的模板参考。2023 年 12 月，中共中央、国务院提出全面推进美丽中国建设的意见，其中明确提出，要深化环境信息依法披露制度改革，探索开展环境、社会和公司治理评价，至此 ESG 政策建设上升为国家战略，并全面推进。2024 年 2 月，沪深北交易所分别就《可持续发展报告指引》（以下简称《指引》）公开征求意见，对 ESG 披露框架进行确定，并明确强制披露《可持续发展报告》的上市公司应在 2026 年 4 月 30 日前发布 2025 年度《可持续发展报告》（见表 3.2）。

表 3.2　中国 ESG 政策建设过程及相关文件

时间	政策	要点
2003 年 9 月	原国家环保总局发布《关于企业环境信息公开的公告》	要求污染超标企业披露相关环境信息
2006 年 9 月	深圳证券交易所发布《上市公司社会责任指引》	鼓励上市公司自愿披露社会责任相关信息
2007 年 4 月	原国家环保总局发布《环境信息公开办法（试行）》	鼓励企业自愿公开环境信息
2008 年 1 月	国务院国资委发布《关于中央企业履行社会责任的指导意见》	要求央企建立社会责任报告制度，有条件的定期发布社会责任报告或可持续发展报告
2008 年 5 月	上海证券交易所发布《上市公司环境信息披露指引》和《关于加强上市公司社会责任承担工作的通知》	要求上市公司披露环保相关重大信息，并鼓励披露年度社会责任报告
2008 年 12 月	上海证券交易所发布《关于做好上市公司 2008 年年度报告工作的通知》	要求纳入"上证公司治理板块"样本公司，发行境外上市外资股的公司及金融类公司披露社会责任报告
2010 年 12 月	深圳证券交易所发布《关于做好上市公司 2010 年年度报告披露工作的通知》	要求纳入深圳 100 指数的上市公司披露社会责任报告
2012 年 8 月	香港联交所发布《环境、社会及管制报告指引》（第一版）	建议上市公司自愿披露 ESG 报告
2012 年 12 月	证监会发布《公开发行证券的公司信息披露内容与格式准则第 30 号》	要求社会责任报告应经董事会审议，并以单独报告发布

时间	政策	要点
2013 年 4 月	深交所发布《上市公司信息披露工作考核办法》	信披质量分为四个等级，其中未按规定披露社会责任报告的上市公司信披考核结果不能为 A
2015 年 12 月	香港联交所发布修订后的《环境、社会及管制报告指引》（第二版）	扩大强制披露的范围，将披露建议全面调整为"不披露就解释"，持续提升对在港上市公司的 ESG 信息披露要求
2016 年 7 月	国务院国资委《关于国有企业更好履行社会责任的指导意见》	要求国有企业建立健全社会责任报告发布制度，定期发布报告
2018 年 6 月	A 股正式纳入 MSCI 新兴市场指数	所有被纳入 MSCI 的上市公司需要接受 ESG 评级
2018 年 9 月	证监会修订了《上市公司治理准则》	要求上市公司对环境、社会和公司治理方面的信息进行披露
2019 年 12 月	香港联交所发布新修订的《环境、社会及管制报告指引》（第三版）	增加"管治构架"和"汇报原则"的强制披露规定，新增气候变化指标，环境 KPI 为披露目标，社会 KPI 披露责任提升为"不遵守就解释"
2020 年 9 月	深圳证券交易所发布修订后的《上市公司信息披露工作考核办法》	履行社会责任披露的上市公司将加分
2020 年 12 月	香港金融管理局发起设立的绿色和持续金融跨机构督导小组发布有关"巩固香港金融生态系统，共建更绿色更可持续未来"策略计划	相关行业在 2025 年或之前按照 TCFD 建议的框架披露气候信息
2020 年 12 月	上海证券交易所《科创板股票上市规则》	科创板公司应当在年度报告中披露履行社会责任情况并视情况编制和披露社会责任报告、可持续发展报告、环境责任报告等文件
2021 年 5 月	生态环境部发布《企业环境信息依法披露管理办法》	要求符合条件的重点排污单位、上市公司、清洁生产审核企业、发债企业强制披露环境信息
2021 年 7 月	中国人民银行发布《金融机构环境信息披露指南》	对金融机构环境信息披露提出要求

时间	政策	要点
2021 年 11 月	香港交易所发布《气候信息披露指引》	促进上市公司按照 TCFD 建议的框架披露气候信息
2021 年 12 月	香港联交所要求 ESG 报告与上市公司年度报告同步披露	2022 年 1 月 1 日起正式实施
2022 年 1 月	上海证券交易所发布《关于做好科创板上市公司 2021 年年度报告披露工作的通知》	要求科创板公司应当披露 ESG 信息，科创 50 指数成分公司应当在年报披露的同时披露社会责任报告或 ESG 报告
2022 年 4 月	中国证监会发布了修订的《上市公司投资者关系指引》	增加了公司的环境、社会和治理信息投资者沟通内容
2022 年 5 月	国务院国资委发布《提高央企控股上市公司质量工作方案》	要求推动更多央企控股公司披露 ESG 报告，力争到 2023 年相关专项报告披露全覆盖
2023 年 3 月	香港联交所发布《2022 上市委员会报告》	提出着重将气候披露标准调整至与气候相关财务披露小组（TCFD）的建议及国际可持续发展准则理事会（ISSB）的新标准一致
2023 年 7 月	国资委《关于转发〈央企控股上市公司 ESG 专项报告编制研究〉的通知》	为央企控股上市公司编制 ESG 报告提供了建议与参考
2023 年 8 月	生态环境部办公厅等发布《关于深化气候适应型城市建设试点的通知》	鼓励 2017 年公布的 28 个气候适应型城市建设试点继续申报深化试点，同时也进一步明确试点申报城市一般应为地级及以上城市，鼓励国家级新区申报
2023 年 10 月	国务院发布《国务院关于推进普惠金融高质量发展的实施意见》	明确了未来五年推进普惠金融高质量发展的指导思想、基本原则和主要目标，提出了一系列政策举措
2023 年 10 月	生态环境部、市场监管总局发布《温室气体自愿减排交易管理办法（试行）》	保障全国温室气体自愿减排交易市场有序运行的基础性制度，规定了温室气体自愿减排交易及其相关活动的基本管理要求，明确了各市场参与主体权利和责任
2023 年 12 月	中共中央、国务院关于全面推进美丽中国建设的意见	深化环境信息依法披露制度改革，探索开展环境、社会和公司治理评价

续表

时间	政策	要点
2024 年 2 月	沪深北交易所《可持续发展报告指引》征求意见稿	明确上市公司 ESG 披露的推进时间节点，明确披露框架和标准

第二节　理论分析框架

本书研究框架如图 3.1 所示。第一，首先分析高管薪酬差距对企业 ESG 披露的影响，并对其机制进行分析，其次基于宏观层面、行业层面及企业层面进行异质性分析。第二，分析高管薪酬差距对企业 ESG 表现的影响及其机制，且同样基于宏观层面、行业层面及企业层面进行异质性分析，并通过对 ESG 披露与 ESG 表现的异质性结果的对比分析，探究企业在何种情境下会产生言行不一致的行为，进一步对高管薪酬差距是否会引发企业"漂绿"行为进行了分析。第三，探讨高管薪酬差距、企业 ESG 披露与其经济后果的关系，进一步在企业已进行披露的基础上，递进式探讨高管薪酬差距、企业 ESG 表现与其经济后果的关系，同时对两者的内外部因素的异质性进行检验。

一、高管薪酬差距对企业 ESG 披露的影响及其机理分析

薪酬差距主要是描述不同主体之间薪酬的差距，而高管薪酬差距是指企业高管之间的差异程度。适当地增加高管薪酬的差距，能够对企业正职类高管起到一定的激励作用，使得高管的行为动机与企业的长远战略更加相符，高管会尽可能满足利益相关者的诉求（王双进等，2022），提升企业的 ESG 披露程度。但高管薪酬差距过大，会造成副职级高管的不公平感知及高管间矛盾，感到利益受损的高管会拒绝提供有价值的信息（潘镇等，2019），更满足于现状，回避信息披露带来的风险，从而间接影响到 ESG 披露。

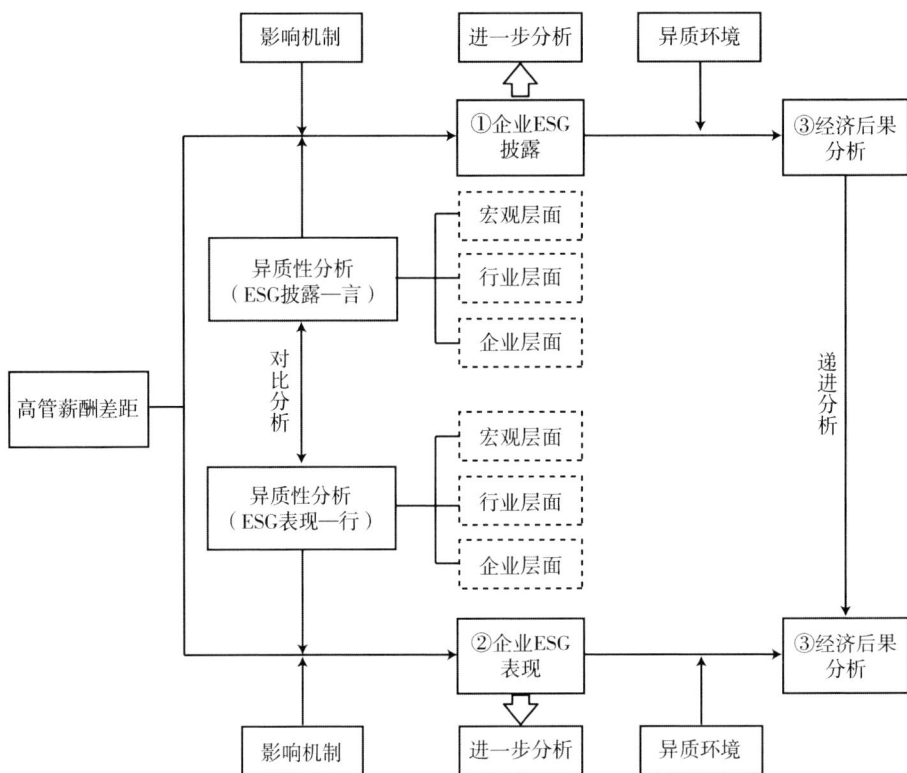

图 3.1 本书研究框架

如图 3.2 所示，高管薪酬差距对企业 ESG 披露造成的影响，有可能由于锦标赛理论对 CEO 的激励而产生正向作用；也有可能基于社会比较理论发生的比较落差效应，使副职级别高管产生不公平感知，从而使团队矛盾加剧，对企业 ESG 披露产生负向作用。本书在制度理论和合法性理论基础上，预计高管薪酬差距过大造成的比较落差效应，对企业 ESG 披露会产生主要影响。这一影响通过三种机制途径来实现：一是降低公司透明度。高管薪酬差距的扩大容易出现 CEO "一言堂" 的局面，阻碍了公司对外界发布信息的渠道，降低企业的信息透明度，从而降低了企业 ESG 报告对外披露的程度。二是阻碍公司创新。高管薪酬差距的扩大阻碍了企业的创新，企业 ESG 实践缺乏了新技术的支持，难以形成对外披露的亮点，从而降低了企业 ESG 报告披露的程度。三是增加公司风险。高管薪酬差距高时导致企业高管出于自利动机盲目扩大投资，增加了公司的风险。机制分析基于委托代理理论和相对剥削理论进行讨论。

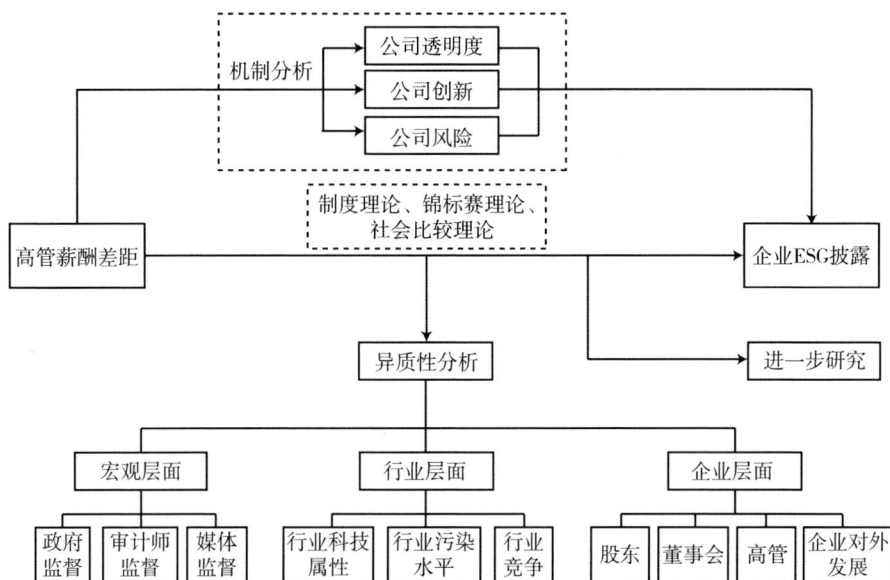

图 3.2　高管薪酬差距与企业 ESG 披露的理论分析框架

另外，高管薪酬差距在不同的内外部环境特征中对企业 ESG 披露的影响产生何种差异？对这一问题展开异质性分析。就外部监督而言，其对企业的行为有着重大的约束作用，不同的监督主体以及不同的监督力度，会导致企业产生不同的行为，从而影响企业 ESG 披露的程度。就行业特征而言，不同的行业环境在企业投资决策以及信息披露的过程中发挥着至关重要的作用（牟涛等，2012），从而会对企业的 ESG 披露产生影响。就企业层面而言，不同的治理结构影响着企业的行为，股东、高管、董事作为企业发展的核心人物，拥有着企业经营管理的决策权和控制权（Cyert and March，2015），其着眼点的不同会导致企业行为的不同，从而影响企业的 ESG 披露。基于此，本书选取的内外部环境包括宏观、行业、企业三个层面。其中宏观层面选取政府监督、审计师监督和媒体监督三个维度；行业层面选取行业科技属性、行业污染水平和行业竞争三个维度；企业层面选取股东、董事会、高管及企业对外发展四个维度。

本书为了验证不同区间的高管薪酬差距，对企业 ESG 披露影响有何不同，将高管薪酬差距分为高、低区间，进一步探究高、低区间高管薪酬差距与企业 ESG 披露的关系。

二、高管薪酬差距对企业 ESG 表现的影响及其机理分析

薪酬对于高管的激励可以在一定程度上规避短视行为（Cordeiro and Sarkis，2008），因此，适当的高管薪酬差距可以促使高管更加关注公司声誉、追求公司长远利益、提升未来自我实现的预期，从而更加努力地完成公司提升 ESG 水平的目标。然而，若高管薪酬差距过大，容易造成高管决策失误和高管团队"不和谐"，使企业受到处罚或导致舆论的负面信息，从而对企业的 ESG 表现产生不利影响。这一部分主要验证高管薪酬差距与企业 ESG 表现的关系中，是锦标赛理论发生作用，还是公平理论发生作用，它们之间的作用机制是什么？不同环境的异质性影响情况等。

如图 3.3 所示，首先对高管薪酬差距对企业 ESG 披露造成负面影响进行锦标赛理论和公平理论两方面的理论分析，最终通过实证来验证以上哪种理论作用更为显著。机制分析中，高管薪酬差距主要从以下三个方面来降低企业的 ESG 表现：一是增加正职级高管的过度自信。若高管薪酬差距过大，则容易使正职级高管过度自信，降低项目投资效率，进而使企业实施的 ESG 项目受到负面影响。二是降低副职级高管的组织认同程度。高管薪酬差距过大会使高管团队中不同薪酬群体产生隔阂，加大副职级高管对获得回报与自身贡献间的心理落差，降低团队凝聚力和协作程度（Yanadori et al.，2021）、降低其对公司长期战略的执行力，从而对企业的 ESG 表现产生不利影响。三是增加企业代理成本。较高的高管薪酬差距扭曲了高管的激励效率，造成副职级高管的挫败感及负面情绪，增加了代理成本，从而负面影响了企业 ESG 表现。

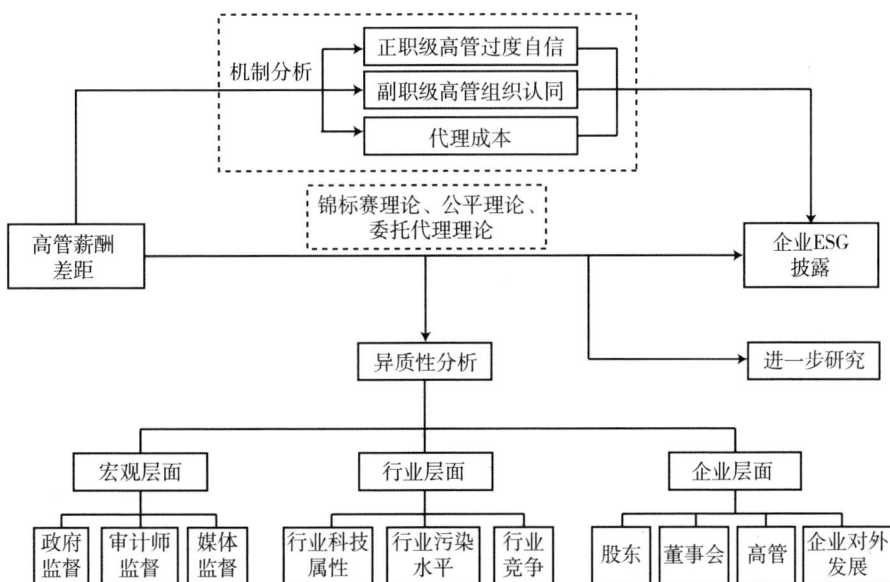

图 3.3 高管薪酬差距与企业 ESG 表现的理论分析框架

面对不同的内外部环境时，高管薪酬会对企业的 ESG 表现产生怎样的差异化影响呢？为探究这一问题，使用与上一部分相同的异质性因素进行分析比较。就外部监督而言，外部监督的有效性加强将会影响客户企业的公司治理水平，从而影响企业的 ESG 表现。就行业特征而言，高科技企业、重污染企业以及处在竞争激烈环境中的企业更愿意进行 ESG 信息披露，但是披露后是否有积极的 ESG 实际行动，转化为真正的 ESG 成果则值得探究。就企业特征而言，股东、董事会和高管等能对公司的治理水平产生影响（鲁桐和党印，2014），对公司决策、项目投资等重大事项具有影响力，进而影响企业的 ESG 表现。

基于此，本书为探究不同内外部环境下高管薪酬差距对企业 ESG 表现的影响，选取与企业 ESG 披露相同的维度进行分析。即：宏观层面分析政府监督、审计师监督、媒体监督；行业层面分析行业科技属性、行业污染水平、行业竞争程度；企业层面分析股东维度、董事会维度、高管维度和企业对外发展维度。然后将 ESG 披露与 ESG 表现的异质性结果进行比较分析，以探究企业"言行一致"或"言行不一"情形下的潜在动机。

本书为了验证不同区间的高管薪酬差距，对企业 ESG 表现影响有何不同，将高管薪酬差距分为高、低区间，进一步探究高、低区间高管薪酬差距与企业 ESG 表现的关系。并且将高管薪酬差距对企业漂绿行为的影响，也放入这部分进行分析。

三、高管薪酬差距对企业 ESG 披露与企业 ESG 表现经济后果的影响分析

通过对高管薪酬差距对企业 ESG 披露及企业 ESG 表现的影响展开研究后，高管薪酬差距对企业 ESG 披露或 ESG 表现的经济后果会产生何种效应，也是需要讨论的重要问题。如图 3.4 所示，高管薪酬差距对企业 ESG 披露的经济后果影响主要为：一是提高了权益资本成本。基于委托代理理论，高管薪酬差距增大，会加剧企业的代理问题，并且加剧了企业的内部冲突，使 ESG 披露减少，导致金融机构等外部债权人对企业产生信任危机（纳超洪和纳鹏杰，2006），因此提高了企业的权益资本成本。二是降低了企业价值。基于利益相关者理论，企业想要获得更大的竞争优势，就必须关注和满足各种利益相关者的诉求，当高管薪酬差距过高时造成 ESG 披露减少，容易招致媒体、投资者等外部主体的诟病，对企业建立起的良好声誉及产品口碑产生不利影响，并削弱内部利益相关者对企业的信任度，以至于影响勤勉工作，因此，将降低企业价值。三是阻碍了企业高质量发展。高管薪酬差距过高使企业 ESG 披露减少，增加了企业的信息不对称程度，影响了 ESG 信息披露声誉传导的积极效应，带来较高的代理成本以及负面口碑，最终降低了全要素生产率，阻碍了企业高质量发展。

基于委托代理理论、利益相关者理论、信号传递理论，本书继续分析了高管薪酬差距对企业 ESG 表现的经济后果影响：一是降低了企业的权益资本成本。当企业高管薪酬差距较高时，在已披露报告的企业中如果出现 ESG 表

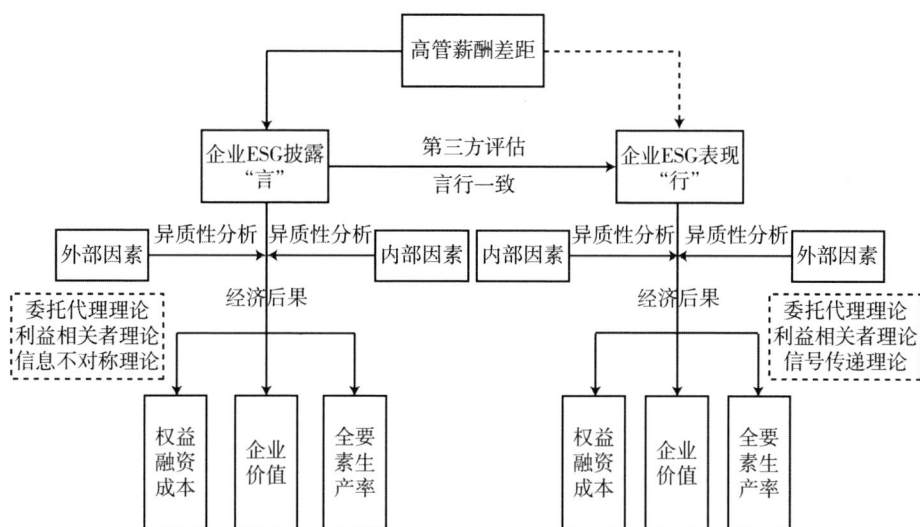

图 3.4 高管薪酬差距对企业 ESG 影响经济后果的理论分析框架

现的评分仍然很高，说明该公司"言行一致"，这时较好的 ESG 表现有利于缓解高管薪酬差距过大带来的代理问题加剧的现象，从而降低了企业的权益资本成本。二是提高了企业价值。当高管薪酬差距过高时，"言行一致"的企业有着较好的 ESG 表现，这种表现释放出了积极信号，使公司获得更多的市场关注，增加了投资者的信任度，进而提升了企业长期价值。三是促进了企业高质量发展。企业 ESG 表现具有信号传递的功能，并可以优化企业内部资源配置，从而提高企业的全要素生产率，推动企业的高质量发展。

本书从外部因素和内部因素两个方面，对高管薪酬差距、企业 ESG 披露影响的经济后果产生何种差异进行分析。就外部因素而言，当企业所处地域不同时，其政府的干预程度也就不同，那么政府行为对企业的行为及其结果的影响程度也就不尽相同，从而影响高管薪酬差距、企业 ESG 披露及经济后果三者的关系。就内部因素而言，企业所处的行业的污染程度不同，其受到外界的监管程度和合法性要求也就不同，从而对企业的高管薪酬差距与 ESG 披露的经济后果的关系会产生差异性的影响。基于此，本书选取了政府干预作为外部因素、行业污染程度作为内部因素进行异质性的理论验证。

接下来本书同样通过外部因素和内部因素两个方面，对高管薪酬差距、企业 ESG 表现影响的经济后果产生何种差异进行分析。就外部因素而言，企业的外部竞争环境对企业的行为和决策会产生重要影响，行业竞争的激烈程度会对企业在 ESG 上投入的精力与资源产生影响。此外，就内部因素而言，独立董事在高管中所占比例的大小会对企业的监督和决策产生较大影响。因此，用行业竞争程度作为外部因素、独立董事占比作为内部因素进行异质性的理论验证。

第三节　本章小结

本章首先较全面地收集和梳理了国外、国内薪酬差距和企业 ESG 的发展历程和相关制度，特别对我国的制度发展情况进行了详细分析和总结。通过制度发展的梳理，为本书开展高管薪酬差距对企业 ESG 影响的研究方向奠定了基础。其次构建本书各部分的理论分析框架，为之后的实证分析梳理出清晰的分析路径。本章的理论分析框架分为三部分，即后面将要进行实证研究的第四章、第五章、第六章的框架内容。第一部分为高管薪酬差距对企业 ESG 披露的影响及机理分析。第二部分为高管薪酬差距对企业 ESG 表现的影响及机理分析。第三部分为高管薪酬差距对企业 ESG 披露与企业 ESG 表现经济后果的影响分析。本章对三个部分的理论分析框架的主要假设、机制分析、异质性分析等涉及的理论和内容都进行了文字分析及图形列示，为后面实证研究部分探究高管薪酬差距对企业 ESG 披露及 ESG 表现的影响及其机理、异质性情境因素的深入分析、经济后果分析以及进一步的深入分析提供了清晰的研究思路。

第四章 高管薪酬差距对企业 ESG 披露的影响研究

第一节 理论分析与研究假设

一、高管薪酬差距与企业 ESG 披露

企业对外部制度的执行活动会受到政府监督、审计质量和公共媒体曝光等外部监督的影响（Asante-Appiah and Lambert，2022）。同时，企业能否正常经营及可持续发展，其行为和活动必须满足合法性的要求。企业为了符合制度规定和达到企业合法性要求，必然要考虑高管薪酬契约的作用，通过提供合理薪酬的方式促使高管目标与股东目标及企业战略达成一致。因此，制度理论和合法性理论阐述了 ESG 信息披露的理论动机（Hammami et al.，2020），合理的薪酬差距将会影响高管是否遵守外部监管和披露制度。张楠等（2023）研究发现对企业高管的股权激励，将提升企业披露社会责任报告的速度，而与企业社会责任报告披露则呈倒"U"型关系。有学者研究认为高管的薪酬差距会对企业的创新（孔东民等，2017；梅春等，2022）、企业的绩效产生正向的影响（林浚清等，2003；刘春和孙亮，2010），从而支持锦标赛理论下薪酬差距对企业行为的影响。以往研究对于高管薪酬差距对企

业行为是正向、负向还是倒"U"型关系未达成一致意见，更未能深入探究高管薪酬差距通过影响高管团队中的"谁"，从而影响了企业决策。因此，本章将对高管薪酬差距影响企业 ESG 披露的深层次原因展开研究。

在锦标赛激励下，增加 CEO 与其他高管的薪酬差距有可能提升企业的 ESG 披露。主要因为，CEO 是公司的主要决策者，其行为对企业的行为导向有着重要的影响作用。高管薪酬差距的增加，对于企业 CEO、总经理等正职类高管将起到激励作用，从而缓解 CEO 与股东间的代理问题，使 CEO 的行为动机与企业长远战略更加趋于一致。在这种情况下，为应对外部监管，减少监督和违约成本，同时为了提升企业的对外声誉，CEO 会努力弥补企业内外部的信息不对称程度，以平衡满足各利益相关方的诉求（王双进等，2022），利益相关者要求企业在日常经营中满足政府监管、社区环境保护以及社会的绿色认同（潘楚林和田虹，2016），并促使企业将自然环境的保护、社会关系的维持、公司治理水平的提升也列为企业的发展经营目标。当企业进行更充分的 ESG 信息披露时，有利于平衡利益相关者的关系，提升企业价值，同时也加强了公司所有者通过拉大薪酬差距加大高管 ESG 考核力度的动机。

另外，在企业的决策机制中，高管团队中的副职级高管对企业 ESG 披露的影响或许更为重要。有的公司信息披露事项基本由董事会秘书负责，还有的公司对外披露的财务或非财务报告均由财务总监负责。此类情况下，副职级高管对 ESG 披露的作用显然大于正职级高管。在这种前提假设下，高管间的薪酬差距增加，会造成对副职级高管的不利影响，最终可能降低企业 ESG 的披露。根据社会比较理论，在没有客观评价标准的情况下，往往通过与其他人相比来评估自己的回报是否合理。虽然 CEO 等正职级高管的决策权较大，但在上市公司以董事会作为最高决策机构的情形下，副职级的高管人数较多，其中包括副总经理、副总裁、副董事长、执行董事、董事会秘书、助理、财务总监、营销总监、营运总监、总经济师、总工程师、首席科学家等，这些职位在企业中同样起着举足轻重的作用。如果过分注重 CEO 的激励，忽视了副职级高管在董事会决策中的话语权及对具体事务执行的影响作用，无疑会造成副职级高管的不满情绪。当企业内部高管薪酬差距较大时，感到不平衡的高管，会拒绝提供有价值信息，为避免承担风险而减少投资（潘镇等，2019）。另外，ESG 的披露是有一定风险的，企业进行 ESG 报告的披露，会引起政府、媒体和公众的更多关注，随着受到关注的增加，企业会受到更多外部监督，内部问题被发现和曝光的概率增大。在薪酬差距较大的情况下，副职级的高管更会倾向于安于现状，回避风险，减少信息披露所带来的风险。

高管薪酬差距增加到底提升还是降低企业 ESG 的披露，基于以上两方面的分析，本书提出竞争性假设 H4-1a 和 H4-1b。

H4-1a：在其他条件不变的情况下，高管薪酬差距提升了企业 ESG 披露。

H4-1b：在其他条件不变的情况下，高管薪酬差距降低了企业 ESG 披露。

二、高管薪酬差距对企业 ESG 披露的影响机制分析

（一）高管薪酬差距、公司透明度与企业 ESG 披露

公司透明度是指在上市公司经营期间，外部利益相关者能够从公开渠道获得上市公司特定信息的程度（Bushman et al.，2004）。基于委托代理理论，上市公司的两权分离导致了股东与管理者间的信息不对称，管理者有动机进行选择性公开或者不公开来掩盖不好的信息，从而获得更高的薪酬（杨湘琳和王永海，2020）。而当 CEO 薪酬过高并造成薪酬差距过大时，CEO 出于自利性动机，更倾向于隐瞒负面信息以维持自己的高额薪酬。以往研究表明，当 CEO 薪酬过高时权力就越大，这种情况增加了公司的不透明度程度，会导致公司内部信息传递不通畅，形成较差的信息环境，以掩盖糟糕的实际业绩和问题（Koo and Kim，2019），同时，当企业财务透明度较低时，CEO 等高管会增加投机行为来维持薪酬或者获得薪酬的增长（何任和王纯，2018）。另外，高管薪酬差距过大，容易使副职级高管通过对比 CEO 的薪酬而产生消

极情绪，特别是当副职级别对公司投入较高的精力和努力程度时，薪酬差距加大会诱使许多高管产生努力无用的消极思想（陈邑早等，2023），会导致这些高管将更多精力放到谋求损失补偿上面，而某些缺失补偿行为是不愿曝光于公众之下的，这样就会降低公司的信息透明程度，从而忽略了利益相关者的信息需求。

从公司透明度构成指标的几个维度来看，当公司透明度较低时，意味着企业当前盈余质量较低、交易所对上市公司财务信息等披露考评分数较低、分析师关注率低及每股盈利预测准确率低、外部审计监督质量差。上市公司总体透明度低，同样也会导致 ESG 披露程度的降低。首先，较差的企业信息环境将影响公司所有对外信息的披露策略，公司对日常经营的信息传递不积极，对 ESG 披露同样难以全力以赴（强制披露的除外）。李英利和谭梦卓（2019）研究发现，信息透明度低的公司其经营绩效也会降低。因此，在经营业绩不好、盈余质量低、分析师不关注的情况下，上市公司高管难以将更多精力放到企业 ESG 的行动中，对于 ESG 的相关信息也更愿意选择不披露或者少披露。另外，公司透明度低也会增加企业的违规行为（袁芳英和朱晴，2022），高管们出于自我保护的动机，更不愿意披露 ESG 的相关内容，特别是环境保护方面的内容，以避免受到环境违规处罚的风险。基于此，本书提出 H4-2。

H4-2：高管薪酬差距通过降低公司信息透明度，从而降低了企业 ESG 披露。

（二）高管薪酬差距、公司创新与企业 ESG 披露

企业要推动 ESG 行动，离不开各种环保技术、节能技术、管理技术的支持。技术研发创新是实现可再生资源及清洁能源利用、废物管理及治理等环境治理环节的基础，通过采用先进技术，企业的环境指标将得到有效改善。另外，创新技术的运用降低了企业的产品成本和运营成本（纳超洪和戴伟，2019），使企业节约更多资金投入 ESG 事业中。并且，新的管理技术和系统

的运用将提升企业的治理水平，提高运营效率，从而改善企业的治理指标。但研发创新活动具有投资周期长、收益不确定等特点（舒利敏等，2023），较难从外部获得资源投入，导致了企业对研发创新活动的投入意愿不强（朱冰等，2018）。

然而，高管薪酬差距过大，实际上抑制了企业的创新。根据相对剥削理论，高管人员会将自己的薪酬水平与其他高管的薪酬进行比较，以评估自己获得的薪酬与付出是否匹配，如果 CEO 的薪酬过高造成薪酬差距过大，占高管较多人数的副职级高管就会产生被剥削感，从而导致对企业的长远发展目标漠不关心（张瀛之等，2017），导致短视利己主义的产生。而创新活动的成本投入和不确定性风险，使得副职级高管更容易采取保守型的工作执行方式，避免创新投入所造成的短期利益的损失。

以往研究表明，企业的数字化创新能够促进企业 ESG 实践（王应欢和郭永祯，2023）。创新技术及创新产品的应用不但能够降低企业的环境污染，还有利于缓解与利益相关者的信息不对称（Rajaiya，2023），形成核心竞争力，促进企业可持续发展。在创新技术方面，技术的创新不但规避了产品污染风险，也降低了能源强度，对环境产生积极影响（Bianchi et al.，2019）；在创新产品方面，技术创新通过环保理念和产品开发及设计相结合，推动产品革命以顺应消费者绿色消费观的要求，在降低成本的同时还提升了产品的价值。在创新方法方面，生态环境恶化会对公司的资源构成威胁，使得企业主动将生态观念引入公司治理活动中，进行治理方式及方法的创新及变革（Acemoglu et al.，2012）。在企业通过创新对企业 ESG 实践形成支持的过程中，企业更愿意对其 ESG 的工作进行披露，以展示企业良好的发展态势，从而为企业带来良好的声誉，但由于高管薪酬差距过大导致企业创新的减少，则会促使企业不愿披露或少披露 ESG 的相关工作。基于此，本书提出 H4-3。

H4-3：高管薪酬差距通过抑制公司创新，降低了企业 ESG 披露。

（三）高管薪酬差距、公司风险与企业 ESG 披露

公司风险反映了企业在追求利润时愿意付出代价的选择倾向（Boubakri et al.，2013）。高管薪酬差距影响了高管的偏好和日常经营决策，从而影响了企业的风险水平，公司风险水平又影响了企业 ESG 的表现。一般而言，公司的风险水平高，代表着公司的盈余波动幅度大，说明公司在经营和投资决策中更为激进。而风险水平低则代表公司的决策更为稳健。

首先，高管薪酬差距提高了公司风险水平。从对 CEO 的影响层面看，根据以往研究，管理者的过度自信会增加公司的风险程度（余明桂等，2013），因此本书认为，高管薪酬差距的扩大会增加 CEO 的过度自信，也同时提高了公司的风险水平，这意味着 CEO 有可能在企业经营决策中更加激进。从对高管团队其他成员的影响层面看，薪酬差距过大使高管团队的其他成员出于不满和嫉妒，可能在管理中更加趋向于短视的趋利行为，通过投资期限较短、风险较高、收益较大的项目，增加业绩补偿来弥补薪酬的不足。因此，其他高管团队成员，也有可能倾向于支持风险大收益高的项目，从而提高了公司的风险水平。总体上看，高管薪酬差距的过大反而有可能加剧了代理问题（方军雄，2009），此时，高管们不太关注公司风险规避，而过分注重投资规模，忽视投资效率，不可避免地会出现盲目投资和过度投资的现象（黄卫华等，2024）。

其次，公司的风险负面影响了企业 ESG 披露。高管薪酬差距过大导致的盲目和过度投资，会增加企业的投资风险，并对投资效率产生负向影响（董莉，2021），在这种情况下，由于扩大投资的不确定性和可能带来的负面舆论，高管将倾向于不披露或者少披露 ESG 相关信息。从公司治理方面，风险水平过高有可能为公司带来高额的投资损失，李小荣和张瑞君（2014）研究认为，过大的风险水平将导致恶劣的经济后果，损害企业的利益。风险过高增加了公司运营过程中的不确定因素，容易引发投资者的担忧，从而拉低上市公司的股价，严重时甚至有可能导致股价崩盘。企业高管出于维持股价的

动机，避免投资者的恐慌，也倾向于选择不进行 ESG 相关治理信息的披露。以上种种因素都会对企业 ESG 的披露造成不利影响。基于此，本书提出 H4-4。

H4-4：高管薪酬差距通过增加公司风险，降低了企业的 ESG 披露。

第二节　研究设计

一、样本选择与数据来源

本书利用中国 A 股上市公司的数据，包括主板、中小板、创业板、科创板的数据，检验高管薪酬差距对企业 ESG 披露的影响。由于 2008 年世界金融危机对经济环境和企业环境造成了巨大冲击，经过 2009 年恢复期，至 2010 年大部分上市公司重回正常经营状态，因此，本书选取了 2010~2022 年的样本数据，以避免金融危机的不可抗力影响。本书对初始样本执行了以下筛选程序：①剔除了金融类行业的公司；②剔除了 ST、*ST、PT 的公司；③剔除了数据异常的样本；④剔除了主要变量指标缺失的样本。最终，本书得到 32951 个样本观测值。本书使用的数据均来自 CSMAR、CNRDS 和 WIND 数据库。为缓解极端值对结果的影响，本书对部分连续变量进行了 1% 和 99% 分位数的 Winsorize 处理。数据处理和模型估计使用 Stata17.0 完成。

二、变量定义

（一）被解释变量：企业 ESG 披露

本书采用上市公司是否单独披露社会责任报告或 ESG 报告，作为企业 ESG 披露的代理变量。若企业当年已单独披露了社会责任报告或者企业 ESG 报告，则赋值为 1，否则为 0。

（二）核心解释变量：高管薪酬差距

本书用上市公司高层管理人员中的以 CEO 为代表的正职级高管的薪酬与其他高管人员（主要是副职级高管）薪酬均值的比值，作为高管薪酬差距的代理变量。本书从 CSMAR 中下载了每个企业当年在任高管的详细薪酬数据，为了准确衡量高管薪酬差距的影响，本书对未领薪的高管人员进行了手工剔除。样本中的正职级高管主要包括：首席执行官（CEO）、轮值 CEO、联席 CEO；董事长、联席董事长、执行董事长；总裁、执行总裁、联席总裁；总经理、轮值总经理、执行总经理、联席总经理、代理总经理等。其他高管人员主要包括：副总经理、副总裁、副董事长、执行董事、董事会秘书、总经理助理、财务总监、营销总监、营运总监、总经济师、总工程师、首席科学家等。最终的高管薪酬差距分两步用以下公式计算：

$$\text{OtherPaymean}_{i,t} = (\text{Totaltmt}-\text{CEOPay})_{i,t} / (\text{Managernum}-\text{CEOnum})_{i,t}$$

$$(4-1)$$

$$\text{PayGap}_{i,t} = \text{CEOPay}_{i,t} / \text{OtherPaymean}_{i,t} \qquad (4-2)$$

公式（4-1）计算出企业除正职级高管外的其他高管的薪酬均值，公式（4-2）则计算出高管薪酬差距。其中，$\text{OtherPaymean}_{i,t}$ 表示企业除正职级高管外的其他高管的年度薪酬的均值；Totaltmt 表示企业高层管理人员的年度总薪酬，CEOPay 表示以 CEO 为代表的正职级高管的年度薪酬，Managernum 表示企业高层管理人员的人数，CEOnum 表示以 CEO 为代表的正职级高管的人数，$\text{PayGap}_{i,t}$ 表示企业当年的高管薪酬差距。

（三）控制变量

本书借鉴杨婵等（2017）、姜广省等（2021）的研究，控制了可能影响企业 ESG 披露的因素，包括企业层面和宏观经济层面，其中，企业层面的控制变量包括企业规模（Size）、资产负债率（Lev）、资产报酬率（ROA）、企业成长性（Growth）、是否亏损（Loss）、账面市值比（BM）、股权集中度（TOP3）、审计意见（Opinion）、员工规模（Employee）；宏观经济层面的控制变量包括地区人均 GDP（Pregdp）。具体变量定义及计算方法见表 4.1。

（四）中介变量

1. 公司透明度（Trans）

公司透明度是指公开进行交易的企业的相关信息（如财务状况、决策过程、信息披露公告等）可以被外部观察者有效获取的程度（Bushman et al.，2004）。本书借鉴辛清泉等（2014）的研究，采用 5 个指标的平均值衡量公司透明度，5 个指标包括盈余质量、信息披露考评值、分析师跟踪人数、分析师预测准确性、是否来自国际四大会计师事务所，具体指标测算方式如下：

（1）盈余质量，分两步进行计算。首先，估计流动应计利润与几个指标值的残差，计算公式如下：

$$TCP_{i,t}=\alpha_0+\alpha_1 CFO_{i,t-1}+\alpha_2 CFO_{i,t}+\alpha_3 CFO_{i,t+1}+\alpha_4\Delta Per_{i,t}$$
$$+\alpha_5 PPE_{i,t}+e_{i,t} \tag{4-3}$$

公式（4-3）中，TCP 表示总流动应计利润，等于营业利润减去经营现金流量再加上折旧和摊销费用，CFO 表示经营现金流量，ΔPer 表示营业收入变化量，PPE 表示年末固定资产价值，i 和 t 分别表示企业和年份，e 表示残差项。全部变量都除以平均总资产。

其次，利用第一步得到的各企业各年度的回归残差 $e_{i,t}$（即当年的操控性应计利润），取其中第 t 年以及对应前 4 年的回归残差这 5 个数值计算其标准差，以得到企业第 t 年的盈余质量（DD），再将盈余质量（DD）乘以"-1"。因此，数值越大则表示盈余质量越高。

（2）信息披露考评值，根据深交所对上市企业信息披露的质量情况进行考评，等级分优、良、及格、不及格，分别赋值为 1、2、3、4，数值越大表示信息披露工作质量越高。

（3）分析师跟踪人数，即对公司的年度盈余进行预测的分析师数量，数量越多表示透明度越高。

（4）分析师预测准确性。当年分析师盈余预测准确性＝-1×｜（当年实际每股盈余-当年预测每股盈余中位数）／上年度每股股价｜。

（5）是否来自国际四大会计师事务所。如果年报审计机构是国际四大会计师事务所之一，则取值为 1，否则为 0。

最后，用 5 个指标的平均值构建出公司透明度的综合指标，数值越大，表示公司透明度越高。

2. 公司创新（Patent）

本书用发明专利授予量加 1 取对数来衡量公司的创新程度。

3. 公司风险（Risk）

本书采用公司的风险承担水平作为公司风险的代理变量。以往文献常用公司盈余的波动性来衡量公司的风险承担水平。本书参考李文贵和余明桂（2012）的衡量方法，采用一个时段公司盈余（ROA）波动的程度对公司风险承担水平进行测量。

具体而言，先计算调整后的企业总资产收益率 ROA_ adj（即个体 ROA 减去行业均值），详见公式（4-4），然后以 5 年为一个时间段滚动计算 ROA_ adj 的极差，详见公式（4-5），具体计算公式如下：

$$\text{ROA}\_ \text{adj}_{i,t} = \frac{\text{EBIT}_{i,t}}{\text{ASS}_{i,t}} - \frac{1}{x} \sum_{k=1}^{x} \frac{\text{EBIT}_{i,t}}{\text{ASS}_{i,t}} \tag{4-4}$$

$$\text{Risk}_{i,t} = \text{Max}\left(\text{ROA}\_ \text{adj}_{i,t}\right) - \text{Min}\left(\text{ROA}\_ \text{adj}_{i,t}\right) \tag{4-5}$$

在公式（4-4）中，ROA_ adj 代表经调整后的公司盈余水平（总资产收益率），EBIT 代表息税前利润，ASS 代表总资产，i 代表企业个体，t 代表年度，k 代表行业；在公式（4-5）中，Risk 代表企业的盈余波动（即风险承担水平），Max（ROA_ adj）代表调整后的 ROA 的最大值，Min（ROA_ adj）代表调整后的 ROA 的最小值，为使结果更为直观，本书将计算结果乘以 10 进行量纲处理，不影响其显著水平。最终，计算出的盈余波动（Risk_{i,t}）越大，说明公司的风险水平越高。

具体变量定义详见表 4.1。

表 4.1　主要变量定义

变量类型	变量名称	变量符号	变量定义
被解释变量	企业 ESG 披露	ESG_ dis	企业是否单独披露 ESG 报告或社会责任报告，披露为 1，否则为 0
解释变量	高管薪酬差距	PayGap	CEO 与其他高管的薪酬差距
	企业规模	Size	年总资产的自然对数
	资产负债率	Lev	总负债/总资产
	资产报酬率	ROA	净利润/总资产平均余额
	企业成长性	Growth	本年营业收入/上一年营业收入-1
控制变量	是否亏损	Loss	当年净利润小于 0 取 1，否则取 0
	账面市值比	BM	股东权益面值/企业市值
	股权集中度	TOP3	前三大股东持股数量/总股数
	审计意见	Opinion	被出具标准审计意见取值为 1，否则为 0
	员工规模	Employee	企业员工人数取对数
	人均 GDP	Pregdp	地区 GDP 与总人口比例的自然对数
	公司透明度	Trans	用 5 个指标的平均值衡量
中介变量	公司创新	Patent	发明专利授予量加 1 取对数
	公司风险	Risk	企业时间段内（5 年）盈余波动的极差

三、模型设定

（一）基准回归模型

为考察高管薪酬差距对企业 ESG 披露的影响，本书使用 logit 回归，构建基准回归模型如下：

$$ESG\_\ dis_{i,t} = \beta_0 + \beta_1 PayGap_{i,t} + \beta_2 Controls_{i,t} + \sum Industry$$

$$+ \sum Year + \varepsilon_{i,t} \tag{4-6}$$

在模型（4-6）中，被解释变量用 ESG_ dis（代表 ESG 披露）表示。解释变量用 PayGap（代表薪酬差距）表示，Controls 表示控制变量的集合，$\sum$ Industry、$\sum$ Year 分别表示行业固定效应和年度固定效应。

（二）机制检验模型

为验证理论机制假设，即分别从公司透明度、公司创新、公司风险三个方面考察高管薪酬差距影响企业 ESG 的作用机制，本书采用中介效应检验的方法，在模型（4-6）的基础上设置中介效应检验模型（4-7）和模型（4-8）：

$$\text{Mediator}_{i,t} = \beta_0 + \beta_1 \text{PayGap}_{i,t} + \beta_2 \text{Controls}_{i,t} + \sum \text{Industry}$$

$$+ \sum \text{Year} + \varepsilon_{i,t} \tag{4-7}$$

$$\text{ESG\_dis}_{i,t} = \beta_0 + \beta_1 \text{PayGap}_{i,t} + \beta_2 \text{Mediator}_{i,t} + \beta_3 \text{Controls}_{i,t}$$

$$+ \sum \text{Industry} + \sum \text{Year} + \varepsilon_{i,t} \tag{4-8}$$

模型（4-7）、模型（4-8）中，Mediator 为中介变量，其他变量定义与模型（4-6）一致。以模型（4-7）检验高管薪酬差距（PayGap）对中介变量的影响，以模型（4-8）检验中介变量在高管薪酬差距（PayGap）影响企业 ESG 披露（ESG_dis）过程中具有的中介效应。

第三节　实证结果与分析

一、描述性统计

（一）主要变量的描述性统计

表4.2为本章主要变量的描述性统计。从被解释变量企业 ESG 披露（ESG_dis）来看，由于是0-1变量，其均值为0.242，说明未单独披露 ESG 报告或社会责任报告的企业占多数，已单独披露报告的样本仅占24.2%，ESG 报告的披露状况还需要提升。从解释变量高管薪酬差距（paygap）来看，最大值为4.865，最小值为0.207，均值为1.548，说明各公司的高管薪酬差距的差别较大，绝大多数正职级高管与副职级的其他高管薪酬差距较大，最

大为 4.865 倍，平均为 1.548 倍。在控制变量中，企业规模（Size）平均值
为 22.21，标准差为 1.268，说明本书的样本涵盖了不同规模的企业；资产负
债率（Lev）平均值为 0.423，最大值为 0.908，最小值为 0.027，表明负债
占资产比例处于合理的取值范围内。变量的统计结果基本与现有文献一致。

表 4.2　主要变量的描述性统计

变量名	样本量	Mean	SD	p25	p50	p75	Min	Max
ESG_ dis	32951	0.242	0.429	0	0	0	0	1
paygap	32951	1.548	0.640	1.185	1.421	1.783	0.207	4.865
Size	32951	22.210	1.268	21.300	22.020	22.930	19.590	26.450
Lev	32951	0.423	0.204	0.260	0.416	0.576	0.027	0.908
ROA	32951	0.041	0.065	0.014	0.039	0.072	-0.373	0.247
Growth	32951	0.171	0.405	-0.023	0.110	0.273	-0.658	4.024
Loss	32951	0.113	0.317	0	0	0	0	1
BM	32951	0.618	0.249	0.428	0.617	0.802	0.064	1.246
TOP3	32951	48.270	15.410	36.780	47.700	59.460	15.130	87.840
Opinion	32951	0.972	0.164	1	1	1	0	1
Employee	32951	7.648	1.231	6.807	7.572	8.419	4.078	11.180
Pregdp	32951	8.302	3.787	5.410	7.607	10.380	2.125	19.030

（二）相关性分析

表 4.3 为本章主要变量的 Pearson 相关系数矩阵。从相关性分析结果来
看，高管薪酬差距（paygap）与企业 ESG 披露（ESG_ dis）之间的相关系数
为-0.031，且在 1% 的水平上显著，这初步表明高管薪酬差距与企业 ESG 表
现水平有负向关系，与 H4-1b 预期一致。此外，解释变量之间的系数基本在
0.5 以下，表明变量之间没有突出的共线性问题。

表 4.3　**Spearman 相关性分析**

	ESG_dis	paygap	Size	Lev	ROA	Growth	Loss	BM	TOP3	Opinion	Employee	Pregdp
ESG_dis	1											
Paygap	-0.031***	1										
Size	0.427***	-0.034***	1									
Lev	0.165***	-0.035***	0.511***	1								
ROA	0.033***	0.056***	0.012**	-0.342***	1							
Growth	-0.041***	0.019***	0.040***	0.035***	0.261***	1						
Loss	-0.034***	-0.019***	-0.046***	0.184***	-0.656***	-0.188***	1					
BM	0.160***	-0.027***	0.535***	0.347***	-0.197***	-0.072***	0.004	1				
TOP3	0.046***	-0.013**	0.146***	-0.043***	0.190***	0.034***	-0.147***	0.149***	1			
Opinion	0.033***	-0.007	0.032***	-0.111***	0.243***	0.060***	-0.238***	0.013**	0.089***	1		
Employee	0.341***	-0.026***	0.720***	0.367***	0.068***	0.015***	-0.060***	0.330***	0.133***	0.063***	1	
Pregdp	0.033***	-0.004	0.070***	-0.074***	-0.024***	-0.043***	0.051***	0.006	0.008	0.003	-0.065***	1

注：*、**、***分别表示在10%、5%、1%水平上显著。

二、基准回归分析

表 4.4 报告了高管薪酬差距影响企业 ESG 披露的回归结果。其中，第（1）列为仅加入控制变量下高管薪酬差距（paygap）与企业 ESG 披露（ESG_ dis）的回归结果。结果显示，高管薪酬差距（paygap）与企业 ESG 披露（ESG_ dis）的回归系数为 -0.069，并且在 1% 水平上显著，实证结果初步支持 H4-1b，高管薪酬差距总体上与企业 ESG 披露是负相关关系。第（2）列是在第（1）列基础上控制年度固定效应和行业固定效应的估计结果，可以看出，高管薪酬差距（paygap）与企业 ESG 披露（ESG_ dis）的回归系数为 -0.066，且在 1% 水平上显著，更严谨地证明了高管薪酬差距对企业 ESG 披露有显著降低的作用，即高管薪酬差距的扩大对企业 ESG 披露产生了负面影响，减少了 ESG 报告的披露。总体而言，上述估计结果支持了 H4-1b，即在其他条件不变的情况下，高管薪酬差距总体上降低了企业 ESG 披露程度。

表 4.4　基准回归检验

变量	（1）	（2）
	ESG_ dis	ESG_ dis
paygap	-0.069^{***}	-0.066^{***}
	(-3.04)	(-2.85)
Size	0.932^{***}	0.973^{***}
	(44.22)	(41.58)
Lev	-0.913^{***}	-0.839^{***}
	(-9.67)	(-8.34)
ROA	-0.059	-0.547
	(-0.17)	(-1.55)
Growth	-0.568^{***}	-0.459^{***}
	(-12.00)	(-9.95)

变量	(1)	(2)
	ESG_ dis	ESG_ dis
Loss	−0. 131**	−0. 167***
	(−2. 09)	(−2. 60)
BM	−0. 844***	−1. 044***
	(−11. 55)	(−12. 75)
TOP3	−0. 005***	−0. 007***
	(−5. 02)	(−6. 87)
Opinion	0. 424***	0. 395***
	(4. 02)	(3. 73)
Employee	0. 124***	0. 131***
	(7. 57)	(6. 98)
Pregdp	0. 002	0. 028***
	(0. 57)	(5. 66)
Constant	−22. 112***	−23. 374***
	(−56. 75)	(−51. 72)
Fix−industry	No	Yes
Fix−year	No	Yes
N	32951	32951
R²	0. 1778	0. 1929

注：括号内为 t 值，*、**、***分别表示在 10%、5%、1%水平上显著。

三、稳健性及内生性检验

（一）稳健性检验

1. 替换样本

由于政府对某些行业制定了专项的制度，对于这些公司的 ESG 报告或社会责任报告，要求进行强制性披露，这部分样本无法真实反映企业的披露意愿。因此，本书出于稳健性考虑，剔除了强制性披露的样本，保留自愿披露样本重新进行回归，回归方式与模型（4-6）一致。检验的结果如表 4.5 列

（1）所示，回归结果显著为负，验证了本书基准回归结论的稳健性。

表 4.5　稳健性检验—替换样本、变量、模型

变量	（1）替换样本 ESG_ dis	（2）替换自变量 ESG_ dis	（3）替换因变量 ESG_ dis (t+1)	（4）更换估计模型 ESG_ dis
Gapratio		-0.068***		
		(-2.95)		
paygap	-0.061**		-0.070***	-0.069***
	(-2.28)		(-2.68)	(-3.04)
Size	0.777***	0.973***	1.034***	0.932***
	(28.37)	(41.58)	(39.33)	(44.22)
Lev	-0.842***	-0.839***	-0.701***	-0.913***
	(-7.31)	(-8.34)	(-6.29)	(-9.67)
ROA	-1.249***	-0.546	0.280	-0.059
	(-3.14)	(-1.55)	(0.69)	(-0.17)
Growth	-0.303***	-0.459***	-0.374***	-0.568***
	(-5.88)	(-9.95)	(-8.02)	(-12.00)
Loss	-0.147**	-0.167***	-0.194**	-0.131**
	(-2.03)	(-2.60)	(-2.56)	(-2.09)
BM	-0.631***	-1.044***	-1.301***	-0.844***
	(-6.63)	(-12.75)	(-13.93)	(-11.55)
TOP3	-0.002	-0.007***	-0.007***	-0.005***
	(-1.41)	(-6.87)	(-6.08)	(-5.02)
Opinion	0.299***	0.395***	0.532***	0.424***
	(2.63)	(3.73)	(3.84)	(4.02)
Employee	0.115***	0.131***	0.110***	0.124***
	(5.26)	(6.98)	(5.40)	(7.57)
Pregdp	0.020***	0.028***	0.032***	0.002
	(3.53)	(5.66)	(5.57)	(0.57)
Constant	-19.182***	-23.474***	-23.502***	-22.112***
	(-36.77)	(-52.06)	(-47.04)	(-56.75)

续表

变量	（1） 替换样本 ESG_ dis	（2） 替换自变量 ESG_ dis	（3） 替换因变量 ESG_ dis（t+1）	（4） 更换估计模型 ESG_ dis
Fix_ industry	Yes	Yes	Yes	Yes
Fix_ year	Yes	Yes	Yes	Yes
Fix_ province	No	No	No	No
N	28772	32943	26506	32951
R^2	0.1927	0.1927	0.1955	0.1920

注：括号内为 t 值，＊、＊＊、＊＊＊分别表示在 10%、5%、1% 水平上显著。

2. 替换核心解释变量

为验证基准回归结果的稳健性，本书计算了薪酬差异率（Gapratio），即每家公司与同行业同年度其他公司的高管薪酬差距均值之差，替换原有的核心解释变量高管薪酬差距（paygap），并加入模型（4-6）重新进行估计。表4.5 第（2）列展示了估计结果，结果显示变量行业年度薪酬差异率（Gapratio）系数仍在 1% 水平显著为负，即薪酬差异率对当期的企业 ESG 披露也存在显著影响。以上结果增强了高管薪酬差距与企业 ESG 披露负向因果关联的推断。

3. 被解释变量滞后一期

考虑到高管薪酬差距可能会对下一年的 ESG 披露情况产生影响，为验证基准回归结果的稳健性，将当期 t 年度的企业 ESG 披露（ESG_ dis），替换为第二年 t+1 年度的企业 ESG 披露（ESG_ dis）情况，并代入模型（4-6）重新进行估计，回归结果显示，高管薪酬差距（paygap）的系数仍然在 1% 水平显著为负，估计结果保持不变。

4. 更换估计模型

本书通过替换回归模型检验本书结论的稳健性，本书运用 oprobit 分类有序回归模型再次进行检验，结果如表 4.5（4）列所示，系数仍在 1% 水平上显著为负，再次验证了基准回归的结论。

5. 增加固定效应

为了避免区域层面未观测到因素对回归结果的影响，本书在回归模型（4-6）中增加了地区（省）固定效应，其余设定与模型（4-6）一致。检验结果如表4.6第（1）列所示，高管薪酬差距（paygap）的系数仍显著为负，验证了本书结论的稳健性。

表4.6 稳健性检验—增加固定效应、增加控制变量

变量	（1） 增加固 定效应 ESG_ dis	（2） 控制内部 薪酬差距 ESG_ dis	（3） 控制外部 薪酬差距 ESG_ dis	（4） 同时控制 内外部薪酬差距 ESG_ dis
paygap	-0.043 *	-0.065 ***	-0.076 ***	-0.064 ***
	(-1.81)	(-2.70)	(-3.26)	(-2.67)
Size	1.026 ***	0.972 ***	0.954 ***	0.938 ***
	(41.38)	(41.16)	(39.48)	(37.36)
Lev	-0.968 ***	-0.786 ***	-0.814 ***	-0.780 ***
	(-9.29)	(-7.68)	(-8.08)	(-7.62)
ROA	-0.747 **	-0.358	-0.615 *	-0.474
	(-2.06)	(-1.00)	(-1.74)	(-1.32)
Growth	-0.476 ***	-0.525 ***	-0.515 ***	-0.519 ***
	(-10.08)	(-10.72)	(-10.68)	(-10.58)
Loss	-0.212 ***	-0.164 **	-0.177 ***	-0.173 ***
	(-3.23)	(-2.51)	(-2.75)	(-2.64)
BM	-1.114 ***	-1.044 ***	-1.008 ***	-0.994 ***
	(-13.12)	(-12.54)	(-12.17)	(-11.82)
TOP3	-0.007 ***	-0.007 ***	-0.007 ***	-0.007 ***
	(-7.20)	(-6.89)	(-6.76)	(-6.89)
Opinion	0.407 ***	0.427 ***	0.399 ***	0.422 ***
	(3.67)	(3.91)	(3.78)	(3.87)

变量	（1）增加固定效应	（2）控制内部薪酬差距	（3）控制外部薪酬差距	（4）同时控制内外部薪酬差距
	ESG_ dis	ESG_ dis	ESG_ dis	ESG_ dis
Employee	0.129 ***	0.127 ***	0.126 ***	0.143 ***
	(6.56)	(6.27)	(6.71)	(6.83)
Pregdp	−0.001	0.028 ***	0.026 ***	0.025 ***
	(−0.07)	(5.53)	(5.32)	(5.02)
Insgap		0.002		−0.009 *
		(0.69)		(−1.85)
Exgap			0.062 ***	0.096 ***
			(2.97)	(3.27)
Constant	−24.328 ***	−23.317 ***	−22.978 ***	−22.742 ***
	(−48.67)	(−50.96)	(−49.28)	(−47.78)
Fix_ industry	Yes	Yes	Yes	Yes
Fix_ year	Yes	Yes	Yes	Yes
Fix_ province	Yes	No	No	No
N	32951	32210	32951	32210
R^2	0.2263	0.1923	0.1931	0.1926

注：括号内为 t 值，*、**、*** 分别表示在 10%、5%、1% 水平上显著。

6. 增加控制变量

现有研究对于薪酬差距的划分较为细致，包含企业内部薪酬差距、外部薪酬差距、纵向薪酬差距、横向薪酬差距等多种类型（Maoret et al.，2023）。考虑到不同维度的薪酬差距对企业 ESG 披露可能产生的影响，本书在回归模型（1）中增加了企业内部（高管与员工，纵向）薪酬差距，以及企业外部（横向）薪酬差距作为控制变量进行稳健性检验，以验证在增加高管和员工的内部薪酬差距，以及高管平均和行业平均的薪酬差距的因素后，本书的假设是否成立。

具体而言，企业内部纵向薪酬差距（Insgap）参考胡秀群（2016）的衡量方法，用企业内部高管与员工的薪酬差距衡量，计算公式如下：

内部薪酬差距（Insgap）＝高管团队平均薪酬／普通员工平均薪酬

$$(4-9)$$

在公式（4-9）中，高管团队平均薪酬等于高管团队年度薪酬总额除以高管团队人数；普通员工平均薪酬等于支付给职工以及为职工支付的现金减去高管团队年薪／除高管外的员工人数。

企业外部横向薪酬差距（Exgap）参考黎文靖等（2014）的衡量方法，用企业高管团队平均薪酬与同行业同年度企业高管的平均薪酬的比值进行计算：

外部薪酬差距（Exgap）＝高管团队平均薪酬／同行业同年度高管平均薪酬

$$(4-10)$$

检验结果如表 4.6 所示，第（2）列为增加了控制企业内部薪酬差距（高管与员工薪酬差距）后的回归结果，高管薪酬差距（paygap）的系数仍在 1% 水平显著为负，第（3）列为增加了控制企业外部薪酬差距（高管平均薪酬与行业平均薪酬差距）后的回归结果，高管薪酬差距（paygap）的系数仍在 1% 水平显著为负，第（4）列为同时控制企业外部薪酬差距和企业内部薪酬差距的回归结果，高管薪酬差距（paygap）系数仍显著为负。以上结果显示，在考虑了高管与员工的薪酬差距和高管与行业平均薪酬差距的情况下，企业高管团队内部薪酬差距仍然负向影响了企业 ESG 披露，再次验证了本书结论的稳健性。

（二）内生性检验

1. Heckman 两阶段法

为缓解样本选择问题，本书参考梁上坤（2018）的研究，采用 Heckman 两阶段法进行检验，其中，第一阶段设置因变量（Gaptem）为高管薪酬差距的虚拟变量，若高管薪酬差距超过同行业同年度其他公司薪酬差距的均值则赋值为 1，否则为 0；并将同行业同年度其他公司的薪酬差距均值（Othgapmean）作为外生变量，一起放入一阶段模型进行回归。

第二阶段将逆米尔斯比率（IMR）作为控制变量加入模型（1）重新估计。表 4.7 第（2）列表明，在控制逆米尔斯比率（IMR）的基础上，高管薪酬差距（paygap）的系数在 1% 水平仍显著为负，验证了本书结论的稳健性。

表 4.7　内生性分析

变量	（1）	（2）	（3）	（4）	（5）
	Heckman 两阶段		工具变量		PSM
	Gaptem	ESG_ dis	paygap	ESG_ dis	ESG_ dis
Othgapmean	−3.061***				
	(−17.03)				
Wageave			−0.017***		
			(−5.98)		
paygap		−0.065***		−0.254**	−0.066***
		(−2.80)		(−2.33)	(−2.86)
IMR		0.209			
		(1.37)			
Size	−0.030	0.969***	−0.006	0.161***	0.973***
	(−1.61)	(40.94)	(−1.17)	(43.72)	(41.58)
Lev	−0.058	−0.847***	−0.005	−0.133***	−0.839***
	(−0.77)	(−8.40)	(−0.24)	(−9.03)	(−8.33)
ROA	1.041***	−0.394	0.677***	0.058	−0.539
	(4.67)	(−1.06)	(7.35)	(0.62)	(−1.53)
Growth	0.041**	−0.453***	0.013	−0.071***	−0.458***
	(2.10)	(−9.80)	(1.23)	(−10.68)	(−9.94)
Loss	0.052	−0.160**	0.036**	−0.016	−0.167***
	(1.50)	(−2.48)	(2.38)	(−1.49)	(−2.60)
BM	−0.102	−1.057***	−0.009	−0.200***	−1.043***
	(−1.61)	(−12.82)	(−0.42)	(−15.02)	(−12.73)
TOP3	−0.002**	−0.007***	−0.001***	−0.001***	−0.007***
	(−1.96)	(−7.00)	(−2.91)	(−4.12)	(−6.87)

变量	(1)	(2)	(3)	(4)	(5)
	Heckman 两阶段		工具变量		PSM
	Gaptem	ESG_ dis	paygap	ESG_ dis	ESG_ dis
Opinion	−0.110**	0.380***	−0.072***	0.020	0.395***
	(−1.98)	(3.56)	(−2.82)	(1.26)	(3.72)
Employee	−0.001	0.131***	−0.004	0.019***	0.131***
	(−0.07)	(6.96)	(−0.86)	(6.09)	(6.96)
Pregdp	−0.001	0.028***	0.010***	0.004***	0.028***
	(−0.22)	(5.65)	(4.45)	(4.87)	(5.65)
Constant	5.287***	−23.464***	1.806***	−2.940***	−23.372***
	(12.01)	(−51.45)	(18.14)	(−14.03)	(−51.71)
Fix_ industry	Yes	Yes	Yes	Yes	Yes
Fix_ year	Yes	Yes	Yes	Yes	Yes
N	32943	32943	32951	32951	32949
R^2	0.0124	0.1929	0.0174	0.0781	0.1928

注：括号内为 t 值，＊、＊＊、＊＊＊分别表示在 10%、5%、1%水平上显著。

2. 工具变量法

上市企业所在地区的平均工资标准是各企业制定薪酬方案的基础依据，当地的平均工资标准越高，越反映出该地的薪酬成本接受度高，有可能存在更高的高管薪酬差距，但当地的平均工资标准与企业 ESG 披露程度并无直接关系，且企业 ESG 披露情况也不会对当地的平均工资标准产生影响。因此，本书选择公司所在省份的职工平均工资标准（Wageave）作为工具变量进行内生性检验。为此，从国家统计局网站获取了 2010~2022 年全国各省份职工平均工资年度总额（单位：万元）。

本书以高管薪酬差距（paygap）作为被解释变量、引入工具变量职工平均工资标准（Wageave）作为解释变量进行第一阶段回归，得到拟合值后代入第二阶段回归。表 4.7 中第（3）、（4）列为采用工具变量法的检验结果。其中，第（3）列显示工具变量与高管薪酬差距（paygap）在 1%的水平上显著负相关，第（4）列作为第二阶段的回归结果显示，高管薪酬差距（paygap）与 ESG 披露的回归结果在 5% 的水平上依然显著为正，说明在解决内生性问题后，高管薪酬差距（paygap）仍然显著降低企业 ESG 披露，再次支持本书 H4-1b。

3. PSM 倾向得分匹配法

为了避免遗漏变量带来的内生性问题，本书采用 PSM 倾向得分匹配法进行检验。具体地，首先根据解释变量高管薪酬差距的中位数将样本数据分为两组，即高薪酬差距组与低薪酬差距组。其次，将企业规模（Size）、资产负债率（Lev）、资产报酬率（ROA）、企业成长性（Growth）、是否亏损（Loss）、账面市值比（BM）、股权集中度（TOP3）、审计意见（Opinion）、员工规模（Employee）、地区人均 GDP（Pregdp）作为匹配变量，采用最邻近匹配法对样本进行 1：1 匹配。最后，对匹配后的样本数据进行再次回归。表 4.7 第（5）列检验结果与前文基准回归结果基本一致，表明本书的研究结论依然稳健。

四、机制检验

（一）公司透明度的中介效应检验

公司透明度的中介效应检验结果如表 4.8 第（1）、（2）列所示。第（1）列展示了模型（4-7）的回归结果，结果显示，高管薪酬差距（paygap）对中介变量公司透明度（Trans）的回归系数显著为负，说明高管薪酬差距的扩大显著降低了公司的信息透明度。第（2）列展示了模型（4-8）的回归结果，结果显示中介变量公司透明度（Trans）对企业 ESG 披露（ESG_ dis）的回归系数在 1% 的统计水平上显著为正，高管薪酬差距（paygap）的系数在 1% 的统计水平上显著为负。这表明公司透明度在高管薪酬差距与企业 ESG 披露中起到了部分中介效应，表明高管薪酬差距的扩大降低了公司的信息透明度，阻碍了公司对外界的信息发布渠道，减少了企业 ESG 报告的对外披露程度，从而验证了 H4-2。

表 4.8　高管薪酬差距与 ESG 披露的机制检验

变量	（1）	（2）	（3）	（4）	（5）	（6）
	公司透明度		公司创新		公司风险	
	Trans	ESG_ dis	Patent	ESG_ dis	Risk	ESG_ dis
paygap	−0.004***	−0.066***	−0.021**	−0.072***	0.046***	−0.071***
	（−2.92）	（−2.83）	（−2.22）	（−2.84）	（5.79）	（−3.02）
Trans		0.761***				
		（7.68）				
Patent				0.122***		
				（7.82）		
Risk						−0.091***
						（−4.43）
Size	0.094***	0.906***	0.406***	0.952***	0.406***	0.952***
	（71.62）	（36.11）	（42.70）	（36.55）	（42.70）	（36.55）
Lev	−0.134***	−0.716***	−0.473***	−0.872***	−0.473***	−0.872***
	（−25.91）	（−7.03）	（−12.43）	（−7.96）	（−12.43）	（−7.96）
ROA	0.467***	−0.876**	−0.892***	−0.351	−0.892***	−0.351
	（23.90）	（−2.45）	（−6.53）	（−0.92）	（−6.53）	（−0.92）
Growth	−0.010***	−0.465***	−0.032**	−0.461***	−0.032**	−0.461***
	（−5.00）	（−9.80）	（−2.28）	（−9.30）	（−2.28）	（−9.30）
Loss	−0.021***	−0.134**	−0.133***	−0.090	−0.133***	−0.090
	（−6.47）	（−2.07）	（−5.21）	（−1.25）	（−5.21）	（−1.25）
BM	−0.211***	−0.896***	−0.767***	−1.003***	−0.767***	−1.003***
	（−46.98）	（−10.58）	（−22.17）	（−10.99）	（−22.17）	（−10.99）
TOP3	0.000	−0.007***	−0.003***	−0.008***	−0.003***	−0.008***
	（1.50）	（−6.81）	（−8.22）	（−6.90）	（−8.22）	（−6.90）
Opinion	0.046***	0.376***	0.121***	0.336***	0.121***	0.336***
	（10.09）	（3.44）	（3.49）	（2.96）	（3.49）	（2.96）
Employee	0.026***	0.111***	0.149***	0.114***	0.149***	0.114***
	（23.06）	（5.84）	（19.98）	（5.68）	（19.98）	（5.68）

变量	（1）	（2）	（3）	（4）	（5）	（6）
	公司透明度		公司创新		公司风险	
	Trans	ESG_ dis	Patent	ESG_ dis	Risk	ESG_ dis
Pregdp	0.000***	0.000***	0.000***	0.000***	0.000***	0.000***
	(13.72)	(4.93)	(11.78)	(4.46)	(11.78)	(4.46)
Constant	−1.830***	−22.092***	−9.336***	−22.716***	−9.336***	−22.716***
	(−76.84)	(−45.70)	(−54.28)	(−44.94)	(−54.28)	(−44.94)
Fix_ industry	Yes	Yes	Yes	Yes	Yes	Yes
Fix_ year	Yes	Yes	Yes	Yes	Yes	Yes
N	32735	32735	28879	28879	28879	28879
R^2	0.4568	0.1946	0.3608	0.1975	0.3608	0.1975

注：括号内为 t 值，*、**、*** 分别表示在 10%、5%、1% 水平上显著。

（二）公司创新的中介效应检验

公司创新的中介效应检验结果如表 4.8 第（3）、（4）列所示。第（3）列展示了模型（4-7）的回归结果，结果显示，变量高管薪酬差距（paygap）对中介变量公司创新（Patent）的回归系数显著为负，说明高管薪酬差距的扩大显著降低了公司的创新程度。第（4）列展示了模型（4-8）的回归结果，结果显示中介变量公司创新（Patent）对企业 ESG 披露（ESG_ dis）的系数在 1% 的统计水平上显著为正，高管薪酬差距（paygap）的系数在 1% 的统计水平上显著为负。这表明公司创新在高管薪酬差距与企业 ESG 披露中起到了部分中介效应，说明高管薪酬差距的扩大阻碍了公司的创新，企业缺乏新技术支持进行 ESG 的实践，很难产生对外披露的正面亮点，降低了企业 ESG 报告的对外披露程度，从而验证了 H4-3。

（三）公司风险的中介效应检验

公司风险的中介效应检验结果如表 4.8 第（5）、（6）列所示。第（5）列展示了模型（4-7）的回归结果，结果显示，变量高管薪酬差距（paygap）对中介变量公司风险（Risk）的回归系数显著为正，说明高管薪酬差距显著增加了公司风险。第（6）列展示了模型（4-8）的回归结果，结果显示中介变量公司风险（Risk）对企业 ESG 披露（ESG_ dis）的系数在 1% 的统计水平上显著为负，高管薪酬差距（paygap）的系数仍然在 1% 水平显著为负。这表明公司风险在高管薪酬差距与企业 ESG 披露中起到了部分中介效应，说明高管薪酬差距的扩大增加了公司的风险，高管为隐瞒风险信息，负面影响了企业 ESG 报告的对外披露程度，从而验证了 H4-4。

第四节 异质性分析

高管薪酬差距的扩大在不同的内外部环境特征中会对企业 ESG 对外披露产生怎样的差异化影响？为研究这一问题，本书将上市公司所处的不同环境分为外部环境和内部环境，其中，外部环境包括宏观层面、行业层面，内部环境主要包括企业层面。

宏观层面，本书从政府监督、审计师监督、媒体监督等外部监督角度来研究差异化影响；行业层面，从行业科技属性、行业污染水平、行业竞争程度角度研究其异质性；企业层面，分别从股东维度、董事会维度、高管维度和企业对外发展维度分析高管薪酬差距对企业 ESG 披露的异质性，具体而言，企业层面通过绿色股权投资者（股东维度）、董事会独董占比（董事会维度）、高管政治关联（高管维度）、企业国际化程度（企业对外发展维度）4 个变量进行分析。

一、宏观层面异质性分析

（一）政府监督

来自政府的监督对企业有着重大的约束作用，而政府的环境规制，则体现了来自政府的监督意愿，是政府为实现保护环境和促进可持续发展目标的重要约束力量（蒋伏心等，2013）。引导和监督企业推动与 ESG 相关的治理行动是环境规制的核心目标。环境规制的强弱代表着当地政府对于绿色可持续发展的重视程度，相应的监督力度也不同。一般而言，环境规制程度越高的区域，政府的环保意识越强，监督力度也越大。反之，则监督力度越小。由于国内不同地区的政治、经济、法治环境有着较大差异，因此不同地区的环境规制情况也存在着较大的差异。因此，当高管薪酬差距对企业 ESG 披露产生影响时，也会受到当地政府环境规制的重大影响。理论而言，在环境规制程度高的地区，政府对企业的鼓励和处罚力度会更大。为了应对政府压力，满足合法性的要求，企业不得不按相关规制的要求采取行动，这样会促使企业高管积极进行 ESG 披露。同时，地方政府对企业 ESG 披露的要求也缓解了外部利益相关者与企业间的信息不对称，一方面有利于政府对企业的可持续发展行动的开展情况进行充分了解，另一方面则直接削弱了高管薪酬差距扩大对企业 ESG 披露产生的负面影响。

基于此，本书借鉴何玉梅和罗巧（2018）的研究，用环境规制（Environreg）作为衡量地区环境规制强度的代理变量。具体计算公式为：

$$Environreg = （Vestp \times Indadd）\times 1000 \tag{4-11}$$

公式（4-11）中，Environreg 代表环境规制强度，Vestp 表示工业污染治理投资额，Indadd 表示当地工业增加值。

接下来，为检验环境规制的不同影响，用地区的分年度中位数对样本进行分组，其中，高于中位数的样本归到环境规制程度高组，低于中位数的样本归到环境规制程度低组。表 4.9 第（1）、（2）列报告了两组分样本的回归结果。在第（1）列中，高管薪酬差距（paygap）的系数为负但不显著，在第（2）列中，高管薪酬差距（paygap）的系数在 1% 水平上显著为负，说明在政府环境规制程度高的地区，企业高管的薪酬差距对其 ESG 披露无显著影响，而在政府环境规制程度低的地区，企业内部高管薪酬差距的扩大对 ESG 披露起到负面影响。

表 4.9　宏观层面的异质性检验

变量	（1） 环境规制高 ESG_ dis	（2） 环境规制低 ESG_ dis	（3） 四大 ESG_ dis	（4） 非四大 ESG_ dis	（5） 媒体关注度高 ESG_ dis	（6） 媒体关注度低 ESG_ dis
paygap	−0.010	−0.121***	0.025	−0.077***	−0.009	−0.141***
	（−0.30）	（−3.80）	（0.31）	（−3.17）	（−0.30）	（−4.01）
Size	0.972***	0.975***	0.987***	0.980***	1.026***	0.983***
	（28.43）	（29.88）	（10.86）	（39.22）	（31.35）	（27.06）
Lev	−0.998***	−0.648***	−0.837*	−0.853***	−0.870***	−0.702***
	（−6.64）	（−4.70）	（−1.87）	（−8.16）	（−6.09）	（−4.84）
ROA	−0.964*	−0.023	3.298**	−0.770**	−0.277	−0.751
	（−1.84）	（−0.05）	（2.19）	（−2.11）	（−0.59）	（−1.39）
Growth	−0.526***	−0.526***	−0.524**	−0.514***	−0.505***	−0.532***
	（−7.57）	（−7.79）	（−2.50）	（−10.33）	（−7.81）	（−7.17）
Loss	−0.228**	−0.114	0.145	−0.193***	−0.069	−0.259***
	（−2.45）	（−1.27）	（0.51）	（−2.90）	（−0.77）	（−2.74）
BM	−1.110***	−0.948***	−0.426	−1.100***	−1.323***	−1.111***
	（−9.39）	（−8.28）	（−1.24）	（−12.96）	（−10.96）	（−9.12）
TOP3	−0.005***	−0.009***	−0.009**	−0.007***	−0.008***	−0.006***
	（−3.37）	（−6.41）	（−2.33）	（−6.63）	（−5.76）	（−4.09）
Opinion	0.335**	0.431***	0.495	0.409***	0.330**	0.470***
	（2.20）	（2.85）	（0.89）	（3.73）	（2.30）	（2.94）
Employee	0.133***	0.138***	0.048	0.135***	0.140***	0.118***
	（4.63）	（5.36）	（0.70）	（6.84）	（5.32）	（4.32）
Pregdp	0.053***	0.005	−0.003	0.031***	0.018***	0.039***
	（7.98）	（0.61）	（−0.19）	（5.93）	（2.62）	（5.49）
Constant	−23.743***	−23.180***	−25.570***	−23.320***	−24.373***	−23.682***
	（−35.77）	（−36.95）	（−12.27）	（−48.48）	（−38.96）	（−32.91）
Fix_ industry	Yes	Yes	Yes	Yes	Yes	Yes
Fix_ year	Yes	Yes	Yes	Yes	Yes	Yes
N	15245	17681	1870	31059	16348	16590
R^2	0.2023	0.1934	0.2456	0.1721	0.2190	0.1656

注：括号内为 t 值，*、**、***分别表示在 10%、5%、1%水平上显著。

（二）审计师监督

首先，在企业的外部监督中，外部审计机构的审计师起重要作用。学术界普遍认为，规模较大的专业审计机构有着更强的独立性，其审计师更加专业，审计质量优于小规模的会计师事务所（林永坚和王志强，2013），因此，企业选择什么样的会计师事务所进行审计，直接反映了审计师监督的有效性。基于国际上公认的四大会计师事务所的专业性和审计质量受到了各界的普遍认可，本书选取是否四大会计师事务所作为审计师监督的代理变量，当上市公司选择国际四大会计师事务所作为其当年审计机构时，赋值为 1，否则为 0。

理论上，如果企业选择国际四大会计师事务所作为其年报审计机构，企业受到的外部监督相应增强，会较大缓解高管薪酬差距过大对公司治理水平的负面影响，并且在有效的审计师监督下，可能会减少高管们的自利动机，更愿意关注企业的长期可持续发展的实践，因此有利于促进企业 ESG 披露的程度。相反，如果企业选择非四大会计师事务所，则会减少企业 ESG 报告披露的程度。基于此，本书将是否四大会计师事务所作为审计师监督水平的划分标准，将样本企业划分为两组，一组为国际四大会计师事务所审计，另一组为非四大会计师事务所审计。检验结果见表 4.9，第（3）列中，高管薪酬差距（paygap）的系数为正且不显著，而第（4）列该系数在 1% 的水平上显著为负，表明高管薪酬差距对 ESG 披露的负面作用在审计师监督质量高的情况下不显著，而在审计师监督质量低时更加明显。

（三）媒体监督

媒体监督也会对企业的 ESG 披露产生重要影响。当公司被大量媒体密切关注时，有可能面临更大的声誉风险。高管在媒体的高度关注下，迫于舆论压力可能减少自利行为和违规行为，为了获得媒体的正面评价，也会试图满足利益相关者的诉求，树立良好的企业形象，这种情况下，CEO 和副职级高管容易达成一致目标，共同提高公司 ESG 的披露程度。而受媒体关注低的企业，因高管薪酬差距过大造成的高管间的冲突将更为显著，则会负面影响企业 ESG 报告披露。因此，本书认为，高管薪酬差距的负面效应，应当在媒体关注度低的企业中更为显著。

本书借鉴余艳等（2024）的衡量方法，用企业被网络新闻媒体报道中标题出现该公司的次数，加 1 取自然对数作为媒体关注度的衡量指标，并按分行业分年度的中位数，将样本进行分组，将高于中位数的样本赋值为 1，作为媒体关注度高组；低于中位数的样本赋值为 0，作为媒体关注度低组，分别进行估计。在表 4.9 第（5）列中，高管薪酬差距（paygap）的系数为负但不显著，在第（6）列中，高管薪酬差距（paygap）的系数在 1% 水平上显著为负，这表明高管薪酬差距对企业 ESG 披露的影响在媒体关注度低的企业更为明显。

二、行业层面异质性分析

（一）行业科技属性

在不同的科技属性下，高管薪酬差距传递至企业 ESG 披露程度的效果可能存在差异。与非高科技企业相比，高科技企业由其研发周期特性，需要长期的资源投入，其长期可持续发展的理念与 ESG 理念不谋而合，因此，高科技行业所具有的科技属性与 ESG 所自带的社会属性可能有着相互促进的作用。研究发现，企业的科技创新与企业的社会责任对于企业价值产生交互作用，共同对企业价值产生正向影响（朱乃平等，2014），这是因为，高科技企业主要依靠创新产品或创新技术来提升自身的竞争力，而高科技企业的创新产品未得到市场高度认可时，其创新通过增加绿色、环保等的赋能，更容易获得客户和利益相关者的认可，从而提升企业价值。高科技企业的产品创新需求反而会激发企业产生 ESG 实践的动机（Gallego-álvarez et al.，2011）。基于此，本书推断，在高科技企业中，创新压力带来企业 ESG 动机的情形下，高管薪酬差距的扩大对企业 ESG 披露不会产生显著影响，但在非高科技企业可能会产生明显的负面影响。

为了验证不同行业技术水平下企业的异质性表现，本书将样本按企业是否属于高科技行业进行分类，属于高科技行业的企业划为高科技行业组，其他则划为非高科技行业组。在表 4.10 第（1）列中，高管薪酬差距（paygap）的系数为负但不显著，而在表 4.10 第（2）列中，高管薪酬差距（paygap）的系数在 1% 水平上显著为负。这表明高管薪酬差距对企业 ESG 披露的负向影响在不属于高科技行业的企业中更明显。

表 4.10　行业层面的异质性

变量	（1） 高科技 行业 ESG_ dis	（2） 非高科技 行业 ESG_ dis	（3） 重污染 行业 ESG_ dis	（4） 非重污染 行业 ESG_ dis	（5） 行业竞争 程度低 ESG_ dis	（6） 行业竞争 程度高 ESG_ dis
paygap	−0.032	−0.091***	−0.023	−0.075***	−0.124***	−0.019
	(−0.92)	(−2.95)	(−0.49)	(−2.79)	(−3.42)	(−0.63)
Size	1.004***	0.964***	0.631***	1.073***	0.916***	1.003***
	(25.18)	(32.12)	(12.97)	(38.84)	(25.56)	(31.99)
Lev	−0.755***	−0.923***	−0.703***	−0.928***	−0.976***	−0.733***
	(−4.83)	(−6.93)	(−3.54)	(−7.84)	(−6.25)	(−5.51)
ROA	−0.101	−1.123**	−1.121	−0.619	−0.963*	−0.115
	(−0.19)	(−2.33)	(−1.53)	(−1.51)	(−1.77)	(−0.25)
Growth	−0.674***	−0.421***	−0.245**	−0.607***	−0.479***	−0.544***
	(−8.68)	(−6.79)	(−2.55)	(−10.71)	(−5.96)	(−8.96)
Loss	−0.142	−0.201**	−0.015	−0.274***	−0.171*	−0.174**
	(−1.39)	(−2.41)	(−0.13)	(−3.46)	(−1.82)	(−1.96)
BM	−1.766***	−0.702***	−1.126***	−1.046***	−0.968***	−1.168***
	(−13.18)	(−6.60)	(−6.86)	(−10.72)	(−7.93)	(−10.40)
TOP3	−0.004***	−0.009***	−0.007***	−0.007***	−0.005***	−0.009***
	(−2.75)	(−6.59)	(−3.52)	(−5.72)	(−2.95)	(−6.87)
Opinion	0.505***	0.307**	0.464**	0.390***	0.298*	0.474***
	(3.09)	(2.17)	(2.29)	(3.08)	(1.85)	(3.35)

变量	(1)	(2)	(3)	(4)	(5)	(6)
	高科技行业	非高科技行业	重污染行业	非重污染行业	行业竞争程度低	行业竞争程度高
	ESG_ dis	ESG_ dis	ESG_ dis	ESG_ dis	ESG_ dis	ESG_ dis
Employee	0.174***	0.113***	0.315***	0.096***	0.194***	0.107***
	(5.11)	(4.91)	(6.55)	(4.60)	(6.21)	(4.45)
Pregdp	0.036***	0.023***	0.024**	0.035***	0.017**	0.039***
	(4.74)	(3.58)	(2.29)	(6.21)	(2.28)	(5.82)
Constant	−24.318***	−23.069***	−17.581***	−25.165***	−22.036***	−24.283***
	(−33.71)	(−39.89)	(−20.85)	(−46.73)	(−32.21)	(−39.75)
Fix_ industry	Yes	Yes	Yes	Yes	Yes	Yes
Fix_ year	Yes	Yes	Yes	Yes	Yes	Yes
N	14084	18867	7402	25549	13352	19571
R^2	0.1857	0.1998	0.1519	0.2109	0.1912	0.1980

注：括号内为 t 值，*、**、***分别表示在 10%、5%、1%水平上显著。

（二）行业污染水平

企业所处的行业污染水平会对高管薪酬差距与企业 ESG 披露的关系产生影响。近年来政府的环境保护、社会责任、治理等方面的意识加强，往往针对性地出台相关政策，以引导企业的发展方向。而重污染行业由于对大气、土壤、水资源可能造成不可逆的破坏，因此首当其冲成为政府重点监管的对象，导致重污染行业的企业受到政府制度的影响较大，可能远超过内部治理因素的影响。并且，政府很早就针对这类企业出台了相关信息的披露要求，例如：2003 年，原国家环保总局出台《关于企业环境信息公开的公告》，就要求污染超标企业披露相关环境信息，这些强制披露的要求会对企业之后披露 ESG 报告产生直接的影响。

此外，在当前 ESG 投资理念盛行的趋势下，重污染企业如果不披露 ESG 报告，则更容易导致投资机构的"用脚投票"，从而影响公司的市值。因此，本书估计，重污染企业对于 ESG 报告的披露决策，更多来自外部制度和投资者压力的影响，所以重污染企业的高管薪酬差距对 ESG 披露的影响，应当弱于非重污染企业。

基于以上分析，本书参考刘方媛和吴云龙（2024）的研究，根据 2010 年《上市公司环境信息披露指南》对重污染行业的界定①，将属于 16 个重污染行业的企业划分为重污染行业组，将其他企业划分为非重污染行业组并分别进行估计，在表 4.10 第（3）列中，高管薪酬差距（paygap）的系数为负但不显著，而在表 4.10 第（4）列中，高管薪酬差距（paygap）的系数在 1% 水平上显著为负，表明非重污染企业中高管薪酬差距对企业 ESG 披露的削弱作用更加明显。

（三）行业竞争程度

行业竞争程度也对企业 ESG 对外信息披露产生着差异化影响。Baggs and Bettignies（2007）认为，高管在企业的经营活动中，一定程度上受到外部行业竞争的治理作用影响，从而使高管行为受到约束。随着世界经济的发展和文化的进步，行业竞争程度日趋激烈，高管的经营决策需要充分考虑外部竞争环境的影响。当行业竞争程度较低时，企业往往处于优势的垄断地位，企业不存在必须迎合利益相关者的外部压力，因此，在外部竞争压力不大的情况下，企业内部的治理对企业行为的作用就尤为突出，这时，受到企业垄断地位的影响，企业高管团队内部由于缺乏外部压力而难以达成目标的一致和行动的统一，高管薪酬差距的扩大，更容易造成团队内部的冲突与矛盾，从而影响了企业 ESG 报告的对外披露。此时，高管薪酬差距对企业 ESG 披露的影响应当较为显著。

而当企业处于竞争强度较大的行业环境时，企业必须迎合各种利益相关者的诉求以获得更多的支持和资源，从而提升自身的竞争能力。为了迎合利

---

① 2010 年《上市公司环境信息披露指南》中的重污行业包括火电、钢铁、水泥、电解铝、煤炭、冶金、化工、石化、建材、造纸、酿造、制药、发酵、纺织、制革和采矿业等 16 类行业。

益相关者，特别是迎合政府主管部门和消费者，企业必须付出更多努力投入 ESG 实践中，并积极地进行 ESG 信息的披露，以打造企业良好的声誉。这种情况下，企业高管团队在外部压力下更容易形成协作与合力，共同应对外部压力。而在行业竞争程度低的企业，没有了这些外部压力，正职级高管与副职级高管反而更不容易形成协作，从而减少企业 ESG 报告披露。因此，本书认为，高管薪酬差距扩大对企业 ESG 披露的影响应当在行业竞争程度低的企业中更为显著。

本书参考谭雪（2017）的研究，使用赫芬达尔指数来衡量行业的竞争程度。具体地，行业的竞争程度的数值利用行业内每家公司的营业收入与行业营业收入合计的比值的平方累加计算得出，数值越大，代表行业竞争程度越低。接下来，本书根据行业的竞争程度数值分行业分年度的中位数，将样本分为行业竞争程度较低组（赋值为 1），以及行业竞争程度较高组（赋值为 0），分别进行估计。分组检验结果显示，在表 4.10 第（5）列中，高管薪酬差距（paygap）的系数在 1% 的水平上显著为负；表 4.10 第（6）列该系数为负但不显著。这表明高管薪酬差距对企业 ESG 披露的影响在行业竞争度低的企业更明显。

三、企业层面异质性分析

（一）股东维度

本书用股东结构中的绿色投资者进入程度进行股东维度的异质性分析。在企业股东结构中，机构投资者的异质性作用不可忽视。已有研究认为，机构投资者持股能够提升上市公司的 ESG 披露，同时还能提高 ESG 绩效（Dhaliwal et al.，2011）。而绿色机构投资者作为一种相对特殊的股东群体，更注重"绿色投资"与"长期投资"，这种理念与企业 ESG 的可持续发展理念不谋而合。有绿色投资者持股的企业更容易推进绿色治理，从而对企业 ESG 行动提供保障（姜广省等，2021）。一方面，绿色投资者进入后通过

"用手投票"积极参与公司的治理决策，引导公司更多地披露 ESG 相关的信息；另一方面，绿色投资者进入后通过"用脚投票"的方式来修正企业高管的短期利己主义行为，企业高管为避免羊群效应导致的股价崩盘，会根据绿色投资者的诉求而披露 ESG 信息。因此，当企业有绿色投资者持股时，其外部治理效应大于内部治理效应，高管薪酬差距对企业 ESG 披露的负面影响就会被削弱。

为验证绿色投资者进入对高管薪酬差距与企业 ESG 披露的影响，本书借鉴王辉等（2022）的研究，从 CSMAR 中获取了上市公司基金投资的明细数据，并从基金的投资范围中筛选出涉及"绿色""环保"等的基金，如果公司投资者出现这类基金，就说明企业存在绿色投资者进入。本书按是否有绿色投资者进入将样本分为两组，一组有绿色投资者进入，赋值为 1，另一组没有绿色投资者进入，赋值为 0，并分别进行估计。分组检验结果显示，在表 4.11 第（1）列中，高管薪酬差距（paygap）的系数为负但不显著，而表 4.11 第（2）列该系数在 1% 的水平上显著为负。这表明高管薪酬差距对企业 ESG 披露的影响在有绿色投资者进入时不显著，而在没有绿色投资者进入时更明显。

（二）董事会维度

本书用董事会结构中的独立董事比例进行董事会维度的异质性分析。董事会是企业的最高决策机构，独立董事制度是保证董事会的决策独立性、运行有效性、决策监督性的重要制度（王跃堂等，2006）。因此，独立董事占比对高管薪酬差距与 ESG 披露有着异质性影响。很多学者认为，由于独立董事一般聘请具有较高学历背景和专业工作经验的人担任，"声誉假设"有利于独立董事利用其专业能力和常识为企业提供决策支持，并进行有效监督，因此，独立董事有利于提高公司董事会的治理效率（赵昌文等，2008）。当公司董事会的独立董事占比较高时，其治理效率有可能得到更为有效的发挥，并且更有可能缓解高管薪酬差距过大带来的团队冲突和矛盾，另外，独立董事更加关注利益相关者的诉求，独立董事占比较高的董事会更有可能通过对外披露 ESG 报告的决议。基于此，本书认为，当企业独立董事占比较高时，其发挥的治理效应有可能会缓解高管薪酬差距对企业 ESG 披露的负向影响；反之，当独立董事占比较低时，这种影响仍然显著。

参考王跃堂等（2006）的研究方法，本书用公司独立董事人数占董事会总人数的比例衡量独立董事占比，并按照分行业分年度的中位数将样本分为两组。其中，当企业独立董事占比高于行业年度中位数时，划为独立董事占比较高组，当企业独立董事占比低于行业年度中位数时，划为独立董事占比较低组，并分别进行估计。分组检验结果显示，在表 4.11 第（3）列中，高管薪酬差距（paygap）的系数为负但不显著，而表 4.11 第（4）列该系数在1% 的水平上显著为负。这表明高管薪酬差距对企业 ESG 披露的影响在独立董事占比较高时不显著，而在独立董事占比较低时更为明显。

（三）高管维度

本书用高管特征中的高管政治关联进行高管维度的异质性分析。高管的政治关系能够为企业带来"资源通道"（林雁等，2021），企业通过主要高管的政治背景，更容易获得政府的资源支持，从而拥有更强的市场竞争力。首先，企业如果有高管具有政治背景，将使企业更方便深入解读政府的政策法规，同样，也更容易适应政府的环境规制。政府出台相关鼓励政策后，积极披露 ESG 报告和践行社会责任成为企业的合法性信号和声誉标志，而有政治关联的企业更加注重强调合法性。其次，有政治关联的企业，政府会给予更高的推行 ESG 实现可持续发展的期望，这种期望也促使有政治关联的企业积极进行 ESG 报告披露。因此，本书推断，在有政治关联的情况下，高管薪酬差距对企业 ESG 披露的影响被弱化，企业 ESG 披露程度将更多受到政府这类利益相关者的外部影响。反之，无政治关联的企业，高管薪酬差距对企业 ESG 披露的影响仍将显著。

表 4.11 企业层面的异质性

变量	(1) 有绿色投资者进入 ESG_dis	(2) 无绿色投资者进入 ESG_dis	(3) 独立董事占比较高 ESG_dis	(4) 独立董事占比较低 ESG_dis	(5) 有政治关联 ESG_dis	(6) 无政治关联 ESG_dis	(7) 国际化程度高 ESG_dis	(8) 国际化程度低 ESG_dis
paygap	-0.035	-0.098***	-0.058	-0.066***	-0.040	-0.080***	-0.049	-0.081***
	(-1.03)	(-3.04)	(-0.88)	(-2.68)	(-0.94)	(-2.87)	(-1.20)	(-2.85)
Size	1.066***	0.958***	0.764***	1.004***	1.081***	0.935***	0.915***	0.998***
	(30.18)	(27.00)	(11.88)	(39.25)	(24.81)	(33.55)	(20.62)	(35.63)
Lev	-0.870***	-0.830***	-0.008	-0.934***	-0.664***	-0.899***	-1.027***	-0.750***
	(-5.46)	(-6.30)	(-0.03)	(-8.68)	(-3.53)	(-7.32)	(-5.15)	(-6.37)
ROA	-0.939*	0.363	-0.989	-0.266	0.942	-1.023**	0.153	-0.728*
	(-1.75)	(0.72)	(-0.94)	(-0.71)	(1.38)	(-2.40)	(0.23)	(-1.74)
Growth	-0.609***	-0.426***	-0.245	-0.544***	-0.497***	-0.525***	-0.557***	-0.494***
	(-8.87)	(-6.27)	(-1.57)	(-10.72)	(-5.79)	(-8.92)	(-6.00)	(-8.78)
Loss	-0.231**	-0.063	-0.235	-0.144**	-0.091	-0.194**	-0.019	-0.221***
	(-2.04)	(-0.78)	(-1.12)	(-2.14)	(-0.75)	(-2.57)	(-0.16)	(-2.90)
BM	-1.283***	-1.067***	-1.167***	-1.080***	-1.547***	-0.851***	-0.936***	-1.171***
	(-10.42)	(-8.17)	(-5.02)	(-12.15)	(-10.18)	(-8.81)	(-6.03)	(-12.03)
TOP3	-0.013***	-0.002*	0.004	-0.007***	-0.011***	-0.005***	-0.005***	-0.008***
	(-8.17)	(-1.81)	(1.16)	(-6.36)	(-6.29)	(-4.11)	(-2.59)	(-6.30)

续表

变量	(1) 有绿色投资者进入	(2) 无绿色投资者进入	(3) 独立董事占比较高	(4) 独立董事占比较低	(5) 有政治关联	(6) 无政治关联	(7) 国际化程度高	(8) 国际化程度低
	ESG_dis	ESG_dis	ESG_dis	ESG_dis	ESG_dis	ESG_dis	ESG_dis	ESG_dis
Opinion	0.317	0.421***	0.077	0.428***	0.408**	0.408***	0.243	0.476***
	(1.59)	(3.33)	(0.18)	(3.89)	(2.12)	(3.15)	(1.39)	(3.46)
Employee	0.137***	0.122***	0.177***	0.118***	0.033	0.174***	0.274***	0.095***
	(4.84)	(4.77)	(2.98)	(5.95)	(0.95)	(7.29)	(6.87)	(4.36)
Pregdp	0.014**	0.043***	0.022*	0.034***	0.026***	0.031***	0.014	0.034***
	(1.97)	(6.40)	(1.72)	(6.35)	(2.76)	(5.50)	(1.38)	(6.01)
Constant	-25.095***	-23.155***	-19.007***	-24.000***	-24.539***	-23.262***	-23.500***	-23.626***
	(-35.74)	(-33.70)	(-12.29)	(-49.17)	(-30.77)	(-42.89)	(-28.04)	(-43.51)
Fix_industry	Yes	Yes	Yes	Yes	Yes	Yes	Yes	Yes
Fix_year	Yes	Yes	Yes	Yes	Yes	Yes	Yes	Yes
N	14207	18722	4997	27938	9753	23184	9694	23246
R^2	0.2227	0.1454	0.1787	0.1950	0.1967	0.1960	0.2027	0.1936

注：括号内为 t 值，*，**，*** 分别表示在 10%，5%，1% 水平上显著。

　　为验证以上推论，本书参考雷雪等（2022）的研究，用企业董事长或 CEO 是否为现任或曾任政府官员衡量企业是否有政治关联，并将总样本分为有政治关联和无政治关联两个组进行比较分析。分组检验结果显示，在表 4.11 第（5）列中，高管薪酬差距（paygap）的系数为负但不显著，而表 4.11 第（6）列该系数在 1% 的水平上显著为负。这表明高管薪酬差距对企业 ESG 披露的影响在独立董事占比较高时不显著，而在独立董事占比较低时更为明显。

（四）企业对外发展维度

　　本书用企业的国际化程度进行企业对外发展维度的异质性分析。中国自从 2001 年加入世界贸易组织（WTO）以来，企业国际化的水平逐渐提高，许多企业秉承"走出去"战略，把握住了历史性的机遇，在国际交流和市场贸易中逐步学习了先进经验，增强了自身竞争力，近年来在国际市场竞争舞台上开始崭露头角。但由于国外的文化、法制、贸易规则的巨大差异，使中国企业在实行"走出去"战略时面临巨大的挑战（陈立敏，2016）。同时，在欧美地区的政府强力推行碳税、碳交易，出台各种强制信息披露制度的背景下，大力倡导 ESG 成为一种趋势和潮流。中国企业随着国际化程度的提高，与国外政府及企业商业往来的增加，不可避免地会受到来自国外政府或市场的影响，从而影响企业的对外信息披露决策。本书认为，国际化程度高的中国企业，由于受国外政府对 ESG 的强制性规定影响，迫使高管对 ESG 投入更多的精力，以应对复杂的国际竞争环境。这时，国际外部压力更容易让高管团队形成加强 ESG 披露的一致性意见。此时，高管薪酬差距对企业 ESG 披露的负向影响将不再显著。反之，国际化程度低的企业，其 ESG 报告披露仍然会受到高管薪酬差距的显著影响。

　　本书借鉴陈立敏等（2016）的衡量方法，用海外收入占营业收入的比例计算企业国际化程度，然后根据企业国际化程度分行业年度的均值，将样本分为两组，当企业国际化程度高于行业年度均值时，划为国际化程度较高组，当企业国际化程度低于行业年度中位数时，划为国际化程度较低组，并分别进行估计。分组检验结果显示，在表 4.11 第（7）列中，高管薪酬差距（paygap）的系数为负但不显著，而表 4.11 第（8）列该系数在 1% 的水平上显著为负。这表明高管薪酬差距对企业 ESG 披露的影响在国际化程度高的企业中不显著，而在国际化程度低的企业中更为明显。

第五节　进一步的经验证据

本章我们通过实证检验了高管薪酬差距对企业 ESG 披露的影响，结果发现总体呈负向影响。但在不同的高管薪酬差距水平下，高管薪酬差距的扩大是否总是对企业 ESG 披露产生负向影响？高管薪酬差距是否无限接近于零才最有利于提升企业 ESG 的披露？为了验证以上问题，本书拟通过对高低不同的高管薪酬差距的区间分析，探究不同区间高管薪酬差距与企业 ESG 披露的关系。

当高管薪酬差距在较低程度时，锦标赛理论中的激励效应当显现，代理各方包括股东、高管的利益趋于一致（张楠等，2023），股东、CEO、副职级高管更容易达成合作，产生协同效应。此时，股东、CEO、副职级高管对于增强企业的合法性、提升企业声誉、提升企业价值的目标趋同。通过进行 ESG 信息的披露，响应政府的可持续发展的导向，吸引更多的投资者，从而有利于提振公司的股价（Schiehll and Kolahgar，2021），降低与利益相关者的信息不对称程度。一方面，降低与政府的信息不对称，有利于增加与政府的沟通与交流，强化对新政策的理解，从而减少有关 ESG 的违规处罚数量。另一方面，降低与投资者的信息不对称，通过 ESG 信息披露来增强投资者对公司未来发展的信心。此时，较低的薪酬差距促使公司高管团队形成"合力"，共谋公司长远发展。

而当高管薪酬差距持续增加处于较高程度时，高管薪酬差距的激励不再对副职级高管产生有效作用，对 CEO 的激励有效性也在降低，导致股东、CEO、副职级高管与股东的利益目标不再趋同（赵世芳等，2020）。一方面，较高的薪酬差距造成副职级高管对于自身付出所获得的回报与 CEO 差距拉大而"患不均"，加剧了高管团队的内部冲突。企业基于长期可持续发展的战略实施效果将会降低；另一方面，副职级高管更加注重短期利益而忽视企业长期价值的提升，且更不愿意承担进行 ESG 披露所带来的公众媒体关注的风险及成本。此时，高管团队协作程度将受到影响，难以形成促进 ESG 披露的"合力"。此时，高管薪酬差距将对企业 ESG 披露产生负面影响。

基于以上分析，本书预计当高管薪酬差距较高时，高管薪酬差距会降低企业 ESG 披露，但在高管薪酬差距处于较低范围时，高管薪酬差距可能会提升企业 ESG 披露。为此，将高管薪酬差距的总体样本按行业年度中位数进行划分，将样本分为薪酬差距较高组和薪酬差距较低组。

表 4.12 第（1）、（2）列报告了对高管薪酬差距分区间检验的回归结果，第（1）列为高管薪酬差距较高组，第（2）列为高管薪酬差距较低组，结果显示，在高管薪酬差距高时，高管薪酬差距（paygap）的回归系数为-0.071，且在 5% 水平显著，说明高管薪酬差距较高时会降低企业 ESG 的披露程度，此时公平理论发生作用。但在高管薪酬差距较低时，高管薪酬差距（paygap）的回归系数变为 0.158，且在 5% 水平显著，说明高管薪酬差距较低时，高管薪酬差距反而促进了企业 ESG 的披露程度，此时锦标赛理论发生作用，即较低水平的高管薪酬差距对高管起到了激励作用，使高管团队的目标趋于一致，从而促进了企业 ESG 的披露。

表 4.12　高管薪酬差距不同区间对 ESG 披露的影响

变量	(1)	(2)
	ESG_ dis	ESG_ dis
paygap	-0.071**	0.158**
	(-1.97)	(2.01)

续表

变量	(1)	(2)
	ESG_ dis	ESG_ dis
Size	1. 004 ***	0. 950 ***
	(29. 65)	(28. 98)
Lev	-1. 097 ***	-0. 590 ***
	(-7. 50)	(-4. 22)
ROA	0. 008	-1. 125 **
	(0. 02)	(-2. 33)
Growth	-0. 401 ***	-0. 534 ***
	(-6. 12)	(-8. 20)
Loss	-0. 099	-0. 229 ***
	(-1. 06)	(-2. 58)
BM	-1. 083 ***	-1. 031 ***
	(-9. 03)	(-9. 11)
TOP3	-0. 009 ***	-0. 005 ***
	(-5. 99)	(-3. 37)
Opinion	0. 315 **	0. 433 ***
	(2. 07)	(2. 95)
Employee	0. 147 ***	0. 114 ***
	(5. 50)	(4. 23)
Pregdp	0. 000 **	0. 000 ***
	(2. 40)	(5. 37)
Constant	-23. 288 ***	-23. 903 ***
	(-35. 87)	(-37. 07)
Fix-industry	Yes	Yes
Fix-year	Yes	Yes
N	16313	16625
R^2	0. 1935	0. 1962

注：括号内为 t 值，*、**、*** 分别表示在 10%、5%、1% 水平上显著。

第六节 本章小结

本章通过收集 2010~2022 年中国 A 股非金融类上市公司的样本进行研究，运用双向固定效应模型对高管薪酬差距与企业 ESG 披露的关系进行了检验，研究发现高管薪酬差距显著减少了企业 ESG 报告的披露，通过替换样本、替换核心解释变量、被解释变量滞后一期、更换估计模型、增加固定效应、增加对企业内部薪酬差距和外部薪酬差距进行控制、Heckman 两阶段法、工具变量法、PSM 倾向得分匹配法等方法进行稳健性和内生性检验后，结果依然成立。机制分析发现，高管薪酬差距总体上通过公司透明度、公司创新、公司风险三个中介渠道，对企业 ESG 报告披露起到了影响。异质性分析表明，高管薪酬差距总体上对企业 ESG 披露的负面影响在非四大审计、当地政府环境规制程度低、媒体关注度低、非高科技行业、非重污染行业、行业竞争度低、没有绿色投资者进入、独立董事占比低、高管没有政治关联、企业国际化程度低的企业，其对企业 ESG 报告披露的负向影响更大。进一步研究发现，高管薪酬差距对企业 ESG 披露的负向影响主要存在于高管薪酬差距高的区间中，此时，公平理论发生作用；而在高管薪酬差距低的区间中，高管薪酬差距反而促进了企业 ESG 报告的披露，此时锦标赛理论的激励效应起到核心作用。

本章的结论有助于研究企业在政府大力倡导开展 ESG 行动的背景下，企业内部薪酬治理是否以及如何对企业 ESG 披露造成影响，并对企业 ESG 表现的研究打下基础，通过本章的研究数据及结果，提供企业披露方面的研究素材，为第五章与企业 ESG 表现进行对比分析，寻找企业在不同情境下"言"与"行"的差异提供理论分析和实证依据。

第五章　高管薪酬差距对企业 ESG 表现的影响研究

第四章分析了高管薪酬差距对企业 ESG 披露的影响，分析结果表明，高管薪酬差距负向降低了企业 ESG 披露程度。说明较高的高管薪酬差距使企业在 ESG 实践中减少了"言"，但高管薪酬差距对企业 ESG 的行为结果又会产生怎样的影响，是否会影响企业 ESG 的"行"，本章我们将研究对 ESG"行"的影响及其机制，以便进一步分析企业是否存在"言行不一"的情况。

第一节　理论分析与研究假设

一、高管薪酬差距与企业 ESG 表现

企业 ESG 表现是独立的第三方评估机构对企业环境（E）、社会（S）、治理（G）的整体水平的评估结果，一般以得分表示（Galbreath，2013）。企业 ESG 本身具有社会责任的内涵，其建立和完善是一个长期的过程，需要高管团队的不懈努力及资源的持续投入。而高管薪酬的设计安排是企业提升 ESG 表现的重要治理工具。根据委托代理理论，由于信息的非对称性，代理人（高管）代表委托人（股东）行动时能发挥优势，但委托人和代理人之间由于目标不一致往往导致委托代理问题（Kostova et al.，

2018）。在现实中，委托人（股东）和企业代理人（高管）由于各自的目标利益不一致，导致他们之间往往可能存在潜在的利益冲突（Jaskiewicz et al.，2017），而这种利益冲突会对企业 ESG 绩效产生不利影响，此时，股东和高管之间就产生了委托代理问题（Booth and Schulz，2004）。合理的薪酬契约能够通过协调所有者与经营者的利益冲突而缓解委托代理问题。企业高管作为代理人，当监控是可信的而且成本低廉时，其薪酬是由高管所创造的边际产出所确定的，与边际产出相匹配的薪酬能获得高管的最优努力水平（刘莉等，2022）。高管团队间的薪酬差距对于不同层级的高管努力水平起到了至关重要的作用。总体来说，高管薪酬差距对高管实现 ESG 的努力水平有可能产生两方面的作用。

一方面，高管薪酬差距的激励效应可能发挥主要作用。基于锦标赛理论，高管薪酬差距的激励作用主要体现在两个层面，首先是经济层面的激励效应。经济激励效应即通过货币激励对高管的边际产出进行调和，传统经济学一般都是研究高管薪酬的货币激励效应（Siegel and Hambrick，2005），通过扩大高管的薪酬差距，有利于提升其未来自我实现的预期，从而更加努力来实现公司的考核目标。而在当前制度环境背景下，股东对企业提升 ESG 表现的诉求不断提升，导致高管薪酬差距的扩大将有可能提升企业的 ESG 表现。其次是晋升层面的激励效应，晋升奖励也是锦标赛理论的另一个重要设计（张红等，2016），从晋升激励的角度上来看，上市公司 CEO 谋求晋升到集团更高级别的职位，而非 CEO 高管则更加致力于谋求升职为 CEO，职位提升有可能带来薪酬的增加，更令高管产生期待的是，从中获得职位提升所带来的权力增加，能够为升职高管带来"帝国构建"（谭燕等，2020）、享受在职消费、提升声誉和社会地位等实惠。ESG 的实施有利于维护公司的声誉、提高社会对公司的认可程度，这符合高管的利益以及未来的晋升需求，因此高管更有可能通过实际行动，通过提升企业 ESG 表现获取新的职位晋升发展。

另一方面，高管薪酬差距的公平效应可能发挥主要作用。基于公平理论，只有公平的报酬，才能使高管感到满意并起到激励作用，当除 CEO 外的副职级高管的投入和获得的结果不同时，就会产生不公平或不公平的感受。以往研究认为薪酬差距过大不但会导致不公平感觉的产生（Wade et al.，2006），还会挫伤工作积极性，造成企业凝聚力下降、总体生产率降低、质量下降和失业率上升等，同时，薪酬差距过大导致的不公平会降低企业人员效率，并减弱薪酬差距的激励效应（雷宇和郭剑花，2017）。锦标赛理论过分强调了高管团队中 CEO 正职的作用，却忽视了副职级高管在企业 ESG 实践中的关键性作用。高管薪酬差距的加大，意味着 CEO 级别的高管薪酬的增加，而其他高管薪酬增加不多或没有增加，这种情况一是可能反而加剧了企业的代理问题，导致出现更多的高管投机行为和离职等（Pissaris et al.，2015），CEO 薪酬过高有可能造成 CEO 的过度自信，也有可能带来 CEO 权力过大的问题。当权力过大时，CEO 会利用自己的权力和影响力进行"抽租"，以获取更高的超额回报，CEO 可以通过自身的权力影响进行自定薪酬（纳超洪，2009），当他们通过权力影响获得高额的薪酬后，意味着他们无须通过提升自身努力程度和提升企业价值来获得超额薪酬，从而影响了 CEO 开展 ESG 行动的积极性。二是过高的薪酬差距会导致高管团队成员的目标出现分化，严重影响其他高管成员对组织的认同度，也极大破坏高管团队的一致性协作，通过与 CEO 薪酬差距过大使占高管团队较多人数的其他高管不满情绪增加，从而降低企业高管团队的整体努力程度。

因此，高管薪酬差距对于企业 ESG 表现的影响，到底是锦标赛理论的激励效应产生作用，还是公平理论中的公平效应产生作用，成为本书关注的重要问题，基于此，本书提出以下竞争性假设 H5-1a 和 H5-1b。

H5-1a：在其他条件不变的情况下，高管薪酬差距提升了企业 ESG 表现。

H5-1b：在其他条件不变的情况下，高管薪酬差距降低了企业 ESG 表现。

二、高管薪酬差距对企业 ESG 表现的影响机制分析

（一）高管薪酬差距、正职级高管过度自信与企业 ESG 表现

心理学往往把过度自信定义为一种心理偏差，主要包括对自身能力的高估及对自己判断和预测准确性的高估（孙子凡和殷华方，2020），本书研究了高管薪酬差距如何通过正职级高管的心理偏差，影响了企业的 ESG 表现。国外学者研究认为，CEO 的心理偏差造成的过度自信，会造成 CEO 对组织内部和组织外部环境认知的偏离，从而影响 CEO 的判断和决策，进而影响公司的绩效（Li and Tang，2010）。造成 CEO 过度自信的原因有多种，国内研究大多通过 CEO 的自身经历方面研究其过度自信的原因，刘元秀等（2016）研究发现，经历过职业困境的 CEO 更容易高估自己应对困境的能力，出现过度自信的情况，并且这种过度自信将负向影响企业的现金持有水平。曾宪聚等（2020）则认为，CEO 高管的从军经历与企业并购溢价有着正向的联系。这些通过对 CEO 个人经历的分析说明，CEO 的过度自信导致了其对风险的低估和个人能力的高估，容易引发更大的风险。

高管薪酬差距属于组织层面的因素，这一因素对 CEO 的过度自信会产生较大影响。一方面，薪酬过高容易使 CEO 陷入一种自我感觉良好的状态中，可能造成 CEO 对自身能力和认知产生偏差，引发过度自信。这种过度自信能够带来愉悦感，使 CEO 沉迷于其中，短时间内难以消除。这种状态使 CEO 在某些项目决策上未做到深思熟虑，降低了项目的投资效率，使企业实施 ESG 项目的结果也会受到负面影响。另一方面，CEO 的过度自信容易造成 CEO 的决策失误和高管团队的"不和谐"。CEO 的决策失误将有可能导致企业受到处罚或导致负面舆论，而高管团队的"不和谐"，则不利于企业进行 ESG 相关工作和项目的推进，这些因素都会导致企业 ESG 的表现不尽如人意。综上，CEO 过度自信带来的决策和投资效率的问题，影响了企业环境和社会责任表现，而高管团队内部的"不和谐"或者冲突带来的问题，则削弱

了公司治理方面的表现。基于此，本书提出 H5-2。

H5-2：高管薪酬差距通过增加公司 CEO 的过度自信，降低了企业 ESG 表现。

（二）高管薪酬差距、副职级高管组织认同与企业 ESG 表现

组织认同（OI），是一种心理现象，即组织中个体对组织的认同程度，反映了"个人以其在特定组织中的成员身份为基础来定义自己的特定方式"（Cole and Bruch，2006）。组织认同被定义为个体自我认同与其所在组织的身份相互交织的程度，或者个体基于组织属性来定位自己的程度（Dukerich et al.，2002）。组织认同通常被视为一种认知状态，大量研究表明，组织内的个体对组织的看法与自我角色认知存在高度契合（Dutton et al.，1994）。

首先，许多研究发现，个体与组织的认同程度越强，他们越有可能采取有利于公司的行为（Dukerich et al.，2002）；反之，则更不利于公司的发展。这是因为，随着认同感的增加，个体更愿意将组织利益放在自身利益之上，或者很少对两者进行区分（Dukerich et al.，2002）。这体现为组织认同度高的个体行动会进一步提高组织的行动效率和行动结果，并避免可能会对公司产生的负面影响。其次，有着高度组织认同的个体通过支持和提升公司在利益相关者眼中的正面形象，会获得更多满足感，即便这样做可能导致个体自身的经济损失（Cornelissen et al.，2007）。以往文献已经证明了组织认同可以降低代理成本，提升代理人做出有利于改善公司价值的动机（Heinle et al.，2012）。Boivie 等（2011）的研究表明，CEO 的组织认同可以有效降低 CEO 在薪酬设计中的自利行为，例如要求特权或超额薪酬等。Abernethy（2017）研究发现，具有较高组织认同的员工不太可能进行财务报表造假，因为他们认为这将对公司价值造成损害。

高级管理团队（TMT）成员的薪酬差距对 TMT 成员和团队层面的各种结果产生影响（Ridge et al.，2017）。本书研究了高管薪酬差距通过副职级高管的组织认同，对企业 ESG 评级表现产生怎样的影响。如果 CEO 的薪酬与副职

级高管的薪酬差距过大，即如果公司高管薪酬差距的增加，可能会降低占管理层人员大多数的副职级高管的组织认同感，从而对企业 ESG 评级表现产生负面影响。高管薪酬差距通过影响副职级高管的组织认同程度，从而影响了企业 ESG 表现，主要体现在两个方面。

首先，当高管薪酬差距过大时，会在高管团队中造成不同薪酬群体间的隔阂，从而降低副职级高管的组织认同度，这样会导致高管团队凝聚力和协作程度的降低（Yanadori et al.，2021），副职级高管往往直接影响着企业对外信息披露、财务、运营、生产等核心关键节点的协作能力，但薪酬差距过大时，容易造成副职级高管对获得的回报与自身的贡献的落差，从而与正职间形成不同的薪酬利益群体，各不同群体间的偏见，会阻碍跨群体成员之间的合作（Nishii et al.，2013），甚至造成高管间不同薪酬群体的矛盾冲突。合作的减少和冲突的增加影响了企业 ESG 实践的进行。

其次，当 CEO 与副职高管薪酬差距过大时，会增加副职级高管对自身能力及贡献所得回报的怀疑，从而降低高管对于企业长期战略的执行力。副职级高管占高管团队成员的绝大多数，其对公司战略的执行程度直接影响着企业战略目标落地的效果。ESG 实践是一个长期投入的过程，短时间内难以见到显著回报。当高管薪酬差距过大时，负责执行落实公司目标的副职级高管有可能认为公司对自身贡献及能力的不认同，从而降低他们的组织认同度，这样就会严重影响企业 ESG 长期战略计划的实施及执行。基于此，本书提出 H5-3。

H5-3：高管薪酬差距通过降低副职级高管的组织认同程度，降低了企业的 ESG 表现。

（三）高管薪酬差距、代理成本与企业 ESG 表现

委托代理理论用所有权和经营权相分离来解决企业经营中存在的弊病，并且通过建立薪酬契约，对代理人进行激励，以避免代理人出现的"逆向选择"，用薪酬激励契约或薪酬制度的初衷是有效地降低代理成本，从而使股

东价值最大化。但中国改革开放以来上市公司薪酬差距的持续扩大，导致"天价薪酬"事件层出不穷，这样的情况下，高管的薪酬契约不仅未成为解决代理问题的方式，反而本身成为代理问题的产物（Core and Larcker, 2002）。

首先，较高的高管薪酬差距增加了企业的代理成本。Jensen and Murphy（1990）研究发现，现实中的薪酬激励机制及其外部环境存在较多问题，例如：薪酬激励结构设计不合理、市场竞争体制不完善、公司治理环境不成熟等。一方面，较高的高管薪酬差距扭曲了正职级高管的激励效率。正职级高管基于自己的权力和影响力，有足够的动力和能力对自身的薪酬进行操纵（权小锋等，2010），在此情形下，正职级高管更热衷于通过自身权力获得高额的薪酬而不是通过工作上的努力付出和企业价值的提升。此时的高管薪酬差距增加了公司的代理成本，却难以带来等比例的价值提升。另一方面，较高的高管薪酬差距造成副职级高管的不公平感知，由于不公平产生的挫败感及负面情绪降低了他们在工作中的积极性和努力程度。从心理学上的攀比心理来看，较高的薪酬差距给副职级高管带来了无形的攀比压力，引发的心理落差使其在自利动机驱使下通过盲目投资及超额在职消费等寻求替代性补偿，形成了新的代理问题，增加了代理成本（任广乾等，2020）。

其次，代理成本的增加将降低企业 ESG 的表现水平。由于第一类代理问题是公司治理中最核心的代理问题，因此，本书主要研究第一类代理问题中的代理成本对企业 ESG 表现的影响。Ferrell et al.（2016）的研究表明，代理成本越低，在公司治理情况越好时，企业在社会责任履行方面的表现更为优异。而当代理成本较高时，说明公司治理中出现的代理问题更为严重，更容易出现代理冲突，而高管攫取私利的动机往往更强（徐宁等，2023）。代理成本过高造成的资源"挤出效应"将影响企业 ESG 行动的有效推进，进而影响企业 ESG 的表现。因此，代理成本与企业 ESG 表现预计为负相关关系。基于此，本书提出 H5-4。

H5-4：高管薪酬差距通过增加代理成本，降低了企业的 ESG 表现。

第二节 研究设计

一、样本选择与数据来源

本章收集了中国 A 股上市公司的数据，检验高管薪酬差距对企业 ESG 表现的影响。与第四章一致，本章选取了 2010~2022 年的样本数据。本章同样对初始样本执行了以下筛选程序：①剔除了金融类行业的公司；②剔除了 ST、*ST、PT 的公司；③剔除数据异常的样本；④剔除主要变量指标缺失的样本。最终，本书得到 32951 个样本观测值。数据均来自 CSMAR、CNRDS 和 WIND 数据库。为缓解极端值对结果的影响，对部分连续变量进行了 1% 和 99% 分位数的 Winsorize 处理。数据处理和模型估计仍然使用 Stata17.0 完成。

二、变量定义

（一）被解释变量：企业 ESG 表现

本书采用华证 ESG 评级得分作为企业 ESG 表现的代理变量，该指标分别对企业环境（E）、社会责任（S）、公司治理（G）三方面的表现进行评分，最后得出 ESG 的综合分数。华证指数自 2009 年起对 A 股公司进行 ESG 评级，现已覆盖全部 A 股上市公司，相较其他 ESG 评价指标期间更长、覆盖范围更广，且该指数现已获得学界的广泛认可（谢红军和吕雪，2022）。

（二）核心解释变量：高管薪酬差距

与第四章一致，本章用上市公司高层管理人员中的 CEO 类正职高管的薪酬与其他高管人员（主要是副职级高管）的薪酬均值的比值，作为高管薪酬差距的代理变量。计算方法与第四章相同。

（三）控制变量

本章借鉴姜广省等（2021）的研究，控制了可能会影响企业 ESG 披露的因素，包括企业层面和宏观经济层面，其中，企业层面的控制变量包括：企业规模（Size）、资产负债率（Lev）、资产报酬率（ROA）、企业成长性（Growth）、是否亏损（Loss）、账面市值比（BM）、股权集中度（TOP3）、审计意见（Opinion）、员工规模（Employee）；宏观经济层面的控制变量包括地区人均 GDP（Pregdp），具体变量定义及计算方法见表5.1。

（四）中介变量

1. 正职级高管过度自信（Confid）

管理学科许多文献采用高管过度自信这一心理学变量进行研究，目前，衡量高管过度自信的方式主要有两种（主要衡量 CEO 类正职级高管）。一种方法是借鉴饶育蕾和王建新（2010）的条件筛选法，根据在本公司股票价格的增长幅度弱于大盘指数的增长幅度时，如果 CEO 对其持有的公司股份进行增持或者不变，则认为该公司 CEO 存在过度自信，将符合条件的样本赋值为1，否则为0。另一种方法是借鉴魏哲海（2018）的方法，使用 CEO 的个人特征来度量 CEO 过度自信的程度。具体而言，利用上市公司 CEO 的四种个人特征（性别、年龄、学历以及两职合一）进行打分，四个特征值的具体打分方式为：①性别。性别为男打分为1，性别为女打分为0。②年龄。年龄得分=（公司高管最大年龄-CEO 年龄）/（公司高管最大年龄-公司高管最小年龄）。③学历。学历高于本科打分为1，否则打分为0。④两职合一。CEO或总经理兼任董事长的打分为1，否则打分为0。最后，用四个特征值的打分结果的算术平均数作为 CEO 过度自信的综合打分。

鉴于魏哲海（2018）的方法对 CEO 的特征刻画较为全面，并且能够描述 CEO 过度自信的程度，因此，本书借鉴此种方法，用上市公司正职级高管的四种个人特征（性别、年龄、学历以及两职合一）的算术平均值作为综合得分，对正职级高管过度自信程度进行衡量。

2. 副职级高管的组织认同（OI）

组织认同是心理学对于管理人员对组织态度的一种衡量方式，是管理人员行为的重要影响因素之一。以往文献基本采用调查问卷的形式衡量企业内高管或职工的组织认同程度。Abernethy et al.（2019）首次开发了利用档案数据作为代理变量对组织认同进行量化衡量。本书借鉴 Abernethy et al.（2019），Lee et al.（2020）的研究方法，用主成分分析方法构建了副职级高管组织认同程度的综合指标。由于组织认同源自与组织相关的归属感和权力（Abernethy et al.，2019），因此，本书收集了企业除 CEO 外的副职级高管的与组织归属感和组织权力的相关数据，手工剔除了 CEO、总经理、董事长、总裁以及监事、党委书记等正职级高管的样本，保留了副职级的高管样本，主要包括：副总经理、副总裁、副董事长、执行董事、董事会秘书、总经理助理、财务总监、营销总监、营运总监、总经济师、总工程师、首席科学家等。收集这些指标后，将这些副职级高管取平均值，最终得出副职级高管的组织认同得分，具体的指标收集及计算过程如下：

（1）与组织相关的归属感指标。

第一项是副职级高管是否为组织的创始人。创始人高管可能具有更高的组织认同（Abernethy et al.，2019）。创始人高管在创立企业时，设计了组织的愿景、目标和使命、业务模式和生产流程、组织结构、目标市场和资本结构等，组织的运营和发展方向往往与创始人高管的想法密切相关，这就使创始人高管与组织间存在较高的相关性。

第二项是副职级高管的任期。具有较长任期的高管，有可能存在更强的影响力和更高的地位。他们选择在组织内长期任职的事实表明他们获得了更强的归属感，随着时间的推移，高管个人与组织的融合度更高，组织认同感也更强。

第三项是副职级高管的持股比例。基于捐赠效应，人们对自己拥有的东西比没有拥有的东西更加珍视，拥有所有权会激发副职级高管的归属感，从而使高管获得更高的组织认同。

（2）与组织相关的高管权力指标。

第一项是高管在本公司兼任职务情况，即高管在本公司是否兼任其他职务。高管兼任职务的数量与其能够掌控的资源有着密切的联系，兼任的职务数量越多，高管为履行职务责任所获得的权力就越大，而掌控了更多的资源和权力的高管归属感更强。因此，本公司兼任职务数量越多，高管组织认同度越大。

第二项是高管在其他公司兼任的职务数。这一指标体现了高管的横向权力，高管在其他公司兼任职务数多，但仍然选择本公司作为主要职务履行的组织，说明其对本公司组织有着较高的认同程度。并且高管的横向权力越大，越有利于本公司与其他公司的资源共享与资源优化，有利于提升公司的整体价值。

综上，本书使用五个指标来衡量高管的组织认同度：①高管是否是创始人。如果高管即为创始人之一，则赋值为 1，否则为 0。②高管任期。按高管现任职务的任职时间（月份数）衡量高管的任期长短。③高管持股。用高管年末持股比例衡量高管持股。④高管在本公司职务兼任情况。如果高管在本公司存在兼任其他职务的情况，则赋值为 1，否则为 0。⑤高管在其他公司的职务兼任情况。根据高管在其他公司的职务兼任数量的合计数来衡量。

基于以上指标，本书采用主成分分析法计算企业副职级高管的组织认同综合指标。首先，进行 Bartlett 球形检验和 KMO 检验，检验结果见表 5.1，Bartlett 球形检验的 P 值小于 1%，$x2$ 显著不为 0，自由度为 10；KMO 值为 0.548，说明用这些指标做主成分分析有较强的适用性，且变量之间相关性较强。

表 5.1　**Bartlett 球形检验和 KMO 检验结果**

验证方法	指标值	结果值
Bartlett 球形检验	P 值	0.000
	自由度	10
	chi-square（x2）	56607.986
KMO 检验	KMO 值	0.548

通过主成分分析结果显示，出现了两个特征值大于 1 的主成分（见表 5.2），因此，本书选取了特征值大于 1 的第一主成分和第二主成分作为测量组织认同程度的综合指标。

表 5.2　主成分分析特征值及贡献率

	特征值	贡献率	累积贡献率
主成分 1	1.3723	0.2745	0.2745
主成分 2	1.1023	0.2205	0.4949
主成分 3	0.9445	0.1889	0.6838
主成分 4	0.8138	0.1628	0.8466
主成分 5	0.7672	0.1534	1.0000

接下来，将坐标进行旋转以生成一个易于解释的主成分结构。对于主成分 1 和主成分 2，使用它们各自的变量载荷作为权重（见表 5.3），最终计算出组织认同的综合得分。计算公式如下：

$$Score = （0.2745×pc1+0.2205×pc2）/0.4949 \qquad (5-1)$$

最终，计算出组织认同的得分，作为副职级高管组织认同程度的代理变量，得分越高说明组织认同程度越高。

表 5.3　旋转后的载荷矩阵

指标	指标说明	pc1	pc2
founder	高管是否是创始人	0.0038	0.6729
Tenure	高管任期	0.3131	0.2190
EndRatio	高管年末持股比例	−0.0443	0.7041
duty_a	高管在本公司是否兼任	0.6739	−0.0004
duty_b	高管在其他公司兼任职务数	−0.6677	0.0594

3. 代理成本（Agcost）

本书借鉴刘孟晖和高友才（2015）的研究，用企业的销售管理费用率作为公司代理成本的代理变量，具体计算公式为：

代理成本（Agcost）＝（营业费用+管理费用）/主营业务收入　　（5-2）

本章的变量定义详见表 5.4。

表 5.4　主要变量定义表

变量类型	变量名称	变量符号	变量定义
被解释变量	企业 ESG 表现	ESG_s	华证对企业 ESG 的综合评分
解释变量	高管薪酬差距	PayGap	CEO 与其他高管的薪酬差距
	企业规模	Size	年总资产的自然对数
	资产负债率	Lev	总负债/总资产
	资产报酬率	ROA	净利润/总资产平均余额
控制变量	企业成长性	Growth	（本年营业收入/上一年营业收入）-1
	是否亏损	Loss	当年净利润小于 0 取 1，否则取 0
	账面市值比	BM	股东权益面值/企业市值
	股权集中度	TOP3	前三大股东持股数量/总股数
	审计意见	Opinion	被出具标准审计意见取值为 1，否则为 0
	员工规模	Employee	企业员工人数取对数
	人均 GDP	Pregdp	地区 GDP 与总人口比例的自然对数
	CEO 过度自信	CEOconfid	CEO 四种特征得分的算术平均
中介变量	高管组织认同	OI	用副职级高管 5 个指标主成分分析得分
	代理成本	Risk	管理费用和销售费用占营业收入的比值

三、模型设定

（一）基准回归模型

为考察高管薪酬差距对企业 ESG 表现的影响，本书使用 OLS 多元回归模型，构建基准回归模型如下：

$$ESG\_s_{i,t} = \beta_0 + \beta_1 PayGap_{i,t} + \beta_2 Controls_{i,t} + \sum Industry$$
$$+ \sum Year + \varepsilon_{i,t} \tag{5-1}$$

模型（5-1）中，被解释变量用 ESG_s（代表企业 ESG 表现）表示。

解释变量用 PayGap（代表薪酬差距）表示，Controls 表示控制变量的集合，$\sum$ Year、$\sum$ Industry 为年度固定效应和行业固定效应。

（二）机制检验模型

为验证理论机制假设，即分别从 CEO 过度自信、副职级高管的组织认同、代理成本三个方面考察高管薪酬差距影响企业 ESG 的作用机制。本书采用中介效应检验的方法，在模型（5-1）的基础上设置中介效应检验模型（5-2）和（5-3）：

$$Mediator_{i,t} = \beta_0 + \beta_1 PayGap_{i,t} + \beta_2 Controls_{i,t} + \sum Industry$$
$$+ \sum Year + \varepsilon_{i,t} \tag{5-2}$$

$$ESG\_s_{i,t} = \beta_0 + \beta_1 PayGap_{i,t} + \beta_2 Mediator_{i,t} + \beta_3 Controls_{i,t} + \sum Industry$$
$$+ \sum Year + \varepsilon_{i,t} \tag{5-3}$$

模型（5-2）、（5-3）中，Mediator 为中介变量，其他变量定义与模型（5-1）一致。模型（5-2）检验高管薪酬差距（PayGap）对中介变量的影响，模型（5-3）检验中介变量在高管薪酬差距（PayGap）影响企业 ESG 表现（ESG_s）过程中的中介效应。

第三节　实证结果与分析

一、描述性统计

（一）主要变量的描述性统计

表 5.5 为本章主要变量的描述性统计。从被解释变量企业 ESG 表现（ESG_s）来看，最大值为 92.93，最小值为 36.62，标准差为 5.25，说明不同企业间的 ESG 表现差异较大，许多企业 ESG 表现还有较大的提升空间。从解释变量高管薪酬差距（paygap）来看，最大值为 4.865，最小值为 0.207，

均值为 1. 548，说明各公司的高管薪酬差距的差别较大，绝大多数正职级高管与副职级的其他高管薪酬差距较大，最大为 4. 865 倍，平均为 1. 548 倍。在控制变量中，企业规模（Size）平均值为 22. 21，标准差为 1. 268，说明本书的样本涵盖了不同规模的企业；资产负债率（Lev）平均值为 0. 423，最大值为 0. 908，最小值为 0. 027，表明负债占资产比例处于合理的取值范围内。变量的统计结果基本与现有文献一致。

表 5. 5　主要变量的描述性统计

变量名	样本量	Mean	SD	p25	p50	p75	Min	Max
ESG_ s	32951	73. 080	5. 250	70. 120	73. 360	76. 520	36. 620	92. 930
paygap	32951	1. 548	0. 640	1. 185	1. 421	1. 783	0. 207	4. 865
Size	32951	22. 21	1. 268	21. 300	22. 020	22. 930	19. 590	26. 450
Lev	32951	0. 423	0. 204	0. 260	0. 416	0. 576	0. 027	0. 908
ROA	32951	0. 041	0. 065	0. 014	0. 039	0. 072	−0. 373	0. 247
Growth	32951	0. 171	0. 405	−0. 023	0. 110	0. 273	−0. 658	4. 024
Loss	32951	0. 113	0. 317	0	0	0	0	1
BM	32951	0. 618	0. 249	0. 428	0. 617	0. 802	0. 064	1. 246
TOP3	32951	48. 270	15. 410	36. 780	47. 700	59. 460	15. 130	87. 840
Opinion	32951	0. 972	0. 164	1	1	1	0	1
Employee	32951	7. 648	1. 231	6. 807	7. 572	8. 419	4. 078	11. 180
Pregdp	32951	8. 302	3. 787	5. 410	7. 607	10. 380	2. 125	19. 030

（二）相关性分析

表 5. 6 为本章主要变量的 Pearson 相关系数矩阵。从相关性分析结果来看，高管薪酬差距（paygap）与企业 ESG 表现（ESG_ s）之间的相关系数为 −0. 018，且在 1% 的水平上显著，这初步表明高管薪酬差距与企业 ESG 表现存在负相关关系，与 H5-1b 预期一致。此外，解释变量之间的系数基本在 0. 5 以下，表明变量之间没有突出的共线性问题。

表 5.6　Spearman 相关性分析

变量	ESG_s	paygap	Size	Lev	ROA	Growth	Loss	BM	TOP3	Opinion	Employee	Pregdp
ESG_s	1											
paygap	-0.018***	1										
Size	0.210***	-0.032***	1									
Lev	-0.074***	-0.031***	0.500***	1								
ROA	0.220***	0.056***	0.008	-0.343***	1							
Growth	0.013**	0.018***	0.042***	0.033***	0.292***	1						
Loss	-0.175***	-0.018***	-0.059***	0.173***	-0.651***	-0.210***	1					
BM	0.109***	-0.029***	0.542***	0.361***	-0.203***	-0.083***	0.007	1				
TOP3	0.126***	-0.017***	0.161***	-0.025***	0.189***	0.035***	-0.141***	0.142***	1			
Opinion	0.178***	-0.010*	0.038***	-0.103***	0.237***	0.073***	-0.229***	0.013**	0.084***	1		
Employee	0.181***	-0.023***	0.716***	0.350***	0.066***	0.020***	-0.070***	0.332***	0.142***	0.068***	1	
Pregdp	0.085***	-0.003	0.068***	-0.075***	-0.026***	-0.038***	0.055***	0.002	0.006	0.001	-0.066***	1

二、基准回归分析

表 5.7 报告了高管薪酬差距影响企业 ESG 披露的回归结果。其中，第（1）列为仅加入控制变量下高管薪酬差距（paygap）与企业 ESG 表现（ESG_ s）的回归结果。结果显示，高管薪酬差距（paygap）与企业 ESG 表现（ESG_ s）的回归系数为-0.158，并且在 1%水平上显著，实证结果显示初步支持 H5-1b，高管薪酬差距总体上与企业 ESG 披露是负相关关系。第（2）列是在第（1）列基础上控制年度固定效应和行业固定效应的估计结果，可以看出，高管薪酬差距（paygap）与企业 ESG 表现（ESG_ s）的回归系数为-0.188，且在 1%水平上显著，更为严谨地证明了高管薪酬差距对企业 ESG 表现的显著降低作用，即高管薪酬差距的扩大对企业 ESG 表现产生了负面影响，降低了企业 ESG 的得分水平。总体而言，上述估计结果支持了 H5-1b，即在其他条件不变的情况下，高管薪酬差距总体上降低了企业 ESG 表现。

表 5.7　基准回归检验与 E，S，G 检验

变量	基准回归		对 E，S，G 的分项检验		
	（1）	（2）	（3）	（4）	（5）
	ESG_ s	ESG_ s	E	S	G
paygap	-0.158^{***}	-0.188^{***}	-0.210^{***}	-0.210^{***}	-0.183^{***}
	（-3.66）	（-4.46）	（-3.43）	（-2.74）	（-3.23）
Size	0.808^{***}	0.818^{***}	1.505^{***}	0.695^{***}	0.525^{***}
	（20.82）	（19.54）	（24.68）	（8.68）	（9.73）
Lev	-3.525^{***}	-4.386^{***}	1.679^{***}	-0.659^{*}	-9.699^{***}
	（-19.57）	（-23.67）	（6.36）	（-1.94）	（-36.98）
ROA	11.657^{***}	10.411^{***}	1.230	13.242^{***}	14.109^{***}
	（16.56）	（14.89）	（1.29）	（10.90）	（14.33）
Growth	-0.599^{***}	-0.551^{***}	-0.965^{***}	0.183	-0.731^{***}
	（-7.00）	（-6.57）	（-8.30）	（1.15）	（-6.37）

变量	基准回归		对 E，S，G 的分项检验		
	（1）	（2）	（3）	（4）	（5）
	ESG_ s	ESG_ s	E	S	G
Loss	−0.396***	−0.404***	−0.484***	−0.422*	−0.432***
	（−3.29）	（−3.39）	（−2.90）	（−1.93）	（−2.58）
BM	1.131***	0.479***	1.063***	−0.413	0.870***
	（8.15）	（3.17）	（4.79）	（−1.52）	（4.43）
TOP3	0.013***	0.016***	−0.009***	−0.001	0.040***
	（6.89）	（8.80）	（−3.23）	（−0.25）	（16.63）
Opinion	3.582***	3.502***	0.932***	1.851***	5.861***
	（16.38）	（16.54）	（3.74）	（6.14）	（16.39）
Employee	0.224***	0.463***	0.192***	0.814***	0.332***
	（6.60）	（12.39）	（3.66）	（11.18）	（6.62）
Pregdp	0.094***	0.084***	0.066***	0.049***	0.110***
	（13.24）	（9.48）	（4.94）	（3.13）	（9.41）
Constant	49.247***	46.594***	26.680***	37.549***	67.747***
	（72.43）	（60.97）	（24.96）	（26.58）	（61.76）
Fix_ industry	No	Yes	Yes	Yes	Yes
Fix_ year	No	Yes	Yes	Yes	Yes
N	32951	32951	32951	32951	32951
R^2	0.1327	0.1827	0.1429	0.2414	0.2330

注：括号内为 t 值，*、**、***分别表示在 10%、5%、1%水平上显著。

由于企业 ESG 表现包括了环境（E）、社会责任（S）、企业治理（G）三个方面的内容，而企业 ESG 的综合得分也由此三项得分构成，因此，高管薪酬差距对企业 ESG 表现的影响也可分三个方面。环境方面，对生态环境的保护需要配置相应的环保设备且进行环境保护改造、生产绿色产品、进行绿色创新等，这些都需要企业进行资金与资源的投入，并且这些投入短期可能占用企业用于正常生产经营的资金和资源，形成"挤出效应"，在高管薪酬差距扩大情况下，高管出于自利动机更看重短期利益，因此不愿进行企业

ESG 项目的投入，从而降低了企业 ESG 表现。社会责任方面，高管的薪酬差距过大，容易引发副职级高管的不满情绪，容易导致高管离职，并且这种差距也容易扩大到高管与员工层面，影响员工福利程度的提高，这些对于社会责任方面的表现都是不利的。公司治理方面，高管间薪酬差距的扩大会加剧企业内部经营管理者间的冲突，也会使公司的中小股东对公司的内部监督产生质疑，加剧代理问题。因此，高管间的薪酬差距过大，不但未能解决代理问题，反而减弱了公司的治理水平。预计高管薪酬差距总体上对于环境（E）、社会责任（S）、企业治理（G）三个方面都会有负向影响。

表 5.7 第（3）、（4）、（5）列报告了分别对环境（E）、社会责任（S）、公司治理（G）三方面进行回归检验的结果，在第（3）、（4）、（5）列，高管薪酬差距（paygap）的回归系数均在 1% 水平显著为负，说明从总体上看，高管薪酬差距的扩大，分别对环境（E）、社会责任（S）、企业治理（G）三个方面都产生了负向影响，验证了前面的预计结果。

三、稳健性及内生性检验

（一）稳健性检验

1. 替换样本

本书出于稳健性考虑，用对 ESG 报告进行自愿披露的样本替换全样本重新进行回归，回归方式与本章模型（5-1）一致。检验的结果如表 5.8 列（1）所示，回归结果显著为负，验证了本书基准回归结论的稳健性。

2. 替换核心解释变量

为验证基准回归结果的稳健性，本书用薪酬差异率（Gapratio），替换原有的核心解释变量高管薪酬差距（paygap）重新进行估计（计算方法与第四章一致）。表 5.8 第（2）列结果显示薪酬差异率（Gapratio）系数在 1% 水平显著为负，即薪酬差异率对当期的企业 ESG 表现也存在显著影响。以上结果再次证实了高管薪酬差距与企业 ESG 表现因果关联的推断。

表 5.8 稳健性检验—替换样本、变量、模型

变量	（1）	（2）	（3）	（4）
	替换样本	替换自变量	替换因变量	替换估计模型及因变量
	ESG_ s	ESG_ s	ESG_ s（t+1）	ESG_ s
Gapratio		−0.185***		
		（−4.40）		
paygap	−0.178***		−0.213***	−0.041***
	（−4.02）		（−4.38）	（−4.44）
Size	0.334***	0.819***	0.864***	0.184***
	（7.09）	（19.55）	（18.55）	（19.85）
Lev	−4.245***	−4.384***	−3.584***	−0.903***
	（−21.70）	（−23.66）	（−17.73）	（−23.01）
ROA	10.929***	10.425***	13.282***	2.188***
	（14.78）	（14.91）	（17.18）	（14.69）
Growth	−0.375***	−0.552***	0.079	−0.122***
	（−4.29）	（−6.58）	（0.87）	（−6.82）
Loss	−0.287**	−0.406***	−1.746***	−0.082***
	（−2.30）	（−3.40）	（−12.26）	（−3.24）
BM	1.410***	0.483***	0.175	0.069**
	（8.57）	（3.20）	（1.04）	（2.06）
TOP3	0.018***	0.016***	0.008***	0.003***
	（9.24）	（8.79）	（3.79）	（8.56）
Opinion	3.470***	3.500***	5.289***	0.660***
	（16.29）	（16.53）	（20.57）	（16.35）
Employee	0.468***	0.462***	0.431***	0.096***
	（11.79）	（12.36）	（10.51）	（12.03）
Pregdp	0.079***	0.084***	0.079***	0.018***
	（8.30）	（9.47）	（7.67）	（8.93）
Constant	55.994***	46.297***	44.977***	—
	（63.46）	（61.10）	（53.02）	
Fix_ industry	Yes	Yes	Yes	Yes
Fix_ year	Yes	Yes	Yes	Yes
Fix_ province	No	No	No	No

变量	（1）	（2）	（3）	（4）
	替换样本	替换自变量	替换因变量	替换估计模型及因变量
	ESG_ s	ESG_ s	ESG_ s （t+1）	ESG_ s
N	28790	32943	26506	32951
R^2	0.1578	0.1828	0.2111	0.0634

注：括号内为 t 值，＊、＊＊、＊＊＊分别表示在 10%、5%、1%水平上显著。

3. 被解释变量滞后一期

考虑到高管薪酬差距可能会对下一年的 ESG 表现产生持续影响，为验证基准回归结果的稳健性，同时也为克服反向因果的内生性问题。本书将当期 t 年度的企业 ESG 表现（ESG_ s），替换为第二年 t+1 年度的企业 ESG 表现（ESG_ s_{t+1}），并代入模型（1）重新进行估计，表 5.8 第（3）列回归结果显示，高管薪酬差距（paygap）的系数仍然在 1%水平显著为正，估计结果保持不变。

4. 更换估计模型

本书运用 oprobit 分类有序回归模型，替换原估计模型，再次对高管薪酬差距与企业 ESG 表现的关系进行检验，为保证数据的稳健性，同时将因变量（ESG_ s）的数据从原华证 ESG 的综合分数，替换为华证 ESG 的评级水平，该指标共包含 C～AAA9 个等级，对应将 ESG 评级分别赋值为 1～9。结果如表 5.8（4）列所示，高管薪酬差距（paygap）系数仍在 1%水平上显著为负，再次验证了基准回归的结论。

5. 增加固定效应

为了避免区域层面未观测到因素对回归结果的影响，本书在原有回归控制了年度固定效应和行业固定效应的基础上增加了地区（省）固定效应，其余设定与本章模型（5-1）一致。检验的结果如表 5.9 列（1）所示，高管薪酬差距（paygap）的系数仍显著为负，验证了本书结论的稳健性。

表5.9 稳健性检验—增加固定效应、增加控制变量

变量	（1） 增加固定效应 ESG_ s	（2） 控制内部 薪酬差距 ESG_ s	（3） 控制外部 薪酬差距 ESG_ s	（4） 同时控制 内外部薪酬差距 ESG_ s
paygap	-0.178***	-0.189***	-0.221***	-0.187***
	(-4.22)	(-4.36)	(-5.20)	(-4.32)
Size	0.889***	0.803***	0.742***	0.677***
	(21.21)	(18.97)	(16.95)	(14.83)
Lev	-4.467***	-4.308***	-4.329***	-4.274***
	(-24.10)	(-22.98)	(-23.34)	(-22.81)
ROA	9.767***	10.665***	9.999***	10.319***
	(14.02)	(15.10)	(14.23)	(14.58)
Growth	-0.551***	-0.560***	-0.542***	-0.539***
	(-6.62)	(-6.58)	(-6.46)	(-6.34)
Loss	-0.409***	-0.363***	-0.424***	-0.391***
	(-3.44)	(-3.02)	(-3.55)	(-3.25)
BM	0.344**	0.447***	0.650***	0.651***
	(2.27)	(2.94)	(4.26)	(4.23)
TOP3	0.016***	0.017***	0.016***	0.017***
	(8.59)	(9.13)	(9.07)	(9.19)
Opinion	3.504***	3.487***	3.503***	3.474***
	(16.57)	(16.14)	(16.53)	(16.08)
Employee	0.425***	0.472***	0.447***	0.524***
	(11.37)	(11.79)	(11.95)	(12.90)
Pregdp	0.068***	0.083***	0.079***	0.075***
	(2.73)	(9.34)	(8.88)	(8.34)
Insgap		0.006		-0.039***
		(0.78)		(-3.95)
Exgap			0.234***	0.376***
			(6.17)	(7.75)
Constant	45.237***	46.750***	48.079***	48.915***
	(55.42)	(60.33)	(59.80)	(59.28)

续表

变量	（1） 增加固定效应	（2） 控制内部 薪酬差距	（3） 控制外部 薪酬差距	（4） 同时控制 内外部薪酬差距
	ESG_ s	ESG_ s	ESG_ s	ESG_ s
Fix_ industry	Yes	Yes	Yes	Yes
Fix_ year	Yes	Yes	Yes	Yes
Fix_ province	Yes	No	No	No
N	32951	32210	32951	32210
R^2	0. 1952	0. 1832	0. 1837	0. 1847

注：括号内为 t 值，＊、＊＊、＊＊＊分别表示在 10%、5%、1%水平上显著。

6. 增加控制变量

为了验证在增加高管和员工的内部薪酬差距，以及高管平均和行业平均的薪酬差距的因素后，本章的回归结果是否还成立，本书增加了企业内部（高管与员工，纵向）薪酬差距，以及企业外部（横向）薪酬差距作为控制变量进行稳健性检验。内部薪酬差距（Insgap）和外部薪酬差距（Exgap）的计算方法在第四章已详细阐述。

检验结果如表 5.9 所示，列（2）为增加了控制企业内部薪酬差距（高管与员工薪酬差距）后的回归结果，高管薪酬差距（paygap）的系数在 1%水平显著为负，列（3）为增加了控制企业外部薪酬差距（高管平均薪酬与行业平均薪酬差距）后的回归结果，高管薪酬差距（paygap）的系数仍在 1%水平显著为负，列（4）为同时控制企业外部薪酬差距和企业内部薪酬差距的回归结果，高管薪酬差距（paygap）系数仍显著为负。以上结果显示，在考虑了高管与员工的薪酬差距和高管与行业平均薪酬差距的情况下，企业高管团队内部薪酬差距仍然负向影响了企业 ESG 表现，再次验证了本书结论的稳健性。

（二）内生性检验

1. Heckman 两阶段法

为缓解样本选择问题，本书参考梁上坤（2018）的研究，采用 Heckman 两阶段法进行检验，其中，一阶段设置因变量（Gaptem）为高管薪酬差距的虚拟变量，若高管薪酬差距超过同行业同年度其他公司薪酬差距的均值则赋值为 1，否则为 0；并将同行业同年度其他公司的薪酬差距均值（Othgapmean）作为外生变量，一起放入一阶段模型进行回归，结果详见表 5.10 列（1）。

表 5.10 内生性检验

变量	（1）	（2）	（3）	（4）	（5）
	Heckman 两阶段		工具变量		PSM
	Gaptem	ESG_ s	paygap	ESG_ s	ESG_ s
Othgapmean	−3.061 ***				
	（−17.03）				
Ggpjgap			0.986 ***		
			（24.49）		
paygap		−0.189 ***		−0.734 **	−0.187 ***
		（−4.47）		（−2.41）	（−4.43）
IMR		−0.202			
		（−0.74）			
Size	−0.030	0.823 ***	−0.004	0.813 ***	0.819 ***
	（−1.61）	（19.48）	（−0.76）	（19.33）	（19.55）
Lev	−0.057	−4.377 ***	0.014	−4.385 ***	−4.387 ***
	（−0.76）	（−23.58）	（0.59）	（−23.61）	（−23.68）
ROA	1.044 ***	10.278 ***	0.678 ***	10.80 ***	10.393 ***
	（4.67）	（14.22）	（7.44）	（14.66）	（14.86）
Growth	0.042 *	−0.558 ***	0.009	−0.546 ***	−0.552 ***
	（1.85）	（−6.62）	（0.82）	（−6.50）	（−6.58）

续表

变量	（1）	（2）	（3）	（4）	（5）
	Heckman 两阶段		工具变量		PSM
	Gaptem	ESG_ s	paygap	ESG_ s	ESG_ s
Loss	0.052	−0.413***	0.039**	−0.385***	−0.405***
	(1.51)	(−3.44)	(2.57)	(−3.21)	(−3.39)
BM	−0.101	0.495***	−0.001	0.479***	0.476***
	(−1.60)	(3.25)	(−0.01)	(3.16)	(3.15)
TOP3	−0.002**	0.016***	−0.001***	0.0155***	0.016***
	(−1.96)	(8.80)	(−2.63)	(8.49)	(8.79)
Opinion	−0.111**	3.515***	−0.0740***	3.460***	3.501***
	(−1.99)	(16.55)	(−2.94)	(16.21)	(16.51)
Employee	−0.001	0.463***	−0.008	0.461***	0.463***
	(−0.08)	(12.38)	(−1.64)	(12.32)	(12.40)
Pregdp	−0.001	0.084***	−0.002*	0.083***	0.084***
	(−0.23)	(9.48)	(−1.86)	(9.34)	(9.50)
Constant	5.287***	46.675***	0.236**	47.60***	46.584***
	(12.01)	(60.17)	(2.00)	(50.06)	(60.95)
Fix_ industry	Yes	Yes	Yes	Yes	Yes
Fix_ year	Yes	Yes	Yes	Yes	Yes
N	32943	32943	32951	32951	32949
R^2	0.0124	0.1828	0.0338	0.178	0.1827

注：括号内为 t 值，*、**、*** 分别表示在 10%、5%、1% 水平上显著。

在第二阶段将逆米尔斯比率（IMR）作为控制变量加入模型（1）重新估计。表 5.10 列（2）表明，在控制逆米尔斯比率（IMR）的基础上，高管薪酬差距（paygap）的系数在 1% 水平仍显著为负，验证了本书结论的稳健性。

2. 工具变量法

上市企业在制定高管薪酬契约时，很可能会考虑同行业当年的平均高管薪酬差距，因此，同年度同行业的高管平均薪酬差距，对本书的自变量会产生较大影响，但对单个企业的 ESG 表现并无直接影响。因此，本书参考李春涛和宋敏（2010）的方法，使用上市公司同行业同年度其他公司的高管平均薪酬差距（Ggpjgap）作为工具变量进行内生性检验。

首先，本书以高管薪酬差距（paygap）作为被解释变量、引入工具变量同行业同年度高管平均薪酬差距（Ggpjgap）作为解释变量进行第一阶段回归，得到拟合值后代入第二阶段回归。表 5.10 中第（3）、（4）列为采用工具变量法的检验结果。其中，第（3）列显示工具变量与自变量系数在 1% 的水平上显著负相关，第（4）列作为第二阶段的回归结果显示，高管薪酬差距（paygap）的回归结果在 1% 的水平上依然显著为负，说明本章基准回归的结果是稳健的，再次支持 H5-2。

3. PSM 倾向得分匹配法

为了避免遗漏变量带来的内生性问题，本书采用 PSM 倾向得分匹配法进行检验。首先根据解释变量高管薪酬差距的中位数将样本数据分为两组，即高薪酬差距组与低薪酬差距组。其次，将企业规模（Size）、资产负债率（Lev）、资产报酬率（ROA）、企业成长性（Growth）、是否亏损（Loss）、账面市值比（BM）、股权集中度（TOP3）、审计意见（Opinion）、员工规模（Employee）、地区人均 GDP（Pregdp）作为匹配变量，采用最邻近匹配法对样本进行 1∶1 匹配。最后，对匹配后的样本数据进行再次回归。表 5.10 第（5）列检验结果与基准回归结果基本一致，表明本书的研究结论依然稳健。

四、机制检验

（一）高管正职过度自信的中介效应检验

高管正职过度自信的中介效应检验如表 5.11 第（1）、（2）列所示。第（1）列展示了模型（5-2）的回归结果，自变量高管薪酬差距（paygap）对中介变量高管正职过度自信（Confid）的回归系数显著为正，说明高管内部薪酬差距显著增加了高管正职过度自信的程度。第（2）列展示了模型（5-

3）的回归结果，结果显示中介变量高管正职过度自信（Confid）对企业 ESG 表现（ESG＿s）的系数在 1% 的统计水平上显著为负，高管薪酬差距（paygap）的系数在 1% 的统计水平上显著为负。这表明高管薪酬差距的扩大增加了公司高管正职过度自信的程度，从而影响了高管正职的投资决策和效率，抑制了企业 ESG 表现。

表 5.11　高管薪酬差距与 ESG 表现的机制检验

变量	（1）	（2）	（3）	（4）	（5）	（6）
	高管正职过度自信		高管副职组织认同		代理成本	
	Confid	ESG	OI	ESG	Agcost	ESG
paygap	0.006***	−0.217***	−0.183***	−0.221***	0.013**	−0.192***
	（4.04）	（−4.54）	（−6.43）	（−4.83）	（2.20）	（−4.55）
Confid		−0.391**				
		（−1.97）				
OI				0.105***		
				（11.25）		
Agcost						−0.098**
						（−2.34）
Size	−0.001	0.773***	−0.156***	0.925***	−0.181***	0.797***
	（−0.90）	（16.20）	（−5.51）	（20.59）	（−30.92）	（18.62）
Lev	−0.018***	−4.225***	−1.468***	−4.437***	−0.937***	−4.481***
	（−2.90）	（−20.04）	（−13.04）	（−22.74）	（−36.35）	（−23.56）
ROA	−0.063***	11.087***	3.389***	9.256***	−1.149***	10.474***
	（−2.85）	（14.09）	（7.80）	（12.36）	（−12.02）	（14.94）
Growth	0.014***	−0.622***	−0.199***	−0.539***	−0.214***	−0.578***
	（4.86）	（−6.47）	（−3.92）	（−6.18）	（−17.36）	（−6.83）
Loss	0.002	−0.368***	0.095	−0.502***	0.218***	−0.370***
	（0.40）	（−2.70）	（1.33）	（−3.97）	（13.18）	（−3.08）
BM	−0.032***	0.559***	0.358***	0.404**	−0.530***	0.443***
	（−6.23）	（3.28）	（3.45）	（2.48）	（−25.28）	（2.89）

续表

变量	（1）	（2）	（3）	（4）	（5）	（6）
	高管正职过度自信		高管副职组织认同		代理成本	
	Confid	ESG	OI	ESG	Agcost	ESG
TOP3	−0.000***	0.016***	−0.018***	0.013***	−0.002***	0.016***
	（−2.63）	（8.13）	（−14.49）	（6.51）	（−7.30）	（8.56）
Opinion	0.008	3.312***	0.110	3.538***	−0.152***	3.511***
	（1.29）	（13.86）	（1.08）	（16.52）	（−5.81）	（16.46）
Employee	−0.002*	0.476***	0.202***	0.442***	0.137***	0.478***
	（−1.72）	（11.00）	（8.74）	（11.20）	（25.73）	（12.56）
Pregdp	0.003***	0.078***	0.011*	0.072***	0.004***	0.084***
	（10.60）	（7.57）	（1.78）	（7.39）	（2.98）	（9.53）
Constant	0.639***	48.047***	2.698***	44.999***	1.589***	46.792***
	（25.15）	（54.70）	（5.47）	（55.80）	（15.30）	（60.84）
Fix_ industry	Yes	Yes	Yes	Yes	Yes	Yes
Fix_ year	Yes	Yes	Yes	Yes	Yes	Yes
N	26397	26397	29036	29036	32951	32951
R^2	0.0312	0.1737	0.0587	0.1949	0.3481	0.1837

注：括号内为 t 值，*、**、*** 分别表示在 10%、5%、1% 水平上显著。

（二）高管副职组织认同的中介效应检验

高管副职组织认同的中介效应检验结果如表5.11第（3）、（4）列所示。第（3）列展示了模型（5-2）的回归结果，结果显示，自变量高管薪酬差距（paygap）对中介变量高管副职组织认同（OI）的回归系数显著为负，说明高管薪酬差距的扩大显著降低了公司高管副职组织认同度。第（4）列展示了模型（5-3）的回归结果，结果显示中介变量高管副职组织认同（OI）对企业 ESG 表现（ESG_ s）的系数在 1% 的统计水平上显著为正，高管薪酬差距（paygap）的系数在 1% 的统计水平上显著为负。这表明高管薪酬差距的扩大降低了公司高管副职对组织的认同程度，从而降低了企业 ESG 表现。

（三）企业代理成本的中介效应检验

表5.11第（5）、（6）列展示了企业代理成本的中介效应检验结果。第

（5）列显示自变量高管薪酬差距（paygap）对中介变量代理成本（Agcost）的系数在 1% 水平上显著为正，说明高管薪酬差距的扩大，会提高企业的代理成本。第（6）列结果显示中介变量代理成本（Agcost）对企业 ESG 表现（ESG_ s）的回归系数在 1% 水平上显著为负，此时高管薪酬差距（paygap）的系数在 1% 的统计水平上显著为负。根据以上结果可知，高管薪酬差距（paygap）的扩大，会提高企业的代理成本水平，从而抑制了企业 ESG 表现。

第四节　异质性分析

为了分析高管薪酬差距在不同内外部情境中，对企业的 ESG 表现会产生怎样的差异化影响，本章采用与第四章相同的异质性进行分析，同样分析公司所处外部环境（宏观层面、行业层面），以及内部环境（企业层面）对于高管薪酬差距与企业 ESG 表现关系的不同作用。具体地，宏观层面分析政府监督、审计师监督、媒体监督；行业层面分析行业科技属性、行业污染水平、行业竞争程度；企业层面分析股东维度、董事会维度、高管维度和企业对外发展维度。

一、宏观层面异质性分析

（一）政府监督

环境规制的强弱代表着政府对于 ESG 理念下绿色可持续发展的重视和监督程度。中国政府较早就开始出台各种制度以规范企业的环保行为，引导企业走上可持续发展的道路。2003 年，原国家环保总局就发布了《关于企业环境信息公开的公告》，要求污染超标企业披露相关环境信息，2008 年，环保总局又发布了《环境信息公开办法（试行）》，上交所发布《上市公司环境信息披露指引》和《关于加强上市公司社会责任承担工作的通知》，要求上市公司披露环保相关重大信息，并鼓励披露年度社会责任报告。自 2015 年新《中华人民共和国环境保护法》颁布以来，更加快了各地方政府加大环境规制建设的力度。从上交所和深交所对上市公司对环境、社会责任和治理方面的要求看，主要集中在要求部分上市公司强制披露相关信息和鼓励上市公司自愿披露信息方面。本书在第四章的异质性分析已经验证，在环境规制程度高的地区，高管薪酬差距对企业 ESG 报告披露的负向影响不显著，说明政府出台环境规制的相关要求，缓解了高管薪酬差距带来的公司内部治理问题的影响，在环境规制程度高的地区，企业更愿意披露 ESG 报告，以迎合政府的规制要求。

然而，在政府环境规制的外部压力下，企业愿意进行 ESG 信息披露，这仅仅是迎合政府而进行的"印象管理"，还是具有提升自身 ESG 表现的真实意愿。本书将通过在不同环境规制下，高管薪酬差距对企业 ESG 表现的总体影响，比较企业在对待 ESG 信息披露和企业 ESG 最终的表现是否有不同的结果。

基于此，本书用环境规制（Environreg）作为衡量地区环境规制强度的代理变量（计算方式在第四章已详细阐述）。对所有样本用环境规制强度的年度中位数进行分组，其中，高于中位数的样本归到环境规制程度高组，低于中位数的样本归到环境规制程度低组。表 5.12 第（1）、（2）列报告了两组分样本的回归结果。在第（1）列中，高管薪酬差距（paygap）的系数为 -0.24，且在 1% 水平显著，在第（2）列中，高管薪酬差距（paygap）的系数为 -0.145，在 5% 水平显著，通过邹检验进行组间差异检验后发现，两组间差异的 P 值小于 1%，在 1% 水平上拒绝原假设，由此能够确定，两组存在显著的组间差异，且高管薪酬差距在环境规制高组的系数为 -0.24，其绝对值高于环境规制低组的系数 -0.145，实证结果说明，在环境规制强度高的地区，高管薪酬差距对企业 ESG 表现的负面影响大于环境规制强度低的地区，这与第四章验证中发现的环境规制对高管薪酬差距与企业 ESG 披露的影响结果相反。

（二）审计师监督

来自外部审计师的监督质量会影响高管薪酬差距对企业 ESG 表现的程度。外部审计师监督的主体主要来自第三方审计机构。中国证监会要求，上市公司的财务报表必须接受独立审计公司的审计，审计公司必须确保财务报表符合会计准则的要求，并在审计报告中明确是否存在任何重大的财务报告问题。而公司的 ESG 实践活动对财务报告的评价和质量都有影响（Asante-Appiah and Tamara，2022），比如 ESG 投资会导致财务报表研发投入或项目成本的增加（Burke et al.，2019）等。外部审计师在努力了解客户的 ESG 情况时，提高了客户 ESG 的专业知识，因此我们预测，由于国际上公认的四大会计师事务所的专业性和审计质量受到了各界的普遍认可，并且其有着更强的独立性，外部监督的有效性更强，有利于提升客户企业的公司治理水平，减少高管们的自利动机，从而有利于企业 ESG 表现的提升。因此，本书预测高管薪酬差距对企业 ESG 表现的影响关系中，审计质量高的外部审计机构，将更加有利于缓解高管薪酬差距对企业 ESG 表现的负面影响，其缓解作用应显著大于审计质量低的外部审计机构。

基于此，本章选取是否国际四大会计师事务所作为第三方外部监督的代理变量，当上市公司选择国际四大会计师事务所作为其当年审计机构时，赋值为 1，否则为 0。本章同样将样本分为四大会计师事务所审计组和非四大会计师事务所审计组，检验结果见表 5.12，第（3）列高管薪酬差距（paygap）的系数为负但不显著，而第（4）列该系数在 1% 的水平上显著为负，表明高管薪酬差距对 ESG 表现的负面作用在由四大会计师事务所审计时（即审计师监督质量高）的情况下不显著，而在由非四大会计师事务所审计（审计师监督质量差）时更加明显。这个结果与前文验证的不同审计师监督情形下，高管薪酬差距对企业 ESG 披露的结果一致。

表 5.12 宏观层面的异质性检验

变量	（1） 环境规制高 ESG_s	（2） 环境规制低 ESG_s	（3） 四大 ESG_s	（4） 非四大 ESG_s	（5） 媒体关注度高 ESG_s	（6） 媒体关注度低 ESG_s
paygap	-0.240***	-0.145**	-0.092	-0.185***	-0.136**	-0.254***
	(-3.82)	(-2.54)	(-0.58)	(-4.34)	(-2.25)	(-4.37)
Size	0.675***	0.967***	1.491***	0.738***	1.077***	0.498***
	(10.80)	(17.04)	(10.03)	(16.87)	(18.28)	(7.99)
Lev	-4.430***	-4.318***	-2.138***	-4.371***	-4.777***	-3.643***
	(-16.30)	(-17.04)	(-2.66)	(-24.12)	(-17.59)	(-14.42)
ROA	10.882***	10.029***	3.451	10.988***	8.045***	12.681***
	(10.16)	(10.85)	(1.28)	(17.20)	(8.60)	(12.00)
Growth	-0.717***	-0.403***	0.022	-0.575***	-0.377***	-0.681***
	(-5.72)	(-3.57)	(0.06)	(-7.04)	(-3.26)	(-5.56)
Loss	-0.480***	-0.323**	-0.614	-0.355***	-0.450**	-0.300*
	(-2.73)	(-1.98)	(-1.29)	(-3.08)	(-2.54)	(-1.85)
BM	0.276	0.625***	-1.902***	0.662***	-0.858***	1.684***
	(1.23)	(3.07)	(-3.26)	(4.33)	(-3.77)	(7.84)
TOP3	0.010***	0.022***	0.019***	0.014***	0.009***	0.021***
	(3.77)	(8.66)	(2.77)	(7.65)	(3.59)	(8.30)
Opinion	3.313***	3.657***	1.661*	3.555***	3.441***	3.479***
	(10.37)	(12.92)	(1.89)	(21.04)	(11.84)	(11.36)
Employee	0.634***	0.300***	0.057	0.482***	0.553***	0.356***
	(10.94)	(6.15)	(0.45)	(12.96)	(10.27)	(6.93)
Pregdp	0.104***	0.055***	0.043	0.083***	0.072***	0.085***
	(8.86)	(3.97)	(1.43)	(9.12)	(5.56)	(7.06)
Constant	49.333***	43.864***	24.546***	48.264***	41.520***	53.004***
	(44.06)	(41.67)	(7.27)	(60.53)	(38.32)	(46.31)
Fix_industry	Yes	Yes	Yes	Yes	Yes	Yes
Fix_year	Yes	Yes	Yes	Yes	Yes	Yes
N	15257	17694	1892	31059	16348	16603
R^2	0.1737	0.1957	0.2705	0.1717	0.2064	0.1700

注：括号内为 t 值，*、**、*** 分别表示在 10%、5%、1%水平上显著。

（三）媒体监督

媒体监督也会对企业的 ESG 表现产生重要影响。前面我们已经发现，当高管薪酬差距大时，在媒体关注度低的公司中对企业 ESG 披露产生的负向影响显著。而高管薪酬差距的扩大，对企业 ESG 表现的影响是否相同？高管在媒体的高度关注下，迫于舆论压力会减少自利行为和违规行为，为了获得媒体的正面评价，也会试图满足利益相关者的诉求，树立良好的企业形象，将更多精力放到企业的长期可持续发展上，由于媒体对企业信息的敏锐性，对于环境、社会责任和公司治理方面出现问题的公司会进行持续的关注和跟踪报道，并且媒体善于对企业 ESG 信息披露后进行跟踪分析，对企业披露信息后的行为起到了监督作用。因此，本书认为，媒体关注的异质性影响，在 ESG 披露和 ESG 表现中应当一致。即高管薪酬差距的负面效应，应当在媒体关注度低的企业中更为显著。

本章用媒体关注度作为媒体监督的代理变量，衡量方法在第四章已详述。同样按分行业分年度的中位数，将样本进行分组，将高于中位数的样本赋值为 1，作为媒体关注度高组；低于中位数的样本赋值为 0，作为媒体关注度低组，分别进行估计。在表 5.12 第（5）列中，高管薪酬差距（paygap）的系数为 -0.136，在 5% 水平显著，在第（6）列中，高管薪酬差距（paygap）的系数为 -0.254，在 1% 水平上显著为负。

通过邹检验进行组间差异检验后发现，两组间差异的 P 值小于 1%，在 1% 水平上拒绝原假设，由此能够确定，两组存在显著的组间差异，且高管薪酬差距在媒体关注度高组的系数 -0.136 的绝对值小于媒体关注度低组的系数 -0.254，结果说明，在媒体关注度高的企业，高管薪酬差距对企业 ESG 表现的负面影响小于媒体关注度低的企业，这与第四章验证中发现的媒体关注度对高管薪酬差距与企业 ESG 披露的影响结果一致。

二、行业层面异质性分析

（一）行业科技属性

第四章已经验证了代表行业科技属性的高科技行业，会缓解高管薪酬差距对企业 ESG 披露的负向影响。但这些属于高科技行业的企业，在履行了 ESG 披露后是否会转化为良好的 ESG 表现。为研究这一问题，本章对高科技行业的异质性进行分析。属于高科技行业的企业在优化产业结构，推动经济高质量发展方面贡献突出，其发展状况备受国家关注。根据资源基础理论，企业所拥有和控制的资源质量和数量各不相同，相比非高科技企业，高科技企业在创新方面有着人才资本和技术要素的优势（Saenz et al.，2009）。因此，高科技企业对从投入 ESG 项目到成果转化更加具有效率，更容易通过技术创新改善环境保护成果，以及通过产品创新、树立绿色品牌、提升企业社会责任水平。因此，我们预测高管薪酬差距对企业 ESG 表现的影响关系中，在高科技行业企业中的负向影响程度会显著小于非高科技企业。

本书将样本按企业是否属于高科技行业进行分类，属于高科技行业的企业划为高科技行业组，其他则划分为非高科技行业组。在表 5.13 第（1）列中，高管薪酬差距（paygap）的系数为负但不显著，而在表 5.13 第（2）列中，高管薪酬差距（paygap）的系数在 1% 水平上显著为负。这表明高管薪酬差距对企业 ESG 表现的影响在不属于高科技行业的企业更明显，即验证了相较非高科技行业企业，高科技企业减弱了高管薪酬差距对企业 ESG 表现的负面影响。

（二）行业污染水平

本章采用是否属于重污染行业的分组检验来分析行业污染水平的差异化影响。重污染行业的企业经常成为政府制定环境制度的主体，也是政府重点监管的对象。无论是当地政府，还是交易所，都对重污染企业的环境信息披露出台了多项制度，要求进行信息披露，由此，这些企业受到外部制度压力，往往选择进行信息披露。但披露后是否有积极的 ESG 的实际行动，则不得而知。通过对企业 ESG 表现的影响分析，可能分析出当企业面对制度压力选择 ESG 披露后，是否有后续提升的行动和效果。同时也需要检验，在 ESG 表现（成效）上，是企业内部治理的影响更大，还是外部压力的影响更大。

基于此，本书将样本划分为重污染行业组和非重污染行业组，并分别进行估计，在表 5.13 第（3）列中，高管薪酬差距（paygap）的系数为-0.24，并在5%水平上显著，而在表 5.13 第（4）列中，高管薪酬差距（paygap）的系数为-0.163，并在1%水平上显著。

表 5.13　行业层面的异质性

变量	（1） 高科技 行业 ESG_ s	（2） 非高科技 行业 ESG_ s	（3） 重污染 行业 ESG_ s	（4） 非重污染 行业 ESG_ s	（5） 行业竞争 程度低 ESG_ s	（6） 行业竞争 程度高 ESG_ s
paygap	-0.105	-0.249***	-0.240**	-0.163***	-0.114*	-0.228***
	(-1.63)	(-4.48)	(-2.37)	(-3.50)	(-1.89)	(-3.92)
Size	0.596***	0.986***	0.802***	0.848***	0.674***	0.914***
	(8.77)	(18.11)	(7.53)	(18.50)	(11.04)	(16.01)
Lev	-3.635***	-5.038***	-5.543***	-4.260***	-5.411***	-3.819***
	(-12.75)	(-20.36)	(-13.18)	(-20.67)	(-19.92)	(-15.22)
ROA	12.481***	8.845***	7.118***	11.386***	7.487***	12.271***
	(12.78)	(8.76)	(4.25)	(14.82)	(7.17)	(13.15)
Growth	-0.780***	-0.403***	-0.503**	-0.546***	-0.421***	-0.650***
	(-5.95)	(-3.69)	(-2.40)	(-6.00)	(-3.11)	(-6.10)
Loss	-0.261	-0.482***	-0.520**	-0.320**	-0.142	-0.622***
	(-1.41)	(-3.07)	(-2.04)	(-2.38)	(-0.88)	(-3.61)
BM	0.755***	0.134	-0.650*	0.600***	-0.146	0.850***
	(3.15)	(0.67)	(-1.82)	(3.54)	(-0.69)	(3.99)
TOP3	0.017***	0.016***	0.015***	0.018***	0.019***	0.015***
	(5.81)	(6.68)	(3.57)	(8.80)	(6.94)	(6.11)

变量	(1) 高科技行业	(2) 非高科技行业	(3) 重污染行业	(4) 非重污染行业	(5) 行业竞争程度低	(6) 行业竞争程度高
	ESG_s	ESG_s	ESG_s	ESG_s	ESG_s	ESG_s
Opinion	3.982***	3.102***	3.346***	3.484***	2.745***	3.992***
	(12.03)	(11.32)	(7.44)	(14.55)	(9.70)	(13.38)
Employee	0.581***	0.395***	0.559***	0.465***	0.612***	0.400***
	(9.11)	(8.41)	(5.30)	(11.66)	(10.63)	(8.13)
Pregdp	0.095***	0.071***	0.091***	0.077***	0.092***	0.072***
	(7.24)	(5.89)	(4.38)	(7.87)	(7.71)	(5.67)
Constant	50.149***	44.556***	50.159***	45.650***	50.854***	43.322***
	(42.84)	(46.07)	(27.83)	(54.34)	(45.78)	(41.57)
Fix_industry	Yes	Yes	Yes	Yes	Yes	Yes
Fix_year	Yes	Yes	Yes	Yes	Yes	Yes
N	14084	18867	7402	25549	13380	19571
R^2	0.1614	0.2067	0.1418	0.2041	0.1756	0.2008

注：括号内为 t 值，*、**、*** 分别表示在 10%、5%、1% 水平上显著。

通过邹检验进行组间差异检验后发现，两组间差异的 P 值小于 1%，在 1% 水平上拒绝原假设，由此能够确定，两组存在显著的组间差异，且高管薪酬差距在重污染行业组的系数 -0.24 的绝对值大于非重污染行业组的系数 -0.163，结果说明，在重污染行业的企业，高管薪酬差距对企业 ESG 表现的负面影响大于非重污染企业，这与第四章验证发现的媒体关注度对高管薪酬差距与企业 ESG 披露的影响结果相反。

（三）行业竞争程度

随着各国经济的不断发展和技术水平的进步，企业的外部竞争程度日趋激烈，前文已经通过分组检验后发现，当行业竞争度高时，高管薪酬差距对企业 ESG 披露的影响不显著。也说明了企业在面对外部竞争压力时，更容易受外部压力的影响而降低了高管薪酬差距对企业 ESG 披露的负向作用。然而在面对激烈的行为竞争，企业是否会真正用行动和成果证明自己在 ESG 实践中的明显进步，需要用数据进行验证。虽然企业为了迎合利益相关者，特别是迎合政府主管部门和消费者，也为了提高自身的声誉，企业会更多披露其在 ESG 实践中所做的努力，因为仅仅披露信息的成本较低。但企业如果想在 ESG 表现上有所提升，则需要大量的资源投入，高管团队的成员们也必须投入更多实际的努力和付出，这会增加相应的成本，对企业传统经营的费用形成"挤出效应"，并影响企业当期的财务绩效。出于自利动力高管不愿将更多资源倾斜到 ESG 推进工作中，因此，处于高度竞争压力下的企业有可能其高管薪酬差距对 ESG 表现的负向影响会更大，基于此，我们用分组回归对以上猜想进行检验。

　　本章同样使用赫芬达尔指数来衡量行业的竞争程度。并根据行业的竞争程度数值分行业年度的中位数，将样本分为行业竞争程度较低组（赋值为1），以及行业竞争程度较高组（赋值为0），并分别进行估计。分组检验结果显示，在表 5.13 第（5）列中，高管薪酬差距（paygap）的系数为 -0.114，在 10% 的水平上显著；表 5.13 第（6）列该系数为 -0.228，在 1% 水平上显著。通过邹检验进行组间差异检验后发现，两组的组间差异显著，P 值在 1% 水平上拒绝原假设，由此能够确定，两组存在显著的组间差异，且高管薪酬差距在行业竞争程度较高组的系数 -0.228 的绝对值大于行业竞争程度较低组的系数 -0.114，结果说明，处于行业竞争程度较高的企业，高管薪酬差距对企业 ESG 表现的负面影响大于行业竞争程度较低的企业，这与第四章验证中发现的行业竞争程度对高管薪酬差距与企业 ESG 披露的影响结果相反。

三、企业层面异质性分析

（一）股东维度

　　与第四章相同，本章用绿色投资者进入程度对企业股东维度的异质性进行分析。机构投资者对企业的可持续发展会产生重要影响。一方面，机构投资者持股可能通过缓解投资企业之间的竞争冲突，实现机构协同，减少企业的盈余管理，从而改善企业治理。另一方面，机构投资者的逐利性质，使其投资目标往往是追求投资收益最大化。共同机构投资者在投资上市公司时面临着来自内部和外部的冲突（Park et al.，2019），为了应对复杂的竞争环境，他们有可能在投资标的企业间促成"合谋同盟"（Azar et al.，2018），并通过信息操纵影响市场的竞争形势，扭曲竞争对手的投资效率，通过"合谋舞弊"提升竞争优势，获得超额回报（雷雷等，2023）。此时，企业不再需要通过推动 ESG 提升自身价值，从而造成企业 ESG 表现不佳。可见，机构投资者对企业 ESG 表现存在积极与消极两方面的影响。从现有研究可见，对机构投资者对企业 ESG 表现存在较大争议，有正向促进和负向影响两种观点。

而绿色机构投资者，作为特殊的机构投资者，更注重"绿色投资"与"长期投资"，这与企业 ESG 的可持续发展理念不谋而合，有绿色投资者持股的企业更容易推进绿色治理，通过"用手投票"和"用脚投票"两种方式对企业提升 ESG 表现提供保障，并修正企业高管的短期利己主义行为。基于此，本书认为，当企业有绿色投资者持股时，高管薪酬差距对企业 ESG 表现的负面影响就会被削弱。

为验证绿色投资者进入对高管薪酬差距与企业 ESG 披露的影响，本书按是否有绿色投资者进入将样本分为两组，一组为有绿色投资者进入组，另一组为没有绿色投资者进入组，并分别进行估计。

分组检验结果显示，在表 5.14 第（1）列中，高管薪酬差距（paygap）的系数为负但不显著，而表 5.14 第（2）列该系数在 1% 的水平上显著为负。这表明高管薪酬差距对企业 ESG 表现的负面影响在有绿色投资者进入时会被削弱。

表 5.14　企业层面的异质性

变量	（1） 有绿色投资者进入 ESG_ s	（2） 无绿色投资者进入 ESG_ s	（3） 独立董事占比较高 ESG_ s	（4） 独立董事占比较低 ESG_ s	（5） 有政治关联 ESG_ s	（6） 无政治关联 ESG_ s	（7） 国际化程度高 ESG_ s	（8） 国际化程度低 ESG_ s
paygap	−0.099	−0.258***	0.002	−0.255***	−0.346***	−0.134***	−0.054	−0.248***
	(−1.60)	(−4.50)	(0.03)	(−5.41)	(−4.44)	(−2.76)	(−0.77)	(−4.67)
Size	0.826***	0.404***	0.583***	0.955***	1.011***	0.743***	0.718***	0.851***
	(14.11)	(6.18)	(5.32)	(20.78)	(13.15)	(15.33)	(9.34)	(16.85)
Lev	−3.869***	−4.205***	−3.245***	−4.595***	−3.334***	−4.702***	−5.001***	−4.239***
	(−13.02)	(−17.73)	(−6.76)	(−23.01)	(−9.99)	(−22.68)	(−14.45)	(−19.22)
ROA	6.992***	10.948***	9.113***	9.496***	11.578***	9.932***	9.387***	10.742***
	(6.67)	(11.18)	(5.89)	(12.29)	(9.62)	(13.74)	(7.83)	(12.48)
Growth	−0.912***	−0.376***	−0.442**	−0.584***	−0.729***	−0.486***	−0.635***	−0.511***
	(−7.30)	(−3.36)	(−1.98)	(−6.53)	(−4.93)	(−5.16)	(−4.25)	(−5.05)
Loss	−0.754***	−0.142	0.119	−0.484***	−0.540**	−0.351***	−0.475**	−0.343**
	(−3.44)	(−0.96)	(0.42)	(−3.75)	(−2.48)	(−2.67)	(−2.20)	(−2.39)
BM	0.002	2.171***	0.143	0.334**	−0.360	0.781***	1.053***	0.247
	(0.01)	(9.36)	(0.40)	(2.00)	(−1.30)	(4.50)	(3.78)	(1.36)
TOP3	0.006**	0.025***	0.008	0.009***	0.010***	0.019***	0.021***	0.014***
	(2.37)	(10.07)	(1.54)	(4.40)	(3.10)	(8.74)	(6.10)	(6.41)
Opinion	2.164***	3.671***	0.807	3.582***	2.718***	3.785***	3.721***	3.281***
	(4.63)	(15.63)	(1.21)	(16.46)	(8.61)	(19.47)	(11.32)	(11.82)
Employee	0.466***	0.383***	0.436***	0.465***	0.284***	0.519***	0.742***	0.374***
	(8.43)	(7.57)	(4.42)	(11.55)	(4.34)	(12.15)	(10.10)	(8.50)
Pregdp	0.082***	0.077***	0.028	0.072***	0.043**	0.097***	0.071***	0.086***
	(6.36)	(6.44)	(1.43)	(7.27)	(2.40)	(9.60)	(3.90)	(8.53)
Constant	48.311***	54.731***	52.544***	44.453***	45.371***	46.869***	45.837***	47.100***
	(41.87)	(45.39)	(20.33)	(54.12)	(33.51)	(52.59)	(32.97)	(51.16)
Fix_industry	Yes	Yes	Yes	Yes	Yes	Yes	Yes	Yes
Fix_year	Yes	Yes	Yes	Yes	Yes	Yes	Yes	Yes
N	14210	18741	5013	27938	9762	23189	9705	23246
R²	0.1562	0.1749	0.1272	0.1950	0.1792	0.1883	0.2005	0.1830

注：括号内为 t 值，*、**、***分别表示在 10%、5%、1%水平上显著。

（二）董事会维度

董事会治理的因素除了对企业 ESG 披露会产生影响外，对企业 ESG 的表现也会产生不同的影响。本章同样用董事会结构中的独立董事比例进行董事会维度的异质性分析。现有研究已经证实了独立董事可以依靠其丰富的专业知识和工作经验，提高公司董事会的治理效率（赵昌文等，2008），独立董事还具有独立性，与上市公司的利益关联相对较少，也有利于发挥其监督职能。独立董事的薪酬并不与上市公司的财务绩效挂钩，可以有效纠正企业高管的短视，避免过分注重短期绩效的机会主义行为。因此，独立董事参与董事会决策，更加符合企业长期可持续发展的目标。基于此，本书认为，独立董事参与在董事会中的决策，不但有利于企业 ESG 信息的对外披露，同时有利于企业实实在在地推进 ESG 表现的提升，从而缓解高管薪酬差距对企业 ESG 最终表现的负面影响。

本章用公司独立董事人数占董事会总人数的比例衡量独立董事占比，按照分行业年度的中位数将样本分为两组，其中，当企业独立董事占比高于行业年度中位数时，划为独立董事占比较高组，当企业独立董事占比低于行业年度中位数时，划为独立董事占比较低组。并分别进行估计。

分组检验结果显示，在表 5.14 第（3）列中，高管薪酬差距（paygap）的系数为正但不显著，而表 5.14 第（4）列该系数在 1% 的水平上显著为负。这表明高管薪酬差距对企业 ESG 表现的影响在独立董事占比较高时不显著，而在独立董事占比较低时更为明显。说明独立董事的董事会治理效应缓解了高管薪酬差距对企业 ESG 表现的负向影响。

（三）高管维度

高管政治关联在企业进行 ESG 行动过程中，发挥着不可忽视的作用。以往研究认为，政治关联影响着企业的外部资源禀赋，从而对企业社会责任产生差异化的影响（Xu and Liu，2020）。但以往研究结果存在着较大争议，部分认为有政治关系的企业将表现出更好的社会责任（Li et al.，2015），另一部分则认为没有政治关联的企业社会责任表现更好（Kotzian，2023；Ma and Yasir，2023）。本章结合高管薪酬差距对企业 ESG 表现的因果关系，观察了不同政治关联的企业的不同差异。首先，由于内部动机的影响，在有政治关联的企业中，高管薪酬差距对企业 ESG 表现的负面影响反而更加显著，原因在于在这类企业中，"内部动机"因素大于"外部激励"因素。有政治关联的企业高管，出于"迎合动机"，会响应规制要求进行更多的 ESG 信息披露，但在保持与当地政府官员的良好关系期间，将产生高昂的寻租成本或"寻补贴"投资，这部分非生产性支出可能对企业 ESG 投资产生挤出效应（Murphy et al.，1993），为了弥补寻租成本会消耗本应投入 ESG 项目的资金。并且有政治关联的企业更愿意投资于政绩项目而获得政府的青睐，这些都减少了对企业 ESG 投资的规模。其次，在合法性理论视角下，当企业 ESG 活动被作为一种获得合法性的手段时，有政治关联的企业可以通过高管的政治关联来避开来自其他利益相关者的压力，从而降低了 ESG 合法性的作用，负面影响了企业 ESG 表现（Cheng et al.，2017）。政治关联可以被视为一种有效的保护机制，给企业提供宽松的监管环境，当企业高管有良好的政治关系时，企业可能通过与政府建立密切关系，以避免或减轻其不履行环境或社会责任的惩罚。这种"隐性保护"作用越强，企业投资 ESG 的意愿就越低。因此，高管的政治关联在高管薪酬差距与企业 ESG 表现的关系中，其作用可能相反于 ESG 报告披露。

为验证以上推论，本书根据企业主要高管是否有政治关联，将总样本分为有政治关联和无政治关联两个组进行比较分析。分组检验结果显示，在表 5.14 第（5）列中，高管薪酬差距（paygap）的系数为-0.346 且在 1% 水平显著，而表 5.14 第（6）列该系数为-0.134，且在 1% 的水平上显著。通过邹检验进行组间差异检验后发现，两组的组间差异显著，P 值在 1% 水平上拒绝原假设，由此能够确定，两组存在显著的组间差异，且高管薪酬差距在有政治关联组的系数-0.346 的绝对值大于无政治关联组的系数-0.134 的绝对值，结果说明，在高管有政治关联的企业，高管薪酬差距对企业 ESG 表现的负面影响大于无政治关联企业，这与第四章验证中发现的政治关联对高管薪酬差距与企业 ESG 披露的影响结果相反。

（四）企业对外发展维度

本章同样用企业的国际化程度作为企业对外发展维度的检验变量，分析其对于高管薪酬差距与企业 ESG 表现间关系的异质性影响。一方面，国际化程度高的企业能够有机会学习国外 ESG 的先进技术和经验，通过吸收外部资源提升 ESG 表现。联合国于 2004 年首次提出了 ESG 的概念，欧美国家率先开始全力倡导和推行 ESG 的理念。并且强制出台各项制度，增加企业的污染成本，碳交易平台的交易量也在逐年扩大。对于国内企业 ESG 水平的提升，需要对国外的先进经验加以学习和利用。随着中国企业国际化程度的不断提高，国内企业在对外贸易和交流过程中有机会分享到国外企业在 ESG 推进过程中的先进技术和先进经验，并且有可能与国外 ESG 领先的企业展开合作，共同提升国内企业的 ESG 表现。另一方面，国外的政策规制的外部压力将迫使企业提升自身的 ESG 表现。国内国际化程度高的企业在开展跨国经营时，将不可避免地要遵守国外法律和制度的要求，特别随着碳税制度的推行，对外贸易的成本发生了巨大变化。国外消费者的消费偏好使得企业践行 ESG 迫在眉睫。因此，这些外部性因素将造成企业 ESG 表现的被动提升，从而抵消了由于高管薪酬差距等内部因素对企业 ESG 表现所造成的影响。基于此，本书认为，国际化程度高的中国企业，高管薪酬差距对企业 ESG 表现的负向影响得到缓解。而国际化程度低的企业，其 ESG 表现仍然会受到高管薪酬差距的显著影响。

本书用海外收入占营业收入的比例计算企业国际化程度，然后根据企业国际化程度分行业年度的均值，将样本分为两组，当企业国际化程度高于行业年度均值时，划为国际化程度较高组，当企业国际化程度低于行业年度中位数时，划为国际化程度较低组，并分别进行估计。分组检验结果显示，在表 5. 14 第（7）列中，高管薪酬差距（paygap）的系数为负但不显著，而表

5.14 第（8）列该系数在 1% 的水平上显著为负。这表明高管薪酬差距对企业 ESG 表现的影响在国际化程度低的企业中更为明显。这与其对 ESG 披露的影响一致。

四、企业"言"（ESG 披露）与"行"（ESG 表现）的异质性比较分析

为探讨不同情境下企业"言"（ESG 披露）与"行"（ESG 表现）是否一致，我们进一步将企业 ESG 报告披露与企业 ESG 表现的异质性进行对比分析。企业 ESG 报告披露与企业 ESG 的最终表现，存在着相关关系，企业 ESG 独立的报告披露，实质上代表了企业"言"的概念，其内涵是企业向外界公布的 ESG 相关信息，包含企业是否愿意公布和公布什么的意愿。而企业 ESG 表现，实质上代表了企业"行"的概念，因为需要企业采取相应有效行为，才能达到 ESG 的实施成果，最终才能形成企业 ESG 评分（即表现）的提升。但企业独立公布其 ESG 报告或社会责任报告时，常会出现披露的内容流于形式、言过其实、报喜不报忧等情况（黄溶冰等，2019），总体公布报告的质量堪忧。其主要原因在于公司高管在面对政府、投资者、消费者等不同利益相关者群体时，出于迎合利益相关者预期，获得利益相关者的认可或正面评价，提升企业声誉等目的，有可能会对披露报告的内容进行"印象管理"（陈华等，2021），以获得更多的市场资源配置。由于披露 ESG 信息的"言"的成本极低，而把报告中的设想和承诺通过行动实施成为最终成果，则需要高管进行大量精力和成本的投入，此时，就会出现"多言寡行"的情形（翟胜宝等，2022）。

本书前述分别验证了高管内部薪酬差距总体上对于企业 ESG 报告披露，以及企业 ESG 表现的影响，实证结果表明，高管薪酬差距总体上无论对企业 ESG 报告披露，还是对企业 ESG 表现，都有着负向影响。也就是说高管薪酬差距总体上的扩大既减少了企业的"言"，又减少了企业的"行"。但在外部

不同情境作用下，高管薪酬差距对企业 ESG 披露或 ESG 表现又有哪些不同影响？其作用受何种效应的影响？为解释以上问题，本书通过对宏观层面、行业层面、企业层面不同情境下高管薪酬差距作用于 ESG 披露及 ESG 表现的异质性分析结果的比较，来分析不同情境下企业"言"与"行"的差异及原因。

基于此，本书将第四章、第五章的异质性分析结果进行了汇总统计，并制作了企业 ESG 披露与企业 ESG 表现的异质性结果对比表（详见表 5.15），表中分别汇总了高管薪酬差距对企业 ESG 披露，及对企业 ESG 表现的分组回归系数和显著性（用"＊"表示）。从表中的结果可见，在宏观层面的审计师监督、媒体监督，行业层面的行业科技属性，企业层面的股东维度、董事会维度、企业对外发展维度，高管薪酬差距对企业 ESG 披露及 ESG 表现的异质性分析结果一致。而在宏观层面的政府监督，行业层面的行业污染水平、行业竞争程度，企业层面的高管维度，高管薪酬差距对企业 ESG 披露及 ESG 表现的异质性分析出现了相反的结果。具体而言，企业在所在地环境规制程度高、企业污染水平高、高管具有政治背景、行业竞争程度高这四种情境下，高管薪酬差距对 ESG 披露的负向作用并不显著，而对 ESG 表现的负向作用却更大，说明对于企业的 ESG 披露而言，这些因素的外部作用大于高管薪酬差距的内部作用，而企业进行 ESG 披露后，未能实现 ESG 报告中披露的内容，最终 ESG 表现反而不尽如人意，企业在这些情境下出现了"多言寡行"的现象。

表 5.15　高管薪酬差距对企业 ESG 披露及 ESG 表现的异质性比较分析

类别	维度	异质性分组	高管薪酬差距对企业 ESG 披露	高管薪酬差距对企业 ESG 表现	比较结果
宏观层面	政府监督	环境规制程度高	−0.010	−0.240＊＊＊	结果相反
		环境规制程度低	−0.121＊＊＊	−0.145＊＊	

类别	维度	异质性分组	高管薪酬差距对企业 ESG 披露	高管薪酬差距对企业 ESG 表现	比较结果
宏观层面	审计师监督	国际四大	0.025	−0.092	结果一致
		非国际四大	−0.077***	−0.185***	
	媒体监督	媒体关注度高	−0.009	−0.136**	结果一致
		媒体关注度低	−0.141***	−0.254***	
行业层面	行业科技属性	高科技行业	−0.032	−0.105	结果一致
		非高科技行业	−0.091***	−0.249***	
	行业污染水平	重污染行业	−0.023	−0.240**	结果相反
		非重污染行业	−0.075***	−0.163***	
	行业竞争程度	行业竞争程度低	−0.124***	−0.114*	结果相反
		行业竞争程度高	−0.019	−0.228***	
企业层面	股东维度	有绿色投资者进入	−0.035	−0.099	结果一致
		无绿色投资者进入	−0.098***	−0.258***	
	董事会维度	独立董事占比较高	−0.058	0.002	结果一致
		独立董事占比较低	−0.066***	−0.255***	
	高管维度	有政治关联	−0.040	−0.346***	结果相反
		无政治关联	−0.080***	−0.134***	
	企业对外发展维度	企业国际化程度高	−0.049	−0.054	结果一致
		企业国际化程度低	−0.081***	−0.248***	

注：*、**、***分别表示在10%、5%、1%水平上显著。

对这些不一致的异质性因素进行细化分析后其原因主要有两方面：一方面，地区环境规制程度、重污染行业、高管政治关联三种情境，都跟政府有较强的相关性，其中，地区环境规制程度反映的是当地政府的环境规制力度，重污染行业是受当地政府的环境规制影响最大的群体，高管政治关联也反映了企业和政府间的联系程度，从这三种情境可以得出结论，企业更愿意迎合政府进行 ESG 信息披露以达到谋求合法性地位的目的，但却不是真正愿意投入资源来推动自身 ESG 表现的提升。当这些企业进行 ESG 披露后，来自政府的外部监督力度可能降低，企业在更为宽松的环境压力下提升自身 ESG 表现的积极性就相应减弱。另一方面，行业竞争程度反映的是市场竞争环境的外部因素，企业在面对行业竞争压力时，更愿意选择模仿强大的竞争对手，加大对 ESG 信息的披露，以迎合市场及消费者的喜好，换取市场及消费者的认可，从而提升企业的声誉，谋取社会认同。

以上这些现象在第三方审计机构、媒体、绿色投资者几类外部群体监督的情境下却没有出现，可能的原因是四大会计师事务所具有极强的独立性和专业性，导致其更注重结合企业的财务数据进行分析；媒体有大量的信息渠道，具有较强的信息敏感度，会对企业的行为进展持续跟踪；绿色机构投资者由于需要对投资进行风险控制，对 ESG 的投资不仅看企业 ESG 报告的披露情况，而且注重企业的 ESG 表现。

第五节　进一步的经验证据

一、高管薪酬差距高低与企业 ESG 表现

以往研究表明，薪酬差距在不同水平呈现出不同的作用。Schulz et al.（2022）研究发现当组织内部的薪酬差距处于中低水平时，薪酬差距增加会导致员工信任的增加，但当薪酬差距超过一定的阈值时，他们的关系就会变为负向。高管的薪酬差距是否也会出现相似表现？本书基准回归发现高管薪酬差距总体上负向影响企业 ESG 表现，但在不同的高管薪酬差距水平下，高管薪酬差距的扩大是否都不利于提升企业 ESG 的表现？本书认为，高管团队间的薪酬差距也可能呈现出差异性作用。为了验证这个问题，本书拟通过对

高低不同的高管薪酬差距的区间分析，探究不同区间高管薪酬差距与企业 ESG 表现的关系。

当高管薪酬差距处在较低范围时，其激励效应有可能产生作用。高管团队间的利益趋于一致，高管团队间更容易达成合作，产生协同效应，以满足各方利益相关者的诉求（何杰和曾朝夕，2010）。当高管薪酬差距处于较低水平时，高管团队对企业的归属感增强，更容易形成公平的感知，此时，当 CEO 的薪酬获得提升时，更有动力带领其他高管实现企业长期可持续发展的目标，锦标赛的激励效应促使 CEO 带领高管团队成员努力工作，而其他高管在竞争氛围浓厚的环境下也会选择与 CEO 密切配合。另外，较高的薪酬差距也会使副职级高管产生对未来获得更高薪酬的预期，为了达成晋升，获得高薪而付出更多的努力。在这种情况下，董事会的决策效率和高管团队的执行效率将得到显著提高，在各方利益相关者要求企业提升其 ESG 表现的背景下，为了达成提升企业竞争力的目标，高管团队中的成员更有动力和能力实现企业 ESG 水平提升的战略目标。

而当高管薪酬差距处于较高水平时，薪酬差距对企业 ESG 表现有可能产生负面影响。Hart et al.（2015）发现，薪酬差异对企业整体的社会责任参与产生负面影响。践行企业 ESG 的行动被证明具有潜在的代理成本（Kruger，2015）。首先，CEO 与其他高管的薪酬差距过大会造成其他高管对企业分配制度的不满，从而对工作采取消极的态度（Jiang et al.，2019）。不公平的薪酬会导致低薪高管感到不和谐，进而更加短视，只顾追求个人利益，例如减少相关的环境投入、不支持企业社会责任的履行，甚至于离职等（Park and Han，2023），这会严重影响高管团队间的协作。其次，要提升企业 ESG 的表现，需要进行长期的资金投入和资源倾斜，而当高管薪酬差距过大时，高管团队中的大多数人出于自利动机，不愿将更多的资源投入 ESG 的相关项目上，而更愿意将资源投到短期内财务绩效见效快的项目中，这种资源的"挤出效应"导致了企业 ESG 表现的弱化。最后，高管薪酬差距较高时，除 CEO 外的多数高管成员易出现风险厌恶情绪，由于 ESG 项目的长期不确定性和相应风险,这些高管们在对薪酬不满的情绪下不愿意投资于 ESG 项目。

基于以上分析,本书预计当高管薪酬差距较高时,高管薪酬差距会降低企业 ESG 表现,但在高管薪酬差距处于较低范围时,高管薪酬差距可能会提升企业 ESG 表现。为此,将高管薪酬差距的总体样本按行业年度中位数进行区间划分,将样本分为薪酬差距较高组和薪酬差距较低组。

表 5.16 报告了对高管薪酬差距进行区间分段检验的回归结果,结果显示,第(1)列在高管薪酬差距高时,高管薪酬差距(paygap)的回归系数为-0.331,且在 1%水平显著,说明高管薪酬差距较高时会降低企业 ESG 表现,此时公平理论发生作用。但在第(2)列高管薪酬差距较低时,高管薪酬差距(paygap)的回归系数变为 0.818,且在 1%水平显著,说明高管薪酬差距较低时,高管薪酬差距反而促进了企业 ESG 的表现,此时锦标赛理论发生作用,即较低水平的高管薪酬差距对高管起到了激励作用,使高管团队的目标趋于一致,从而促进了企业 ESG 的披露。检验结果说明高管薪酬差距不是越低越好,而是在合理区间内对企业 ESG 表现发挥积极作用。

表 5.16 高管薪酬差距高低对 ESG 表现的影响

变量	(1)	(2)
	ESG_ s	ESG_ s
paygap	-0.331^{***}	0.818^{***}
	(-5.29)	(5.57)
Size	0.819^{***}	0.830^{***}
	(13.55)	(14.35)
Lev	-4.728^{***}	-4.055^{***}
	(-18.38)	(-15.24)
ROA	9.577^{***}	10.883^{***}
	(9.91)	(10.85)
Growth	-0.569^{***}	-0.528^{***}
	(-4.87)	(-4.41)

续表

变量	(1)	(2)
	ESG_ s	ESG_ s
Loss	−0. 581 ***	−0. 203
	(−3. 34)	(−1. 24)
BM	0. 232	0. 603 ***
	(1. 08)	(2. 84)
TOP3	0. 016 ***	0. 016 ***
	(6. 35)	(6. 39)
Opinion	3. 217 ***	3. 743 ***
	(10. 99)	(12. 37)
Employee	0. 504 ***	0. 418 ***
	(9. 53)	(7. 99)
Pregdp	0. 081 ***	0. 090 ***
	(6. 21)	(7. 47)
Constant	48. 309 ***	43. 907 ***
	(43. 76)	(41. 08)
Fix−industry	Yes	Yes
Fix−year	Yes	Yes
N	16313	16638
R^2	0. 1812	0. 1938

注：括号内为 t 值，＊、＊＊、＊＊＊分别表示在 10%、5%、1%水平上显著。

二、高管薪酬差距与企业"漂绿"行为

参考 Flammer（2021）对企业漂绿的定义，漂绿是一种对公司绿色环境方面进行误导性宣传或承诺无法实现的行为。现阶段，由于外部规制压力和行业竞争压力等，"漂绿"行为被越来越多的企业所模仿（李强等，2022）。

企业进行漂绿可能有两种动机。一是获得合法性动机（Walker and Wan，2012）。根据制度理论，企业需要遵守政府的环境规制以获得合法性地位。特别当企业处于竞争程度高的环境下，更加倾向于通过"漂绿"向相关利益

者传递对 ESG 进行大量投入的信息，以弥补实际业绩达不到期望业绩所形成的落差（李强和宋嘉玮，2022），高管们希望将"漂绿"行为作为一种保险机制，以降低利益相关者对其业绩不达预期的惩戒力度。从而淡化消极印象，维持在外部监管压力下的合法性地位。二是营销动机（Ghosh and Shah，2012）。由于消费者绿色环保的意识不断增强，绿色产品更容易被企业下游客户所接受。因此，企业的 ESG 投入信息将增强客户对于品牌的认可度，"漂绿"行为往往能够在短时间内改善客户对企业产品的正面印象，促进消费者的购买意愿，达到营销的目标。

基于以上动机，企业中的正职级高管为维持其较高的薪酬，出于营销动机更愿意实行"漂绿"行为以强化利益相关者的认可，维持其较高薪酬，而副职级高管出于合法性动机，也愿意实行"漂绿"行为，以降低在不公平环境下激励效应不佳，实际业绩与预期不达标而对自身业绩考核造成的不良影响。因此本书预计，高管薪酬差距将增加企业的"漂绿"行为。

为考察高管薪酬差距对企业"漂绿"的影响，本书使用 logit 回归，构建回归模型如下：

$$Gw_{i,t} = \beta_0 + \beta_1 PayGap_{i,t} + \beta_2 Controls_{i,t} + \sum Industry + \sum Year + \varepsilon_{i,t} \qquad (5-4)$$

模型（5-4）中，被解释变量用 Gw（代表企业"漂绿"）表示。解释变量用 PayGap（代表薪酬差距）表示，Controls 表示控制变量的集合，控制变量与第四章基准回归的控制变量一致，$\sum Year$、$\sum Industry$ 为年度固定效应和行业固定效应。

本书借鉴 Hu et al.（2023）对企业"漂绿"的衡量方法，采用言行法衡量企业漂绿行为。具体而言，通过企业的"绿色口头宣传"和"实际表现"两个方面来量化企业"漂绿"现象。先构建一个与环境或者绿色相关的术语集，术语集内包括"绿色、环境保护、低碳、环境"等词语，如果这些术语在该企业年报 MD&A 部分的出现频率大于同年度同行业的中位数，则绿色口头宣传取值为 1，否则取值为 0；如果企业在观测年度受到环境处罚，则实际表现取值为 1，否则取值为 0，最终，若绿色口头宣传=1 且实际表现=1，则企业"漂绿"=1，否则企业漂绿取值为0。

表5.17报告了高管薪酬差距影响企业"漂绿"行为的检验结果。其中，第（1）列为仅加入控制变量时高管薪酬差距（paygap）与企业 ESG "漂绿"（Gw）的回归结果。结果显示，高管薪酬差距（paygap）与企业 ESG "漂绿"（Gw）的回归系数为正，并且在5%水平上显著，初步验证了高管薪酬差距将增加企业的"漂绿"行为的推断。第（2）列是在第（1）列基础上控制年度固定效应和行业固定效应的估计结果，可以看出，高管薪酬差距（paygap）与企业 ESG "漂绿"（Gw）的回归系数仍然为正，且在1%水平上显著，更为严谨地证明了高管薪酬差距对企业 ESG "漂绿"行为的正向影响作用。

表 5.17　高管薪酬差距与企业"漂绿"

变量	(1)	(2)
	Gw	Gw
paygap	0.095**	0.118***
	(2.48)	(2.93)
Size	0.114***	0.118***
	(3.41)	(2.87)
Lev	0.357**	0.265
	(2.18)	(1.46)
ROA	2.217***	-1.307**
	(-3.31)	(-2.01)
Growth	0.175**	0.088
	(2.54)	(1.20)
Loss	-0.426***	-0.041
	(-3.72)	(-0.35)
BM	0.585***	0.487***
	(4.66)	(3.04)
TOP3	-0.007***	-0.010***
	(-4.08)	(-5.25)

变量	（1）	（2）
	Gw	Gw
Opinion	−0. 104	−0. 067
	（−0. 67）	（−0. 40）
Employee	0. 173 ***	0. 226 ***
	（5. 95）	（6. 48）
Pregdp	−0. 034 ***	0. 032 ***
	（−5. 65）	（3. 60）
Constant	−6. 750 ***	−11. 479 ***
	（−11. 87）	（−11. 15）
Fix−industry	No	Yes
Fix−year	No	Yes
N	32255	24820
R^2	0. 0319	0. 1048

注：括号内为 t 值，＊、＊＊、＊＊＊分别表示在 10%、5%、1%水平上显著。

第六节　本章小结

本章运用双向固定效应模型对高管薪酬差距与企业 ESG 表现的关系进行了检验，通过收集 2010～2022 年中国 A 股非金融类上市公司的样本进行估计，研究发现，高管薪酬差距总体上显著降低了企业 ESG 表现，接下来进行了稳健性和内生性检验，通过替换样本、替换核心解释变量、被解释变量滞后一期、更换估计模型、增加固定效应、增加控制变量、Heckman 两阶段法、工具变量法、PSM 倾向得分匹配法等方法进行再次检验后，结果与基准回归结果一致。机制分析发现，高管薪酬差距总体上通过增加了高管正职过度自信、降低了高管副职组织认同、增加了代理成本，从而削弱了企业的 ESG 表现。异质性分析表明，高管薪酬差距总体上对企业 ESG 表现的负面影响在非四大会计师事务所审计、当地政府环境规制较高、媒体关注度低、不属于高科技行业、属于重污染行业、行业竞争度高、没有绿色投资者进入、独立董事占比低、高管有政治关联、企业国际化程度低的企业，其对企业 ESG 表现的负向影响更大。进一步研究的结果表明，高管薪酬差距的高低区间对企业 ESG 表现产生不同的效果，通过分区间回归发现，高管薪酬差距对企业 ESG 表现的降低作用主要存在于高管薪酬差距较高区间中，而在高管薪酬差距较低的区间范围中，高管薪酬差距对企业 ESG 表现反而起到促进作用。另外，对不同情境下的企业"言"（ESG 披露）与"行"（ESG 表现）是否一致的检验结果发现，企业在政府监督、行业污染水平、行业竞争程度、高管政治关联几个情境下的企业"言"（ESG 披露）与"行"（ESG 表现）并不一致，表明企业更加倾向于迎合政府，模仿行业竞争对手，证实了企业出现"多言寡行"现象时的"迎合效应"和"模仿效应"。另外，本章还进一步研究了高管薪酬差距对企业"漂绿"行为的影响，实证结果发现，高管薪酬差距总体上会增加企业的"漂绿"行为。

本章的结论一方面为高管薪酬差距对企业 ESG 表现的关系研究提供了经验证据，并进行了高管薪酬差距对企业 ESG 表现影响的机制检验和异质性检验；另一方面，本章对比了不同情境下高管薪酬差距对企业 ESG 披露及 ESG 表现的差异，发现了企业在"言"（ESG 披露）与"行"（ESG 表现）中出现"多言寡行"现象时的"迎合效应"和"模仿效应"，并在此基础上验证了高管薪酬差距对企业"漂绿"行为的影响。

第六章　高管薪酬差距对企业 ESG 影响的经济后果研究

前文分析了高管薪酬差距如何影响企业的 ESG 披露及 ESG 表现，通过基准回归及机制分析检验，深入探讨了高管薪酬差距这一企业内部治理因素对于企业 ESG 的效应、影响机理及不同情境的作用差异。而高管薪酬差距与企业 ESG 披露或 ESG 表现对其经济后果会产生何种效应，也是需要我们讨论的重要问题。由于上市公司关注的焦点包括上市后权益融资、企业价值提升、企业高质量发展等方面。因此，本章重点分析高管薪酬差距影响企业 ESG 披露及 ESG 表现后，对其经济后果造成的影响。

一直以来，权益资本成本和企业价值是上市公司研究中较受关注的话题，学术界针对 ESG 与企业权益资本成本、企业价值的关系进行了较多研究，但存在争议，因此本书将企业权益资本成本、企业价值作为经济后果进行研究。另外，现阶段高质量发展已经成为我国实现中国式现代化的重要途径。本书用全要素生产率衡量企业高质量发展，将其纳入经济后果研究的范畴。

本章分两节研究高管薪酬差距影响企业 ESG 披露及 ESG 表现的经济后果。第一节分析高管薪酬差距、ESG 披露与企业权益资本成本、企业价值、企业高质量发展三方面经济后果的关系，主要研究当企业"言行不一"时，高管薪酬差距在企业进行 ESG 披露时产生怎样的经济后果。第二节进一步分析当企业披露了 ESG 报告，并获得第三方 ESG 评分情形下，高管薪酬差距、ESG 表现与三方面经济后果的关系，主要研究当企业"言行一致"时，会产生怎样的经济后果。最终，通过本章对企业权益资本成本、企业价值、企业高质量发展三方面经济后果的研究，有助于企业认识如何通过高管薪酬这种内部治理行为，获得融资成本优势、提升企业价值、达成企业高质量发展的目标。

第一节　高管薪酬差距对企业
ESG 披露的经济后果

一、研究假设

（一）高管薪酬差距、企业 ESG 披露与权益资市成市

第四章的实证分析中，已证明高管薪酬差距对企业 ESG 披露具有负向作用，而企业 ESG 披露与权益资本成本在现有研究中被认为具有负向效应。国外学者关注了 ESG 披露对企业权益资本成本的影响。Cheng et al.（2014）研究发现，提高企业社会责任的透明度、利益相关者的社会责任活动参与度，实现企业良好的社会责任绩效，有利于降低企业资本成本及融资约束。国外学者们还分别采用了 S&P1200 全球指数公司样本（Raimo et al.，2021）、欧洲公司样本进行了分析（Gerwanski，2020），研究均发现企业增加 ESG 披露能够降低融资成本。

根据委托代理理论，由于信息的非对称性，代理人代表委托人行动时能发挥优势，但委托人和代理人之间由于目标不一致往往导致委托代理问题（Kostova et al.，2018）。在现实中，股东（委托人）和企业高管（代理人）由于各自的目标利益不一致，导致他们之间往往可能存在潜在的利益冲突（Jaskiewicz et al.，2017），本书通过前文的实证分析，验证了总体上高管薪酬差距增大，会加剧企业的代理问题，并且加剧了企业的内部冲突。代理问题的加剧，一方面会打击企业高管（代理人）的积极性，影响企业的财务表

现；另一方面代理成本较高的企业风险较大，也会导致金融机构等外部债权人对企业产生信任危机（纳超洪和纳鹏杰，2006）。因此，当权益资本成本作为高管薪酬差距与企业 ESG 披露的经济后果时，如果企业仅仅进行 ESG 披露，还是难以得到市场认可，高管薪酬差距仍可能会提高企业的权益资本成本。基于此，本书提出 H6-1。

H6-1：高管薪酬差距提高了披露 ESG 企业的权益资本成本。

（二）高管薪酬差距、企业 ESG 披露与企业价值

现有研究大多数认为企业 ESG 披露能够提升企业的长期价值（Yu et al.，2018）。根据利益相关者理论，企业想要获得更大的竞争优势，就必须关注和满足各种利益相关者的诉求，得到利益相关者长期支持和信任后，才有利于公司价值的提升（Qureshi et al.，2020）。有效的 ESG 披露通过两方面提升了企业价值。一方面，对于企业的外部利益相关者来说，企业进行 ESG 披露，缓解了与外界的信息不对称程度，使投资者了解到企业在推进 ESG 实践中所做的努力，从而获得更多投资者的关注和投资，提升企业价值（黄珺等，2023）。企业用积极披露 ESG 信息作为一种印象管理的方式，对企业的声誉及其产品的被接受程度都有着正面的影响，这也影响着外部利益相关者对企业的判断，可能会导致其对企业财务绩效和企业价值形成更高的估价（Xie et al.，2019），进一步促进企业价值的提升。另一方面，对于企业的内部利益相关者来说，企业积极的 ESG 披露可能会使员工建立起对企业的信任感，提高员工对企业的认同程度，有利于企业内部职工的勤勉工作，形成提升企业价值的良好合力（Gjergji，2021）。

当高管薪酬差距过高时会降低披露 ESG 企业的企业价值。一方面，对于外部利益相关者来说，CEO 正职级高管出现的"天价薪酬"容易招致媒体、投资者等外部主体的诟病，对企业建立起的良好声誉及产品口碑产生不利影响，也有可能影响投资者对企业绩效及估值的判断，从而使 ESG 披露对企业价值提升的作用减弱。另一方面，对于内部利益相关者来说，较大的高管薪

酬差距增加了公司内部人员的不公平感，降低了其他高管的组织认同度，这种情绪的溢出效应可能影响到公司中层部门经理及员工，将严重削弱企业职工对企业的信任度，以至于影响职工勤勉工作，对企业价值的提升极为不利。因此，如果企业仅仅进行 ESG 披露，投资者并不一定认可，高管薪酬导致的代理问题加剧的情形难以得到解决。本书判断，在已进行 ESG 披露的企业中，高管薪酬差距将降低企业价值。基于此，本书提出 H6-2。

H6-2：高管薪酬差距降低了披露 ESG 企业的企业价值。

（三）高管薪酬差距、企业 ESG 披露与企业高质量发展

已有研究通过实证分析证明，企业的 ESG 披露将会对企业的效率产生正向促进作用（Xie et al.，2019）。原因在于，企业积极进行 ESG 披露能够缓解信息不对称的问题，获得更多利益相关者的信任与支持，这种信任与支持将促进提高企业效率。一方面，企业积极的 ESG 披露的声誉传导，对行业竞争对手产生负向溢出效应（孙晓华等，2023），提升了企业的行业地位，有利于企业竞争力的提升。企业 ESG 信息披露程度的增加，使企业新上市产品更容易受到环保主义消费者的青睐，特别是涉及绿色环保概念的产品，产品接受程度的增加促进了企业进行产品研发创新的动力，这也促使企业创新效率得到提升。由于 ESG 信息披露带来的良好形象对行业竞争对手造成压力，产生负面溢出效应。另一方面，企业 ESG 信息披露使外部分析师对企业未来绩效的预测更为准确，降低了分析师盈余预测的偏差，并且 ESG 披露降低代理成本和提高代理效率的作用能够有效降低上市公司股价的崩盘风险（窦超等，2022），同时能有效降低企业受到的违规处罚，增加企业的合法性程度（吴珊和邹梦琪，2022）。但企业在仅进行 ESG 披露的情形下 ESG 表现不一定好，高管薪酬差距过高带来的代理成本的增加和代理效率的降低则削弱了企业 ESG 信息披露对企业高质量发展产生的正向促进作用，高管薪酬差距过高引发的投资者和消费者的质疑使得企业在 ESG 披露情形下，高管薪酬差距仍然阻碍企业高质量发展。基于此，本书提出 H6-3。

H6-3：高管薪酬差距阻碍了披露 ESG 企业的高质量发展。

二、研究设计

（一）样市选择与数据来源

为了检验高管薪酬差距对企业 ESG 披露的经济后果，本章选取了 2010～2022 年中国 A 股上市公司的样本数据，同样对初始样本执行了以下筛选程序：①剔除了金融类行业的公司；②剔除了 ST、*ST、PT 的公司；③剔除数据异常的样本；④剔除主要变量指标缺失的样本。最终，本书得到 32951 个样本观测值。本书数据均来自 CSMAR、CNRDS 和 WIND 数据库。为缓解极端值对结果的影响，对部分连续变量进行了 1% 和 99% 分位数的 Winsorize 处理。数据处理和模型估计仍然使用 Stata17.0 完成。

（二）变量定义

1. 被解释变量

（1）企业权益资本成本。

本书借鉴郭嘉琦等（2019）的研究方法，采用 Ohlson and Juettner-Nauroth（2005）的计算方法（简称 OJ 法）对企业权益资本成本进行衡量，计算公式如下：

$$RZ = a + \sqrt{a^2 + \frac{eps_1}{p_0}\left[\frac{eps_2 - eps_1}{eps_1} - (\delta - 1)\right]} \qquad (6-1)$$

$$a = \frac{1}{2}\left[(\delta - 1) + \frac{K \times eps_1}{p_0}\right] \qquad (6-2)$$

在公式（6-1）、（6-2）中，RZ 表示企业的权益资本成本，eps_1 和 eps_2 分别表示第 t+1、t+2 期的分析师预期每股收益，（$\delta - 1$）表示长期盈余增长率，K 表示前三年平均股利支付率，p_0 表示上年度末的每股股票收盘价。

（2）企业价值。

本书借鉴付文林和赵永辉（2014）的计算方式，选取托宾 Q（TobinQ）

作为企业价值的代理变量，具体计算方式为：TobinQ =（流通股市值+优先股价值+负债净值）/公司总资产。

（3）企业高质量发展。

本书借鉴张兆国等（2024）的研究方法，用全要素生产率（TFP）作为衡量企业高质量发展的代理变量。它反映了企业在生产过程中，除了劳动和资本投入之外，由于技术进步、管理创新、组织变革等因素带来的生产率提升。一般而言，全要素生产率的计算主要有 OLS、FE、LP、OP、GMM 五种方法，本书基于数据的可获取性，采用 Levinsoh 和 Petrin（2003）提出的 LP 法计算企业全要素生产率。

2. 核心解释变量

（1）高管薪酬差距（paygap）。

与第四、五章一致，本章同样用上市公司高层管理人员中的 CEO 类正职高管的薪酬与其他高管人员的薪酬均值的比值，作为高管薪酬差距的代理变量。计算方法与第四章一致，首先计算出企业除正职级高管外的其他高管薪酬的均值，其次用正职级高管的薪酬除以其他高管薪酬的均值。

（2）企业 ESG 披露（ESG_ dis）。

与第四章一致，本书采用上市公司是否单独披露社会责任报告或 ESG 报告，作为企业 ESG 披露的代理变量。对于企业当年已单独披露了社会责任报告或者企业 ESG 报告，则赋值为 1，否则为 0。

3. 控制变量

本章参考李增福和冯柳华（2022）以及方先明和胡丁（2023）的研究，控制了可能会影响被解释变量的因素，控制变量主要包括：企业规模（Size）、资产负债率（Lev）、账面市值比（BM）、是否亏损（Loss）、总资产周转率（ATO）、现金流比率（Cashflow）、固定资产占比（FIXED）、企业年龄（FirmAge）、股权集中度（TOP3）、两权分离度（Seperate），具体变量定义及计算方法见表 6.1。

表 6.1　主要变量定义

变量类型	变量名称	变量符号	变量定义
被解释变量	权益资本成本	RZ	OJ 法计算的企业权益资本成本
	企业价值	TobinQ	（流通股市值+非流通股股份数×每股净资产+负债账面值）/总资产
	全要素生产率	TFP	LP 法计算的企业全要素生产率
核心解释变量	高管薪酬差距	PayGap	CEO 与其他高管的薪酬差距
	企业 ESG 披露	ESG_ dis	企业是否单独披露 ESG 报告或社会责任报告披露为 1 否则为 0
控制变量	资产负债率	Lev	总负债/总资产
	企业规模	Size	年总资产的自然对数
	账面市值比	BM	股东权益面值/企业市值
	是否亏损	Loss	当年净利润小于 0 取 1，否则取 0
	总资产周转率	ATO	营业收入/平均资产总额
	现金流比率	Cashflow	经营活动现金流净额/总资产
	固定资产占比	FIXED	固定资产净额/总资产
	企业年龄	FirmAge	In（当年年份-公司成立年份+1）
	股权集中度	TOP3	前三大股东持股数量/总股数
	两权分离度	Seperate	实控人控制权比例-所有权比例

（三）模型设定

本章关注的问题是高管薪酬差距对 ESG 披露影响的经济后果，即高管薪酬差距如何影响 ESG 披露对企业权益资本成本、企业价值、企业全要素生产率这些经济后果变量的效应。为此，本章建立以下模型：

$$\text{Cvariable}_{i,t} = \beta_0 + \beta_1 \text{PayGap}_{i,t} + \beta_2 \text{ESG}\_ \text{dis}_{i,t} + \beta_3 \text{PayGap}_{i,t} \times \text{ESG}\_ \text{dis}_{i,t}$$

$$+ \beta_4 \text{Controls}_{i,t} + \sum \text{Industry} + \sum \text{Year} + \varepsilon_{i,t} \tag{6-1}$$

在模型（6-1）中，被解释变量 $\text{Cvariable}_{i,t}$ 代表 ESG 披露经济后果的变量，分别为：企业权益资本成本（RZ）、企业价值（TobinQ）、企业全要素生产率（TFP）。核心解释变量包括高管薪酬差距（PayGap）和 ESG 披露（ESG_ dis），Controls 表示控制变量的集合，$\sum$ Industry、$\sum$ Year 为行业固定效应和年度固定效应。

三、实证结果与分析

（一）描述性统计

表6.2为本节主要变量的描述性统计。从被解释变量企业权益资本成本（RZ）、企业价值（TobinQ）、企业全要素生产率（TFP）来看，企业权益资本成本（RZ）最小值为4.778，最大值为32.90，标准差为4.193，说明不同上市公司的权益资本成本差异较大。企业价值（TobinQ）最小值为0.802，最大值为15.61，标准差为1.370，同样有较大差异。企业全要素生产率（TFP）同样存在较大差别。从解释变量高管薪酬差距（paygap）来看，最大值为4.865，最小值为0.207，均值为1.548，说明各公司的高管薪酬差距的差别较大。在控制变量中，企业规模（Size）平均值为22.21，标准差为1.268，说明本书的样本涵盖了不同规模的企业；资产负债率（Lev）平均值为0.423，最大值为0.908，最小值为0.027，表明负债占资产比例处于合理的取值范围内。变量的统计结果基本与现有文献一致。

表6.2 主要变量的描述性统计

变量	样本量	Mean	SD	p25	p50	p75	Min	Max
ESG_ dis	29563	0.242	0.429	0	0	0	0	1
paygap	29563	1.548	0.640	1.185	1.421	1.783	0.207	4.865
RZ	18230	13.650	4.193	10.800	13.190	15.890	4.778	32.900
TobinQ	29563	2.057	1.370	1.246	1.622	2.336	0.802	15.610
TFP	29563	8.263	1.096	7.535	8.173	8.900	3.775	13.100
Size	29563	22.210	1.268	21.300	22.020	22.930	19.590	26.450
Lev	29563	0.423	0.204	0.260	0.416	0.576	0.027	0.908
BM	29563	0.618	0.249	0.428	0.617	0.802	0.064	1.246
Loss	29563	0.113	0.317	0	0	0	0	1
ATO	29563	0.647	0.445	0.360	0.547	0.798	0.057	3.087

续表

变量	样本量	Mean	SD	p25	p50	p75	Min	Max
Cashflow	29563	0.046	0.069	0.007	0.045	0.086	−0.222	0.267
FIXED	29563	0.208	0.157	0.086	0.176	0.297	0.002	0.736
FirmAge	29563	2.908	0.344	2.708	2.944	3.135	1.099	3.611
TOP3	29563	48.270	15.410	36.780	47.700	59.460	15.130	87.840
Seperate	29563	4.729	7.333	0	0	7.665	−1.872	30.250

（二）实证分析结果

表 6.3 第（1）列报告了高管薪酬差距、企业 ESG 披露对企业权益资本成本（RZ）的回归结果。结果显示，高管薪酬差距和企业 ESG 披露的交互项（Gap * ESGdis）系数在 1% 水平显著为正，说明高管薪酬在企业 ESG 披露情形下，增加了企业权益资本成本，结果验证了 H6-1。

表 6.3 第（2）列报告了高管薪酬差距影响企业 ESG 披露对企业价值（TobinQ）的回归结果。结果显示，高管薪酬差距和企业 ESG 披露的交互项（Gap * ESGdis）系数在 1% 水平上显著为负，说明高管薪酬在企业 ESG 披露情形下，降低了企业价值，结果验证了 H6-2。

表 6.3 第（3）列报告了高管薪酬差距影响企业 ESG 披露对企业全要素生产率（TFP）的回归结果。结果显示，高管薪酬差距和企业 ESG 披露的交互项（Gap * ESGdis）系数在 10% 水平上显著为负，说明高管薪酬在企业 ESG 披露情形下，阻碍了企业高质量发展，结果验证了 H6-3。

表 6.3　高管薪酬差距、ESG 披露与权益资本成本、企业价值、全要素生产率

变量	(1)	(2)	(3)
	RZ	TobinQ	TFP
ESG_ dis	−0.529***	0.103***	0.039***
	(−3.22)	(3.77)	(3.22)
paygap	0.041	0.006	−0.005
	(0.81)	(0.66)	(−1.36)

变量	（1）	（2）	（3）
	RZ	TobinQ	TFP
Gap * ESGdis	0.269***	−0.044***	−0.013*
	（2.80）	（−2.68）	（−1.74）
Size	−0.123***	0.065***	0.600***
	（−3.60）	（8.72）	（257.94）
Lev	1.858***	−0.051	0.213***
	（8.87）	（−1.25）	（15.04）
BM	4.104***	−4.669***	0.035***
	（26.68）	（−119.01）	（3.55）
Loss	0.722***	0.097***	−0.082***
	（3.75）	（4.59）	（−9.99）
ATO	0.298***	−0.050***	1.177***
	（3.94）	（−3.54）	（146.47）
Cashflow	0.943*	0.255***	0.453***
	（1.95）	（2.59）	（13.05）
FIXED	−0.513**	−0.008	−1.344***
	（−2.26）	（−0.22）	（−83.42）
FirmAge	−0.563***	0.135***	−0.003
	（−6.36）	（8.43）	（−0.40）
TOP3	−0.016***	0.000	0.000*
	（−8.04）	（0.68）	（1.82）
Seperate	0.003	0.002***	0.000
	（0.73）	（3.27）	（0.44）
Constant	14.464***	2.921***	−5.780***
	（18.69）	（19.34）	（−112.41）
Fix_ industry	Yes	Yes	Yes
Fix_ year	Yes	Yes	Yes
N	18230	29563	29563
R²	0.2157	0.6484	0.9172

注：括号内为 t 值，*、**、*** 分别表示在 10%、5%、1% 水平上显著。

四、异质性分析

企业不同的外部因素和内部因素可能对高管薪酬差距、企业 ESG 披露与其经济后果的关系产生不同的异质性影响。在对外部因素的研究中，本书分析了政府干预程度的差异化影响，在对内部因素的分析中，本书探讨了重污染类企业的差异化影响。

（一）外部因素

企业在生产经营活动中往往与所在地域的政府产生联系，政府相关部门对企业的行为实施审批和监管等职能，因此，一个地区的政府干预程度，会对企业的行为及其结果产生重要影响。政府干预指政府行使其经济调控职能对市场主体的制度和行为进行调节和控制。当政府过度干预经济发展时，就会使得经济运行的效率低下。因此，本书借鉴 Sun 和 Huang（2020）、张新月和师博（2022）的研究方法，采用地方财政一般预算支出占地区 GDP 的比重衡量政府干预程度。并分析在不同的政府干预程度下，高管薪酬差距对 ESG 披露与企业的权益资本成本、企业价值和全要素生产率的效应产生怎样的影响。基于此，本书以地方政府干预程度的行业年度中位数为划分标准，将样本划分为政府干预度较高组和政府干预度较低组，分别进行估计。

表 6.4 中第（1）、（2）列展示了对权益资本成本这一经济后果的分组比较结果，在政府干预程度较高组，高管薪酬差距和企业 ESG 披露的交互项（Gap * ESGdis）系数为 0.311，在 5% 水平上显著为正，且大于干预程度低组的系数 0.242，通过邹检验进行组间差异检验后发现，两组间差异的 P 值小于 1%，在 1% 水平上拒绝原假设，由此能够确定，两组存在显著的组间差异。结果说明政府干预并不能解决市场对企业融资风险的疑虑，政府干预程度高的情况下，高管薪酬差距和 ESG 披露增加企业权益资本成本的作用更为显著。

表 6.4　政府干预程度的异质性分析

变量	（1）政府干预高 RZ	（2）政府干预低 RZ	（3）政府干预高 TobinQ	（4）政府干预低 TobinQ	（5）政府干预高 TFP	（6）政府干预低 TFP
paygap	0.006	0.066	0.017	−0.003	−0.002	−0.007
	(0.08)	(0.93)	(1.22)	(−0.25)	(−0.30)	(−1.51)
ESG_ dis	−0.634***	−0.447*	0.132***	0.079**	0.070***	0.016
	(−2.80)	(−1.90)	(3.29)	(2.10)	(3.72)	(1.02)
Gap*ESGdis	0.311**	0.242*	−0.070***	−0.023	−0.023**	−0.005
	(2.40)	(1.74)	(−2.91)	(−1.03)	(−1.98)	(−0.58)
Size	−0.292***	0.052	0.098***	0.036***	0.591***	0.607***
	(−5.96)	(1.06)	(9.93)	(3.26)	(179.24)	(188.72)
Lev	2.367***	1.304***	−0.218***	0.077	0.213***	0.209***
	(7.54)	(4.63)	(−3.98)	(1.33)	(9.76)	(11.24)
BM	4.639***	3.650***	−4.745***	−4.631***	0.050***	0.031**
	(19.79)	(17.80)	(−81.23)	(−86.59)	(3.36)	(2.27)
Loss	0.935***	0.546**	0.125***	0.075**	−0.082***	−0.084***
	(3.24)	(2.14)	(4.26)	(2.56)	(−6.54)	(−7.70)
ATO	0.396***	0.227**	−0.039*	−0.056***	1.163***	1.185***
	(3.78)	(2.10)	(−1.83)	(−2.98)	(96.27)	(109.85)
Cashflow	1.808**	0.160	0.218	0.297**	0.470***	0.436***
	(2.56)	(0.24)	(1.53)	(2.20)	(9.20)	(9.26)
FIXED	0.152	−0.962***	−0.038	−0.003	−1.301***	−1.374***
	(0.44)	(−3.15)	(−0.70)	(−0.05)	(−53.78)	(−63.33)
FirmAge	−0.456***	−0.691***	0.149***	0.129***	−0.003	0.000
	(−3.57)	(−5.59)	(6.33)	(5.88)	(−0.30)	(0.00)
TOP3	−0.017***	−0.015***	0.001	−0.000	0.000**	0.000
	(−5.68)	(−5.32)	(1.47)	(−0.08)	(2.37)	(0.97)
Seperate	−0.001	0.003	0.005***	0.001	−0.000	−0.000
	(−0.19)	(0.69)	(4.41)	(0.60)	(−0.39)	(−0.00)
Constant	17.410***	11.393***	2.291***	3.459***	−5.593***	−5.941***
	(14.81)	(10.72)	(10.90)	(15.72)	(−77.49)	(−82.45)
Fix_ industry	Yes	Yes	Yes	Yes	Yes	Yes

变量	（1）	（2）	（3）	（4）	（5）	（6）
	政府干预高	政府干预低	政府干预高	政府干预低	政府干预高	政府干预低
	RZ	RZ	TobinQ	TobinQ	TFP	TFP
Fix_ year	Yes	Yes	Yes	Yes	Yes	Yes
N	8145	10085	13059	16504	13059	16504
R^2	0.2102	0.2263	0.6571	0.6444	0.9188	0.9170

注：括号内为 t 值，＊、＊＊、＊＊＊分别表示在 10%、5%、1%水平上显著。

表 6.4 第（3）、（4）列展示了对企业价值这一经济后果的分组回归结果，在政府干预程度较高组，高管薪酬差距和企业 ESG 披露的交互项（Gap ＊ESGdis）系数在 1%水平上显著为负，而干预程度低组不显著，说明政府干预程度高的情况下，高管薪酬差距削弱 ESG 披露与企业价值影响的作用更为显著。反映了当政府过度干预市场或企业时，降低了企业的效率，加剧了代理问题，使高管薪酬差距和 ESG 披露降低了企业价值。

表 6.4 第（5）、（6）列展示了对企业全要素生产率这一经济后果的分组回归结果，在政府干预程度较高组，高管薪酬差距和企业 ESG 披露的交互项（Gap ＊ESGdis）系数在 5%水平上显著为负，而干预程度低组不显著，说明政府干预程度高的情况下，在 ESG 披露情形下高管薪酬差距降低了企业全要素生产率。

（二）内部因素

企业所处的行业性质，因其受到的监管程度和合法性要求不同，对企业的高管薪酬差距与 ESG 披露的经济后果的关系会产生差异性的影响。政府对重污染企业的环境治理的要求较高，因而需要进行大量的资源投入，以改善其对周边环境造成的危害。重污染企业要实现 ESG 信息披露的要求，则必须依靠企业高管团队的共同努力，发挥团队协作效能，以便高管投入更多的精力到 ESG 的工作中。但如果高管薪酬差距过大，造成高管团队的不公平感知，则会降低企业的内部治理水平，削弱实施 ESG 的效率。因此，在重污染企业中，对 ESG 披露的经济后果造成的负面效应有可能更强。基于此，本书按企业是否属于重污染行业为标准，将样本划分为重污染组与非重污染组进行检验。

表 6.5 中第（1）、（2）列展示了对权益资本成本（RZ）这一经济后果的分组比较结果，在重污染企业中，高管薪酬差距和企业 ESG 披露的交互项（Gap * ESGdis）系数为 0.716，在 1% 水平上显著为正，而在非重污染企业组交互项的结果不显著，说明在重污染企业，高管薪酬差距过大的企业在仅进行 ESG 披露情形下，未能降低其风险溢价，因此，重污染企业的高管薪酬差距、企业 ESG 披露增加了企业权益资本成本。

表 6.5 是否重污染企业的异质性分析

变量	（1）	（2）	（3）	（4）	（5）	（6）
	重污染企业	非重污染企业	重污染企业	非重污染企业	重污染企业	非重污染企业
	RZ	RZ	TobinQ	TobinQ	TFP	TFP
paygap	−0.020	0.063	0.011	0.007	−0.005	−0.003
	（−0.15）	（1.14）	（0.57）	（0.61）	（−0.78）	（−0.87）
ESG_ dis	−1.045 ***	−0.341 *	0.094 *	0.111 ***	0.040 **	0.038 ***
	（−2.85）	（−1.86）	（1.92）	（3.45）	（2.16）	（2.62）
Gap * ESGdis	0.716 ***	0.124	−0.061 **	−0.038 **	−0.021 *	−0.011
	（3.21）	（1.17）	（−2.11）	（−1.98）	（−1.93）	（−1.26）
Size	−0.149 *	−0.084 **	0.040 ***	0.061 ***	0.605 ***	0.594 ***
	（−1.95）	（−2.16）	（2.68）	（7.08）	（133.79）	（219.91）
Lev	2.133 ***	1.639 ***	0.064	−0.076 *	0.047 **	0.228 ***
	（4.57）	（6.98）	（0.69）	（−1.72）	（1.98）	（13.58）
BM	3.722 ***	4.152 ***	−3.986 ***	−4.899 ***	0.042 **	0.002
	（10.72）	（23.63）	（−52.78）	（−106.59）	（2.44）	（0.20）
Loss	0.357	0.864 ***	0.011	0.118 ***	−0.033 **	−0.101 ***
	（0.90）	（3.94）	（0.30）	（4.60）	（−2.52）	（−10.28）
ATO	−0.214	0.474 ***	−0.066 ***	−0.051 ***	1.083 ***	1.206 ***
	（−1.38）	（5.44）	（−2.61）	（−2.99）	（85.11）	（122.42）

续表

变量	（1）	（2）	（3）	（4）	（5）	（6）
	重污染企业	非重污染企业	重污染企业	非重污染企业	重污染企业	非重污染企业
	RZ	RZ	TobinQ	TobinQ	TFP	TFP
Cashflow	0.793	1.105**	−0.204	0.368***	0.532***	0.418***
	（0.72）	（2.05）	（−1.00）	（3.30）	（9.13）	（10.31）
FIXED	−1.274**	−0.306	0.029	−0.197***	−0.870***	−1.615***
	（−2.46）	（−1.12）	（0.39）	（−4.16）	（−28.70）	（−77.82）
FirmAge	−0.530**	−0.498***	0.237***	0.098***	−0.016	0.003
	（−2.49）	（−5.09）	（7.02）	（5.39）	（−1.33）	（0.47）
TOP3	−0.019***	−0.014***	0.000	0.000	0.000	0.000**
	（−4.20）	（−6.19）	（0.81）	（0.13）	（0.75）	（2.50）
Seperate	0.018**	−0.001	0.001	0.002**	0.001***	−0.001**
	（2.34）	（−0.16）	（0.82）	（2.30）	（3.09）	（−2.38）
Constant	14.599***	13.255***	3.061***	3.277***	−5.945***	−5.605***
	（8.73）	（15.21）	（10.26）	（18.30）	（−58.27）	（−93.75）
Fix_ industry	Yes	Yes	Yes	Yes	Yes	Yes
Fix_ year	Yes	Yes	Yes	Yes	Yes	Yes
N	4155	14075	6788	22775	6788	22775
R^2	0.1737	0.2325	0.6483	0.6515	0.9351	0.9168

注：括号内为 t 值，＊、＊＊、＊＊＊分别表示在 10%、5%、1% 水平上显著。

表 6.5 第（3）、（4）列展示了对企业价值（TobinQ）这一经济后果的分组回归结果，在重污染企业组，高管薪酬差距和企业 ESG 披露的交互项（Gap ＊ ESGdis）系数为−0.061，在 5% 水平上显著为负，而非重污染企业组系数较小，经组间差异检验有显著差异。说明在重污染企业，高管薪酬差距过大的企业在仅进行 ESG 披露情形下，未能解决代理问题，因此，重污染企业的高管薪酬差距、企业 ESG 披露降低了企业价值。

表 6.5 第（5）、（6）列展示了对企业全要素生产率（TFP）这一经济后果的分组回归结果，在重污染企业组，高管薪酬差距和企业 ESG 披露的交互

项（Gap * ESGdis）系数为-0.021，在 10% 水平上显著为负，而重污染企业组效果不显著，说明在重污染企业，高管薪酬差距过大的企业在仅进行 ESG 披露情形下，未能解决代理问题，因此，重污染企业的高管薪酬差距、企业 ESG 披露阻碍了企业高质量发展。

第二节　高管薪酬差距对企业 ESG 表现的经济后果

本章第一节的研究发现了高管薪酬差距影响企业 ESG 披露后，增加了权益资本成本、降低了企业价值和阻碍了企业高质量发展，反映出高管薪酬差距较大形成的代理问题，在企业仅仅进行 ESG 信息披露后，市场的反应并不积极。实证分析中使用了企业的全样本，包括披露 ESG 报告的和未披露 ESG 报告的企业。然而，企业进行了 ESG 披露之后，如果 ESG 评分表现也较好，即企业在 ESG 实践中"言行一致"的情形下，对于企业权益资本成本、企业价值、全要素生产率又会产生怎样的影响？由于已披露 ESG 报告企业的 ESG 表现更具事实依据且更为可信，因此，我们在本节筛选出已披露 ESG 报告的企业样本，进一步分析已披露并已获得第三方机构 ESG 评级得分的企业，其高管薪酬差距、ESG 表现与经济后果间有着怎样的关系。

一、研究假设

（一）高管薪酬差距、企业 ESG 表现与权益资本成本

高管薪酬差距在已有研究被认为对企业的权益资本成本有重要影响。在第五章的实证检验中我们发现，高管薪酬差距过高，反而加剧了代理问题。一方面，高管薪酬差距的扩大会增加企业的代理成本，企业高管出于薪酬差距不公的自利补偿动机更倾向于扩大对外投资和盲目投资，高管人员有可能

在企业经营决策中更加激进，企业投资运营的成本随之增加。另一方面，高管薪酬差距过大有可能反映出 CEO 的权力过大，CEO 可以通过其较大的权力进行"帝国构建"，通过对董事会的影响力为自身谋取更多的薪酬，但公司的财务绩效并无良好表现（卢锐，2008）。企业盲目投资，将会导致企业财务指标的不稳定，可能会出现更大的违约概率，因此，对于权益融资的权益人来说，对企业的预估风险也相应增加，导致权益资本成本的增加。

已有文献一致认为，良好的企业 ESG 表现有利于降低企业融资成本。Reverte（2019）研究发现企业如果更热衷于实施社会责任行动，其权益资本成本就更低。Gong and Huang（2021）也认为，企业受到证监会的违规处罚的行为会提高企业的融资成本，但当企业积极履行社会责任时，这种负面影响作用将会被抵消。而企业进行 ESG 报告披露后，会有第三方评级机构对其 ESG 表现进行评估打分，这些评分结果相对未披露报告企业的结果更加真实可信。在已披露报告的企业中如果出现 ESG 表现的评分仍然很高，说明该公司"言行一致"，较为关注利益相关者的诉求，有着良好的内部治理环境，这种 ESG 的治理效应能够缓解高管薪酬差距过大带来的代理问题加剧的现象。因此，本书认为，在已披露 ESG 报告并且 ESG 评分表现较好的企业，"言"与"行"更趋于一致，高管薪酬差距过高造成的代理问题得到缓解，从而降低了企业的权益资本成本。基于此，本书提出 H6-4。

H6-4：披露 ESG 企业的评级表现降低了高管薪酬差距高企业的权益资本成本。

（二）高管薪酬差距、企业 ESG 表现与企业价值

刘美玉等（2015）研究认为，高管薪酬攀比带来的高管薪酬差距的增加会造成企业未来价值的降低。主要由于薪酬差距的不公正感知会导致高管为弥补不满情绪而出现短视行为，如盲目投资等，这种情绪不但会降低高管的努力水平，还会对企业未来业绩产生负面影响。这一观点得到了部分学者的认同（罗宏等，2016）。

企业的 ESG 表现对企业未来价值的影响在多数研究中被认为是正向。王波和杨茂佳（2022）研究认为，企业积极的 ESG 履行使其获得第三方的较高打分，评分高的企业释放出了积极信号，使公司获得更多的市场关注，增加了投资者的信任度，进而提升了企业长期价值。国内外学者们对不同的细分行业及不同国家地区的 ESG 表现与企业价值的关系也进行了深入研究，如对能源企业、制药企业（Paolone et al.，2022）、航空企业（Abdi et al.，2022）等的研究发现，ESG 表现对企业绩效和长期价值均有促进作用，不同国家及地区的 ESG 表现的影响研究结果也基本如此。一方面，企业 ESG 表现能够使企业获得更多利益相关者的青睐，从而获得更多投资者的资金支持，这些支持有利于企业扩大销售和促进研发创新等（刘怡等，2023），并且增强企业在市场中的竞争能力。另一方面，良好的 ESG 表现有利于缓解企业的融资约束，降低融资成本，从而提升企业的长期价值。因此，本书预计，当企业披露了 ESG 报告并获得较好的第三方评分表现时，市场对其 ESG 的评级结果给予更高的认可度，会认为其 ESG 的表现更加真实可信，在高管薪酬差距较高时，也能对企业价值产生正向的提升作用。基于此，本书提出 H6-5。

H6-5：披露 ESG 企业的评级表现提升了高管薪酬差距高企业的价值。

（三）高管薪酬差距、企业 ESG 表现与企业高质量发展

黎文靖和胡玉明（2012）在对企业内部的薪酬差距研究中发现，企业内部的薪酬差距与企业的对外投资效率呈现负相关，企业内部的薪酬差距仅在差距较低情况下，对企业高质量发展起到促进作用，原因可能是内部薪酬差距对高管不具有激励效应。袁堂梅（2020）研究发现，企业的内部薪酬差距导致的分配不公不利于提高职工的积极性，会造成生产效率的下降。高良谋和卢建词（2015）则认为，薪酬差距是一把"双刃剑"，当内部薪酬差距较小时，产生正向的激励作用，但当薪酬差距较大时，其激励作用呈现边际递减效应，薪酬差距过大反而影响企业全要素生产率的提高。

企业 ESG 表现对企业高质量发展的关系一般被认为具有正向促进作

用。高杰英等（2021）认为企业 ESG 表现对企业投资效率具有良好的促进作用。王三兴和王子明（2023）研究发现，企业 ESG 表现具有信号传递的功能，良好的 ESG 表现对利益相关者传递了积极的信号，有利于凝聚利益相关者的信任度，并可以优化企业内部资源配置，促进企业的创新效能，从而提高企业的全要素生产率。良好的 ESG 表现能够平衡利益相关者的关系、减少管理者的内部冲突、减少代理分歧，使企业获得额外资源，从而促进了全要素生产率的提升（盛明泉等，2022）。因此，已披露 ESG 报告并获得较好的第三方评级时，体现了企业内部人员更强的协作能力，也能促进高管薪酬差距较高的企业全要素生产率的提高，从而推动企业的高质量发展。基于此，本书提出 H6-6。

H6-6：披露 ESG 企业的评级表现促进了高管薪酬差距高企业的高质量发展。

二、研究设计

（一）样本选择与数据来源

为了检验高管薪酬差距对企业 ESG 表现与其经济后果的关系，本节同样采用 2010~2022 年中国 A 股上市公司的样本数据，并执行了以下剔除程序：剔除了未披露 ESG 报告的公司，剔除金融行业、ST、*ST、PT 的公司，剔除异常值和指标缺失的样本。最终，本书得到 7463 个样本观测值。本书数据均来自 CSMAR、CNRDS 和 WIND 数据库。为缓解极端值对结果的影响，对部分连续变量进行了 1% 和 99% 分位数的 Winsorize 处理。数据处理和模型估计仍然使用 Stata17.0 完成。

（二）变量定义

1. 被解释变量

本节被解释变量的选取及计算方法与第六章第一节一致，其中，使用 Ohlson and Juettner-Nauroth（2005）的权益资本成本计算方法（简称 OJ 法）

对企业权益资本成本（RZ）进行衡量。企业价值用托宾 Q 值（TobinQ）进行衡量，企业高质量发展用全要素生产率（TFP）的 LP 方法进行衡量。

2. 核心解释变量

（1）高管薪酬差距（Paygap）。

与本章第一节一致，同样用上市公司高层管理人员中的 CEO 类正职高管的薪酬与其他高管人员的薪酬均值的比值，作为高管薪酬差距的代理变量。

（2）企业 ESG 表现（ESG_ dis）。

与第五章一致，采用华证 ESG 评级得分作为企业 ESG 表现的代理变量。

3. 控制变量

本章参考先明和胡丁（2023）的研究，控制了可能会影响被解释变量的因素，控制变量主要包括：企业规模（Size）、资产负债率（Lev）、总资产周转率（ATO）、现金流比率（Cashflow）、固定资产占比（FIXED）、董事会规模（Board）、两职合一（Dual）、企业年龄（FirmAge）、管理层持股（Mshare），具体变量定义及计算方法见表 6.6。

表 6.6　主要变量定义

变量类型	变量名称	变量符号	变量定义
被解释变量	权益资本成本	RZ	OJ 法计算的企业权益资本成本
	企业价值	TobinQ	（流通股市值+非流通股股份数×每股净资产+负债账面值）/总资产
	全要素生产率	TFP	LP 法计算的企业全要素生产率
核心解释变量	高管薪酬差距	PayGap	CEO 与其他高管的薪酬差距
	企业 ESG 表现	ESG_ s	企业是否单独披露 ESG 报告或社会责任华证 ESG 综合评分
控制变量	企业规模	Size	年总资产的自然对数
	资产负债率	Lev	总负债/总资产
	总资产周转率	ATO	营业收入/平均资产总额
	现金流比率	Cashflow	经营活动现金流净额/总资产

变量类型	变量名称	变量符号	变量定义
控制变量	固定资产占比	FIXED	固定资产净额/总资产
	董事会规模	Board	ln（董事会人数）
	两职合一	Dual	固定资产净额/总资产
	企业年龄	FirmAge	ln（当年年份−公司成立年份+1）
	管理层持股	Mshare	管理层持股数/总股本

（三）模型设定

本节关注的问题是，当企业披露了 ESG 报告后，高管薪酬差距、ESG 表现对企业权益资本成本、企业价值、企业全要素生产率等经济后果变量的影响。为此，本章建立以下模型：

$$Cvariable_{i,t} = \beta_0 + \beta_1 PayGap_{i,t} + \beta_2 ESG\_s_{i,t} + \beta_3 PayGap_{i,t} \times ESG\_s_{i,t}$$
$$+ \beta_4 Controls_{i,t} + \sum Industry + \sum Year + \varepsilon_{i,t} \qquad (6-2)$$

模型（6-2）中，被解释变量 $Cvariable_{i,t}$ 代表 ESG 表现经济后果的变量，分别为：企业权益资本成本（RZ）、企业价值（TobinQ）、企业全要素生产率（TFP）。核心解释变量包括高管薪酬差距（PayGap）和 ESG 表现（ESG_S），Controls 表示控制变量，$\sum Industry$、$\sum Year$ 为行业固定效应和年度固定效应。

三、实证结果与分析

（一）描述性统计

表 6.7 为本节主要变量的描述性统计。由于本节进一步研究企业 ESG 披露后，其 ESG 表现的经济后果，因此仅选取已披露 ESG 报告的样本，样本量相比前文有所减少。从被解释变量企业权益资本成本（RZ）、企业价值（TobinQ）、企业全要素生产率（TFP）来看，不同上市公司的样本数据分布均存在较大差别。从解释变量高管薪酬差距（paygap）来看，最大值为 4.859，最小值为 0.211，均值为 1.516，说明已披露 ESG 报告的公司的高管薪酬差距

仍然较大。主要变量的统计结果基本与现有文献一致。

表 6.7　主要变量的描述性统计

变量名	样本量	Mean	SD	p25	p50	p75	Min	Max
ESG_s	7463	76.260	4.828	73.290	76.610	79.590	51.320	92.930
paygap	7463	1.516	0.631	1.172	1.394	1.728	0.211	4.859
RZ	5441	13.81	4.312	10.890	13.320	16.080	4.778	32.900
TobinQ	7463	1.837	1.225	1.102	1.432	2.068	0.802	15.61
TFP	7463	8.893	1.106	8.124	8.818	9.619	5.298	12.830
Size	7463	23.160	1.376	22.140	23.050	24.070	19.630	26.450
Lev	7463	0.477	0.197	0.331	0.490	0.626	0.027	0.908
ATO	7463	0.663	0.461	0.353	0.560	0.837	0.057	3.087
Cashflow	7463	0.055	0.067	0.017	0.053	0.092	−0.196	0.267
FIXED	7463	0.225	0.174	0.084	0.184	0.331	0.002	0.736
Board	7463	2.176	0.200	2.079	2.197	2.197	1.609	2.708
Dual	7463	0.200	0.400	0	0	0	0	1
FirmAge	7463	2.964	0.330	2.773	2.996	3.178	1.099	3.611
Mshare	7463	6.987	14.490	0	0.042	3.911	0	70.600

（二）实证分析结果

表 6.8 第（1）列展示了高管薪酬差距、企业 ESG 表现与企业权益资本成本（RZ）的回归结果。结果显示，高管薪酬差距和企业 ESG 表现的交互项（Gap * Esg）系数为−0.04，在 5% 水平显著为负，说明在已披露 ESG 报告并获 ESG 评分的企业中，企业融资成本较低、高管薪酬差距过高的代理问题得到缓解，结果验证了 H6-4。

表 6.8　高管薪酬差距、ESG 表现与权益资本成本、企业价值、全要素生产率

变量	（1）	（2）	（3）
	RZ	TobinQ	TFP
paygap	3. 265 **	−0. 460 *	−0. 252 ***
	(2. 55)	(−1. 78)	(−2. 74)
ESG_ s	0. 061 **	−0. 008	−0. 003 *
	(2. 20)	(−1. 32)	(−1. 72)
Gap * Esg	−0. 040 **	0. 006 *	0. 003 ***
	(−2. 41)	(1. 82)	(2. 60)
Size	0. 112 **	−0. 210 ***	0. 611 ***
	(2. 02)	(−17. 19)	(159. 29)
Lev	3. 187 ***	−1. 027 ***	0. 198 ***
	(7. 94)	(−11. 68)	(6. 98)
ATO	0. 326 **	0. 050	1. 118 ***
	(2. 35)	(1. 53)	(78. 27)
Cashflow	−1. 498	3. 534 ***	0. 742 ***
	(−1. 61)	(14. 12)	(11. 30)
FIXED	1. 284 ***	−1. 341 ***	−1. 116 ***
	(3. 24)	(−15. 67)	(−39. 91)
Board	−0. 234	−0. 090	−0. 008
	(−0. 79)	(−1. 44)	(−0. 42)
Dual	0. 048	0. 075 **	−0. 007
	(0. 36)	(2. 31)	(−0. 81)
FirmAge	0. 391 **	−0. 190 ***	0. 015
	(2. 14)	(−4. 11)	(1. 11)
Mshare	0. 028 ***	−0. 006 ***	0. 001 ***
	(6. 84)	(−6. 19)	(2. 70)
Constant	2. 905	9. 555 ***	−5. 827 ***
	(1. 16)	(17. 37)	(−33. 01)
Fix_ industry	Yes	Yes	Yes
Fix_ year	Yes	Yes	Yes

变量	（1）	（2）	（3）
	RZ	TobinQ	TFP
N	5441	7463	7463
R^2	0.2158	0.3357	0.9249

注：括号内为 t 值，＊、＊＊、＊＊＊分别表示在 10%、5%、1%水平上显著。

表 6.8 第（2）列展示了高管薪酬差距、企业 ESG 表现与企业价值（TobinQ）的回归结果。结果显示，高管薪酬差距和企业 ESG 表现的交互项（Gap＊Esg）系数为 0.006，在 10%水平上显著为正，说明在已披露 ESG 并获 ESG 评分的企业中，企业价值得到提升，结果验证了 H6-5。

表 6.8 第（3）列展示了高管薪酬差距、企业 ESG 表现与企业全要素生产率（TFP）的回归结果。结果显示，高管薪酬差距和企业 ESG 表现的交互项（Gap＊Esg）系数为 0.003 在 1%水平上显著为正，说明在已披露 ESG 并获 ESG 评分的企业中，企业全要素生产率更高，缓解了高管薪酬差距扩大产生的负面影响。结果验证了 H6-6。

四、异质性分析

（一）外部因素

由于企业的外部竞争环境对企业的行为和决策会产生重要影响，因此本书选取行业竞争程度作为高管薪酬差距与企业 ESG 表现经济后果分析的外部因素进行异质性分析。当企业外部竞争程度较低时，意味着企业在行业中的地位较高，甚至处于垄断地位，此时，企业高管出于外部竞争环境所造成的短期业绩压力较小，有利于他们将更多精力和资源投入 ESG 绩效的提升工作中。而处于行业竞争程度较高环境的企业，提升 ESG 表现需要大量的资源投入，会增加相应的成本，对企业传统经营的投入形成"挤出效应"，影响企业当期的财务绩效。因此，企业 ESG 表现的治理作用应当在行业竞争程度低的企业中更为明显。

　　基于此，本书参考谭雪（2017）的研究，使用赫芬达尔指数（HHI）来衡量行业的竞争程度，数值越大，代表行业竞争程度越低。为便于比较，本书按赫芬达尔指数（HHI）的行业年度中位数为划分标准，将样本划分为行业竞争程度高组（HHI-H）和行业竞争程度低组（HHI-L），分别进行估计。

　　表 6.9 中第（1）、（2）列展示了对权益资本成本这一经济后果的分组比较结果，在行业竞争程度低组，高管薪酬差距和企业 ESG 表现的交互项（Gap * Esg）系数为 -0.048，在 10% 水平上显著，而在行业竞争程度高组则不显著，说明在处于行业竞争程度低环境且已披露 ESG 报告的企业中，企业的 ESG 表现的治理效应更强，能够有效缓解高管薪酬差距导致企业权益资本成本增加。

表 6.9　行业竞争程度的异质性分析

变量	（1） 行业竞争 程度低 RZ	（2） 行业竞争 程度高 RZ	（3） 行业竞争 程度低 TobinQ	（4） 行业竞争 程度高 TobinQ	（5） 行业竞争 程度低 TFP	（6） 行业竞争 程度高 TFP
paygap	3.845 *	2.523 *	-0.755	-0.286	-0.253 *	-0.203 *
	(1.76)	(1.68)	(-1.63)	(-0.92)	(-1.79)	(-1.76)
ESG_ s	0.070	0.047	-0.007	-0.007	-0.006 *	-0.002
	(1.53)	(1.39)	(-0.75)	(-1.01)	(-1.84)	(-0.92)
Gap * Esg	-0.048 *	-0.030	0.010 *	0.004	0.003 *	0.002
	(-1.71)	(-1.56)	(1.65)	(0.93)	(1.71)	(1.61)
Size	-0.111	0.312 ***	-0.224 ***	-0.194 ***	0.630 ***	0.595 ***
	(-1.30)	(4.20)	(-12.08)	(-12.06)	(114.87)	(115.56)
Lev	3.807 ***	2.413 ***	-0.858 ***	-1.126 ***	0.163 ***	0.204 ***
	(6.06)	(4.60)	(-6.84)	(-9.36)	(4.12)	(5.15)
ATO	0.324 *	0.395 *	0.043	0.082	1.029 ***	1.232 ***
	(1.66)	(1.92)	(0.99)	(1.58)	(59.37)	(52.40)

续表

变量	（1） 行业竞争 程度低 RZ	（2） 行业竞争 程度高 RZ	（3） 行业竞争 程度低 TobinQ	（4） 行业竞争 程度高 TobinQ	（5） 行业竞争 程度低 TFP	（6） 行业竞争 程度高 TFP
Cashflow	1.069	−4.202***	2.808***	4.199***	0.855***	0.553***
	(0.78)	(−3.34)	(7.72)	(12.13)	(9.11)	(6.06)
FIXED	1.525**	1.409**	−1.290***	−1.220***	−1.103***	−1.142***
	(2.52)	(2.51)	(−9.91)	(−10.02)	(−26.82)	(−26.84)
Board	−1.383***	0.620	0.024	−0.188**	−0.088***	0.074***
	(−3.08)	(1.59)	(0.25)	(−2.26)	(−2.96)	(2.75)
Dual	−0.256	0.273	0.014	0.111**	−0.004	−0.012
	(−1.20)	(1.61)	(0.29)	(2.51)	(−0.30)	(−1.00)
FirmAge	0.378	0.333	−0.183**	−0.197***	−0.005	0.024
	(1.28)	(1.43)	(−2.55)	(−3.25)	(−0.26)	(1.40)
Mshare	0.021***	0.030***	−0.008***	−0.005***	0.001***	0.000
	(3.23)	(5.96)	(−5.40)	(−3.44)	(2.82)	(1.31)
Constant	8.314**	−1.040	9.594***	9.395***	−5.854***	−5.755***
	(2.05)	(−0.33)	(10.43)	(13.71)	(−21.41)	(−25.98)
Fix_ industry	Yes	Yes	Yes	Yes	Yes	Yes
Fix_ year	Yes	Yes	Yes	Yes	Yes	Yes
N	2274	3167	3245	4218	3245	4218
R²	0.1747	0.2741	0.2720	0.3891	0.9374	0.9183

注：括号内为 t 值，*、**、*** 分别表示在 10%、5%、1% 水平上显著。

表 6.9 中第（3）、（4）列展示了对企业价值这一经济后果的分组回归结果，在行业竞争程度低组，高管薪酬差距和企业 ESG 表现的交互项（Gap * Esg）系数为 0.01 在 10% 水平上显著为正，而在行业竞争程度高组则不显著，说明当企业处于行业竞争程度低环境且已披露 ESG 报告时，企业的 ESG 表现的治理效应更强，能够有效缓解高管薪酬差距导致企业价值降低的现象，其治理效应反而促进了企业价值的提升。

表6.9 中第（5）、（6）列展示了对企业全要素生产率这一经济后果的分组回归结果，在行业竞争程度低组，高管薪酬差距和企业 ESG 表现的交互项（Gap * Esg）系数为 0.003，在 10% 水平上显著为正，而在行业竞争程度高组则不显著，说明当企业处于行业竞争程度低环境且已披露 ESG 报告时，企业的 ESG 表现更能够有效缓解高管薪酬差距导致企业价值降低的现象，其治理效应促进了企业全要素生产率的提升。

（二）内部因素

独立董事制度是上市公司治理结构中的重要环节。从 2001 年中国证监会颁布建立独立董事制度的指导意见以来，独立董事在上市公司发挥了重要作用，但从康美药业事件曝光以来，独立董事的履职又饱受媒体的诟病。但不可否认的是，独立董事因其自身具有的丰富的工作经验和专业知识，有利于董事会决策水平的提升，且由于独立董事与企业利益绑定不强，监督作用应强于企业的内部监督。独立董事的自身人脉有可能还成为企业获取额外资源的渠道。但与公司利益绑定不深也带来了独立董事的形式主义问题。因此，上市公司董事会根据要求必须设立独立董事，但独立董事在董事会中人数的占比，也是企业决策的重要影响因素。本书认为，鉴于上市公司聘用独立董事人选一般都具有高学历、高职称特征，其出于维护自身声誉因素，应当在上市公司中发挥较大的监督和决策参考效能，从而对公司治理产生良好的促进作用。

基于此，本书按上市公司独立董事人数占董事会总人数的比例衡量独立董事占比（以下简称"独董占比"），并将独立董事占比的行业年度中位数作为划分标准，将样本划分为独董占比高组和独董占比低组，分别进行估计。

表6.10 中第（1）、（2）列展示了对权益资本成本这一经济后果的分组比较结果，在独董占比高组，高管薪酬差距和企业 ESG 表现的交互项（Gap * Esg）系数为 -0.06，在 5% 水平上显著为负，而在独董占比低组则不显著，说明在独董占比高且已披露 ESG 报告的企业，独立董事强化了企

业的 ESG 表现的治理效应，企业 ESG 表现能够有效抵消高管薪酬差距对企业权益资本成本增加的负面效应。

表 6.10　独立董事占比的异质性分析

变量	（1）独董占比高 RZ	（2）独董占比低 RZ	（3）独董占比高 TobinQ	（4）独董占比低 TobinQ	（5）独董占比高 TFP	（6）独董占比低 TFP
paygap	4.993 ***	1.741	−0.591 *	−0.269	−0.262 **	−0.171
	（2.58）	（1.05）	（−1.87）	（−0.68）	（−1.96）	（−1.35）
ESG_ s	0.106 ***	0.029	−0.013	−0.003	−0.005 *	−0.001
	（2.70）	（0.76）	（−1.61）	（−0.37）	（−1.78）	（−0.21）
Gap * Esg	−0.060 **	−0.022	0.007 *	0.004	0.003 **	0.002
	（−2.41）	（−1.02）	（1.77）	（0.83）	（1.96）	（1.15）
Size	0.108	0.098	−0.240 ***	−0.199 ***	0.609 ***	0.619 ***
	（1.32）	（1.27）	（−12.74）	（−12.21）	（103.77）	（115.91）
Lev	3.813 ***	2.681 ***	−1.018 ***	−1.033 ***	0.145 ***	0.206 ***
	（6.25）	（5.06）	（−6.76）	（−10.11）	（3.21）	（5.87）
ATO	−0.003	0.576 ***	0.076 *	0.013	1.100 ***	1.129 ***
	（−0.02）	（2.64）	（1.76）	（0.27）	（56.15）	（54.79）
Cashflow	−2.698 **	−0.294	3.764 ***	3.187 ***	0.676 ***	0.751 ***
	（−1.97）	（−0.23）	（9.51）	（9.92）	（7.68）	（7.89）
FIXED	1.642 ***	1.045 *	−1.427 ***	−1.287 ***	−1.107 ***	−1.124 ***
	（2.75）	（1.95）	（−10.56）	（−11.84）	（−25.68）	（−31.04）
Board	−0.225	−0.312	−0.024	0.261 ***	−0.021	−0.033
	（−0.55）	（−0.57）	（−0.29）	（2.64）	（−0.88）	（−0.63）
Dual	0.151	−0.071	0.084 *	0.062	−0.011	−0.003
	（0.78）	（−0.38）	（1.81）	（1.35）	（−0.84）	（−0.27）
FirmAge	0.357	0.380	−0.220 ***	−0.173 ***	0.032	−0.006
	（1.17）	（1.60）	（−2.84）	（−3.07）	（1.51）	（−0.37）
Mshare	0.020 ***	0.034 ***	−0.006 ***	−0.007 ***	0.002 ***	−0.000
	（3.42）	（6.17）	（−3.76）	（−5.43）	（4.25）	（−0.80）

变量	（1）	（2）	（3）	（4）	（5）	（6）
	独董占比高	独董占比低	独董占比高	独董占比低	独董占比高	独董占比低
	RZ	RZ	TobinQ	TobinQ	TFP	TFP
Constant	1.253	4.977	10.696***	8.058***	−5.709***	−6.033***
	(0.34)	(1.40)	(13.99)	(10.65)	(−21.47)	(−24.41)
Fix_ industry	Yes	Yes	Yes	Yes	Yes	Yes
Fix_ year	Yes	Yes	Yes	Yes	Yes	Yes
N	2485	2956	3377	4086	3377	4086
R^2	0.2115	0.2386	0.3716	0.3208	0.9232	0.9295

注：括号内为 t 值，*、**、***分别表示在 10%、5%、1%水平上显著。

表 6.10 中第（3）、（4）列展示了对企业价值这一经济后果的分组回归结果，在独董占比高组，高管薪酬差距和企业 ESG 表现的交互项（Gap * Esg）系数为 0.007 在 10%水平上显著为正，而在独董占比低组则不显著，说明在独董占比高且已披露 ESG 报告的企业，企业的 ESG 表现的治理效应更强，能够有效缓解高管薪酬差距导致企业价值降低的现象，其治理效应反而促进了企业价值的提升。

表 6.10 中第（5）、（6）列展示了对企业全要素生产率这一经济后果的分组回归结果，在独董占比高组，高管薪酬差距和企业 ESG 表现的交互项（Gap * Esg）系数为 0.003，在 5%水平上显著为正，而在独董占比低组则不显著，说明在独董占比高且已披露 ESG 报告的企业，企业的 ESG 表现更能够有效缓解高管薪酬差距导致企业价值降低的现象，其治理效应促进了企业全要素生产率的提升。

第三节　本章小结

本章进一步研究了高管薪酬差距、企业 ESG 披露和 ESG 表现的经济后果的关系。本章采用递进的方式，第一节首先研究了高管薪酬差距、ESG 披露与企业权益资本成本、企业价值、企业全要素生产率的关系，目的是验证在企业仅发"言"的情况下，高管薪酬差距影响了 ESG 披露后对于企业权益资本成本、企业价值、企业全要素生产率会产生怎样的作用。本节的回归结果发现，在企业仅发"言"的情况下，高管薪酬差距过高造成的代理问题会使企业权益资本成本更高、企业价值更少、企业全要素生产率更低。此种情况不利于企业的长期价值的提升和高质量发展。为检验外部因素和内部因素对 ESG 披露经济后果的不同影响差异，本节进行了在政府干预程度不同和企业是否属于重污染行业的异质性分析，结果发现，在政府干预程度高的地区以及重污染企业中，高管薪酬差距影响 ESG 披露后对企业权益资本成本、企业价值、企业全要素生产率总体显现的负面影响更大。

第二节在第一节的基础上进行了递进，深入分析了当企业披露了 ESG 报告后，高管薪酬差距、ESG 表现与企业权益资本成本、企业价值、企业全要素生产率的关系。目的是验证在企业既有"言"，又有"行"，即"言行一致"的情况下，高管薪酬差距影响企业 ESG 表现后对于企业权益资本成本、企业价值、企业全要素生产率会产生怎样的作用。本节的回归结果发现，在企业"言行一致"的情况下，ESG 表现产生的正面治理效应更强，并能缓解高管薪酬差距过大造成的代理问题，已披露 ESG 报告的企业获得较好的 ESG 评分时，利益相关者会产生更大的认同。使企业权益资本成本更低、企业价值更高、企业全要素生产率更高。此种情况下，企业的长期价值得到提升，有利于促进企业高质量发展。为检验外部因素和内部因素对 ESG 表现经济后果的不同影响差异，本节通过对行业竞争程度和企业独董占比的异质性分析，结果发现，在行业竞争程度低的地区，以及独董占比高的企业中，高管薪酬差距、ESG 表现对企业权益资本成本、企业价值、企业全要素生产率总体显现的积极作用更大。

本章的研究结论揭示了高管薪酬差距、企业 ESG 披露或 ESG 表现对企业融资成本、企业价值、企业高质量发展的交互作用。通过深入分析将仅会热衷于"说"和真正"说到做到"的企业进行区别分析，发现了仅热衷于"说"的企业增加了权益资本成本、降低了企业价值、阻碍了企业高质量发展，而真正"说到做到"的企业权益资本成本更低、企业价值更高、更有利于企业高质量发展。本章结论为企业在 ESG 推进过程中，避免代理问题加剧，提高治理水平提供了实证依据。

第七章　研究结论和政策建议

第一节　研究结论

高管薪酬差距是企业内部薪酬分配制度的重要体现，也是企业正确处理效率与公平的重要途径，合理的企业内部高管薪酬分配制度，有利于提升企业的治理水平，缓解代理问题，实现企业营运效率的改善和总体价值的提高，也有利于营造和谐公平的社会环境、构建中国式现代化、最终达成全社会共同富裕目标。ESG 披露和 ESG 表现是企业践行 ESG 战略、实现可持续发展和高质量发展的两个重要方面。ESG 报告披露反映了企业是否愿"说"，代表企业 ESG 的"言"，而 ESG 表现则反映了企业"做"得好不好，代表企业 ESG 的"行"。企业高管薪酬差距是影响高管进行决策的最重要的因素之一，作为企业内部代理的重要方面，通过呈现正职级高管与副职级高管的差别，可以体现出企业内部管理者契约的有效性。因此，有必要将高管薪酬差距与企业 ESG 披露、ESG 表现纳入同一研究框架，分别研究高管薪酬差距对 ESG 披露、ESG 表现的影响，并对其机制、异质性进行深入分析，为企业推动环境、社会责任和公司治理水平的全面提升提供理论经验和实证依据。

本书选取了 2010~2022 年中国 A 股上市公司作为样本，收集了高管薪酬、ESG 披露、ESG 评分以及其他企业特征的相关数据，分别研究了高管薪酬差距对企业 ESG 披露和 ESG 表现的影响，并深入分析了它们之间的作用机制，探究了在宏观层面、行业层面和企业层面等不同情境下高管薪酬差距对企业 ESG 披露及 ESG 表现的影响。最后分析了高管薪酬差距、企业 ESG 披露和 ESG 表现及其经济后果的相互作用效应。主要研究结论如下：

第一，高管薪酬差距对企业 ESG 披露产生了负向影响。机制检验发现，高管薪酬差距通过降低公司信息透明度、抑制公司创新、增加公司风险三个中介途径，降低了企业 ESG 披露。异质性分析表明，高管薪酬差距对企业 ESG 披露的负面影响在政府环境规制较低、审计质量低、媒体关注度低、非高科技行业、非重污染行业、行业竞争度低、无绿色投资者进入、独立董事占比低、无高管政治关联、企业国际化程度低的企业，其对企业 ESG 报告披露的负向影响更大。进一步研究表明，不同区间的高管薪酬差距影响不同，当高管薪酬差距较高时，才显著减少企业的 ESG 披露，而在较低的差距情形下则会增加企业 ESG 披露。

第二，高管薪酬差距对企业 ESG 表现产生了负向影响。机制检验发现，高管薪酬差距上通过增加高管正职过度自信、降低高管副职组织认同、增加代理成本，从而降低了企业的 ESG 表现。异质性分析表明，高管薪酬差距对企业 ESG 表现的负面影响在政府环境规制高、审计质量低、媒体关注度低、非高科技行业、重污染行业、行业竞争程度高、无绿色投资者进入、独立董事占比低、高管有政治关联、企业国际化程度低的企业，对 ESG 表现的负向影响更大。进一步研究的结果表明，当高管薪酬差距较高时，才会显著减少企业的 ESG 表现，而在较低的差距情形下则会促进企业 ESG 表现。另外，对不同情境下的企业"言"（ESG 披露）与"行"（ESG 表现）的对比分析发现，企业在政府环境规制、行业污染水平、行业竞争程度、高管政治关联几个情境下的企业"言"（ESG 披露）与"行"（ESG 表现）并不一致，出现"多言寡行"的现象，表明企业更加倾向于迎合政府，模仿行业竞争对手，刻意增加自身 ESG 信息披露的程度，但披露后的 ESG 表现却不尽如人意，证实了企业的"迎合效应"和"模仿效应"。同时，对企业"漂绿"行为的实证分析结果发现，高管薪酬差距的扩大会增加企业的"漂绿"行为。

第三，高管薪酬差距、企业 ESG 披露及 ESG 表现对其经济后果的作用。首先，对于企业仅进行 ESG 披露的经济后果而言，即有"言"而不一定有"行"的情形下，高管薪酬差距的代理问题更明显，削弱了 ESG 披露的积极作用，使企业权益资本成本更高、价值更低、全要素生产率更低。其次，对于 ESG 表现的经济后果而言，在已披露 ESG 且第三方评级较好的企业，即在企业"言行一致"的情况下，企业权益资本成本更低、价值更高、全要素生产率更高。异质性分析表明，在政府干预程度高和重污染企业中，高管薪酬差距对 ESG 披露的影响增加了企业权益资本成本、降低了企业价值、降低了企业全要素生产率。而在行业竞争程度低、独董占比高的企业中，高管薪酬差距对 ESG 表现的影响降低了企业权益资本成本、提升了企业价值、提升了企业全要素生产率。

第二节　政策启示

第一，对政府部门的启示及建议。首先，政府在完善上市公司 ESG 披露制度的基础上，还应建立和完善 ESG 披露后的后续考评制度。中国政府一直致力于加强 ESG 披露制度的建设和完善，自 2006 年深交所发布《上市公司社会责任指引》以来，已陆续发布了多项关于 ESG 信息披露的政策文件，2024 年 2 月，沪深北交易所发布的《上市公司自律监管指引——可持续发展报告（试行）（征求意见稿）》更加明确 2025 年开始，ESG 披露将全面覆盖上市公司。但对于现有政策仅关注 ESG 披露，却对披露后的企业 ESG 的实施表现极少提及。因此，政府应加强对 ESG 实施效果的关注，建立和完善企业 ESG 披露的后续考评制度，重点核查企业 ESG 披露内容的真实实施情况，对企业 ESG 的实施效果进行持续跟踪。其次，政府应建立与高质量审计机构、媒体、绿色机构投资者的信息互通机制，通过多种渠道建立企业 ESG 信息监测系统。根据本书研究结论，在高质量审计机构、媒体关注高、有绿色投资者进入的情况下，企业的 ESG 会更加"言行一致"，说明这些外部机构对企业 ESG 实践起到了监督作用，因此，应充分利用这些外部机构的监督优势，做好"伪绿"信息的甄别，对"真绿"和"伪绿"奖罚分明，从而对企业进行支持和政府补贴时更加精准。

第二，对企业的启示及建议。首先，企业应关注副职级高管的激励措施，切实提升高管团队的整体积极性和效率，并建立科学的高管薪酬 ESG 绩效考核评价体系。从本书的分析中可看出，高管薪酬差距对企业 ESG 披露和 ESG 表现的负向影响，主要是由于副职级高管的不公平感知造成的。因此，企业应当更看重副职级高管的主观心理感受，运用货币激励、晋升激励、股权激励等多维度激励手段，使企业的激励体系更加科学合理。并且将高管薪酬与企业 ESG 绩效相结合，建立科学的高管薪酬 ESG 绩效考核评价体系。其次，企业应充分发挥独立董事的治理作用，提高独立董事的权威性和独立性，形成有效的监督机制，建立完善的内部控制制度，防范高管薪酬差距过高可能带来的潜在风险。最后，在人才培养方面，企业应积极推动 ESG 后备人才建设，积极开展校企合作，引进高质量 ESG 人才，并通过内训培养更多 ESG 专业人才，促进企业的可持续经营和高质量发展。

第三，对投资者的启示及建议。首先，通过机构投资者的积极参与，可以对企业 ESG 实践产生积极的影响，推动更多企业朝着可持续发展的方向发展。投资者不仅是资本市场的参与者，更是 ESG 实践的推动者和引领者。通过明智的投资决策，投资者可以成为企业实现经济、社会和环境共赢的合作伙伴。首先，投资者对企业 ESG 信息的关注不仅包括 ESG 披露的内容，还包括企业 ESG 的第三方评级结果，投资者在将企业 ESG 纳入投资决策时，应将企业自主披露的 ESG 信息和第三方评价综合进行分析，以便更准确地评估企业的长期价值和风险。其次，投资者应积极参与上市公司的治理。或者对高管薪酬的契约设计建言献策，或者支持有益于 ESG 实践的提案。按《中华人民共和国公司法》规定，持股 3%以上的股东可提交临时提案给股东大会审议，即拥有了推荐董事的权利。同时，当董事、高级管理人员侵犯公司权益时，持股1%以上的股东可书面请求监事会向人民法院提起诉讼。根据以上法律规定，投资者可以"用手投票"与"用脚投票"相结合，对高管行为进行监督，通过行使股东权利，推动企业切实提升ESG水平。

第三节 研究局限及展望

一、研究局限

本书研究了高管薪酬差距对企业ESG的影响，并从企业ESG披露、ESG表现的机制检验、异质性分析等实证结果中得到了重要发现，但受制于数据的影响，本书还存在一些不足之处，有待进一步改进。

第一，在企业中"谁"负责企业ESG工作的数据无法精确提取。企业的ESG工作推进一般由董事会制定相关战略，由公司高管进行具体工作的安排和执行，但高管中具体是正职级高管主要负责，还是副总经理，或者其他高管负责，目前还无法通过公开数据收集样本信息，因而无法将研究对应到具体负责ESG的高管，导致高管薪酬差距研究对ESG的研究难以进一步深入。

第二，企业ESG披露信息的局限。首先，许多公司是将ESG信息或者社会责任信息混在年度报告的其他信息一起进行披露，并且上市公司进行ESG披露的标准并未完全统一，导致本书难以对所有上市公司的ESG披露进行全面而完整的反映。其次，ESG披露的内容涉及面广且内容复杂，导致企业对利益相关者，例如员工、环境、供应商、消费者、股东等履行ESG行动的信息不完整，使本书难以考察高管薪酬差距对各个利益相关者的ESG影响。因此，本书的研究存在着难以细化的局限性。

第三，企业ESG评分数据的局限。本书选取了华证ESG评级得分作为企业ESG表现的代理变量，原因是华证ESG评级得分相较其他ESG评价指标期间更长（数据从2009年始）、覆盖范围更广，现有研究ESG的文献基本采用这个指标来衡量企业 ESG 表现。但华证 ESG 评级是由上海华证指数信息服务有限公司开发和提供的，属于第三方评估公司，对于企业的 ESG 表现的评价虽然有一定的独立性和客观性，但由于信息不对称的因素，第三方机构仍然难以掌握企业 ESG 的全部信息，可能存在着评估的偏差问题。其他评级机构的 ESG 评级指标也存在着不同的问题，Wind 评级指标的年限太短，仅有 2018 年之后的数据，而彭博评级指标、润灵环球 ESG、商道融绿等评级指标都存在着样本覆盖不全、样本量较少的问题。因此，目前对企业 ESG 表现的衡量有可能存在一定的偏误。

第四，在对高管薪酬差距的研究中，本书虽然对未领薪的高管进行了手工剔除，以使高管薪酬的数据更为准确，但本书的高管薪酬差距数据仅对 CEO 或其他高管的年度薪酬总额进行收集和计算，并未考虑到薪酬的明细组成部分，例如基本薪酬、绩效薪酬、津贴、补助等，从而使本书对高管薪酬差距的分析不够全面，有可能影响本书的实际指导作用。

二、研究展望

结合本书的研究局限，考虑管理学科研究的不断深入以及制度变迁等外部因素，未来研究可以从以下三个方面进行拓展和完善。

第一，加强对企业 ESG 披露内容及评级体系的研究。一方面，增加对企业 ESG 报告内容研究的深度，将企业对员工、供应商、消费者、股东等利益相关者的 ESG 履行内容进行细分，以便探寻不同行业 ESG 实施的重点和难点。另一方面，增加对企业 ESG 信息研究的广度，充分利用机器学习和大数据分析等方法，结合媒体信息和第三方机构的信息，对企业 ESG 实施的效果进行立体刻画，从多维度视角使企业 ESG 的研究更加准确和丰满。另外，由于不同的 ESG 评级体系的评价标准不同，未来的研究也可以考虑探讨不同 ESG 评分体系对驱动因素的敏感性，以更全面地理解不同影响因素对 ESG 的影响。

第二，推动薪酬差距研究学科和研究方法的多元化。应不断拓展多层次、多视角的薪酬差距研究。一是依托薪酬差距学科研究分布，采用多学科视角，探索将管理学、心理学、行为学、社会学等多学科的研究方法和研究内容嵌入薪酬差距不同层次的研究当中，形成多学科、多领域融合交叉发展的格局。二是拓展薪酬差距的研究方法。实证研究方面，通过借鉴其他学科，以丰富实证研究方法；规范性研究方面，加强对国内、国外研究成果的总结与提炼，以完善和规范有中国特色的高管薪酬差距的研究体系。

第三，加强和推动企业薪酬以及 ESG 的制度研究。制度因素是高管薪酬以及企业 ESG 研究的关键因素。因此，应持续对企业薪酬以及 ESG 的制度进行跟踪和分析，以加强理论研究对制度的指导作用。在薪酬的理论研究方面，首先对薪酬制度的研究应建立在"考虑社会经济发展规律，着力于提高社会低收入群体的收入和社会保障水平"理念之上。其次在薪酬的研究主题方面，在中国特色社会主义市场经济基础制度框架下，重点聚焦于三次分配制度的进一步完善，以及持续优化经济主体各自调节收入分配的作用。在企业 ESG 研究方面，由于特殊的制度背景和文化导向，中国的企业呈现出不同于西方的治理特点，中国社会发展至今举世瞩目的成果已证明其有着独特的优势，未来的研究可进行跨国比较，探讨不同国家和地区 ESG 制度的差异，考察不同背景下的企业对 ESG 的应对策略，有助于提炼全球范围内的最佳实践。

参考文献

［1］ Abdi Y, Li X, Càmara-Turull X. Exploring the impact of sustainability (ESG) disclosure on firm value and financial performance (FP) in airline industry: the moderating role of size and age ［J］. Environment, Development and Sustainability, 2022, 24 (4): 5052-5079.

［2］ Abernethy M A, Jiang L, Kuang Y F. Can organizational identification mitigate the CEO horizon problem? ［J］. Accounting, Organizations and Society, 2019, 78: 101056.

［3］ Acemoglu D, Aghion P, Bursztyn L, et al. The environment and directed technical change ［J］. American economic review, 2012, 102 (1): 131-166.

［4］ Albitar K, Hussainey K, Kolade N, et al. ESG disclosure and firm performance before and after IR: The moderating role of governance mechanisms ［J］. International Journal of Accounting & Information Management, 2020, 28 (3): 429-444.

［5］ Asante-Appiah B, Lambert T A. The role of the external auditor in managing environmental, social, and governance (ESG) reputation risk ［J］. Review of Accounting Studies, 2022: 1-53.

［6］ Azar J, Schmalz M C, Tecu I. Anticompetitive effects of common ownership ［J］. The Journal of Finance, 2018, 73 (4): 1513-1565.

［7］ Baggs J, De Bettignies J E. Product market competition and agency costs ［J］. The Journal of Industrial Economics, 2007, 55 (2): 289-323.

［8］ Bapuji H, Ertug G, Shaw J D. Organizations and societal economic inequality: A review and way forward ［J］. Academy of Management Annals, 2020, 14 (1): 60-91.

［9］ Barigozzi F, Tedeschi P. Credit markets with ethical banks and motivated borrowers ［J］. Review of Finance, 2015, 19 (3): 1281-1313.

［10］ Barney J. Firm resources and sustained competitive advantage ［J］. Journal of management, 1991, 17 (1): 99-120.

［11］ Barth E, Bryson A, Davis J C, et al. It's where you work: Increases in the dispersion of earnings across establishments and individuals in the United States ［J］. Journal of Labor Economics, 2016, 34 (S2): S67-S97.

［12］ Bianchi M, Murtinu S, Scalera V G. R&D subsidies as dual signals in technological collaborations ［J］. Research Policy, 2019, 48 (9): 103821.

［13］ Biasi B, Sarsons H. Flexible wages, bargaining, and the gender gap ［J］. The Quarterly Journal of Economics, 2022, 137 (1): 215-266.

［14］ Blevins D P, Sauerwald S, Hoobler J M, et al. Gender differences in pay levels: An examination of the compensation of university presidents ［J］. Organization Science, 2019, 30 (3): 600-616.

［15］ Bloom M, Michel J G. The relationships among organizational context, pay dispersion, and among managerial turnover ［J］. Academy of Management Journal, 2002, 45 (1): 33-42.

［16］ Booth P, Schulz A K D. The impact of an ethical environment on managers' project evaluation judgments under agency problem conditions ［J］. Accounting, Organizations and Society, 2004, 29 (5-6): 473-488.

［17］ Boubakri N, Cosset J C, Saffar W. The role of state and foreign owners in corporate risk-taking: Evidence from privatization ［J］. Journal of financial economics, 2013, 108 (3): 641-658.

［18］ Briscoe F, Joshi A. Bringing the boss's politics in: Supervisor political ideology and the gender gap in earnings [J]. Academy of Management Journal, 2017, 60 (4): 1415-1441.

[19] Brooks C, Oikonomou I. The effects of environmental, social and governance disclosures and performance on firm value: A review of the literature in accounting and finance [J]. The British Accounting Review, 2018, 50 (1): 1-15.

[20] Buchetti B, Arduino F R, De Vito A. A systematic literature review on corporate governance and ESG research: Trends and future directions [J]. Available at SSRN 4286866, 2022.

[21] Burke J J. Do boards take environmental, social, and governance issues seriously? Evidence from Media Coverage and CEO Dismissals [J]. Journal of Business Ethics, 2021: 1-25.

[22] Bushman R M, Piotroski J D, Smith A J. What determines corporate transparency? [J]. Journal of accounting research, 2004, 42 (2): 207-252.

[23] Campbell J L. Why would corporations behave in socially responsible ways? An institutional theory of corporate social responsibility [J]. Academy of management Review, 2007, 32 (3): 946-967.

[24] Chatterji A K, Toffel M W. How firms respond to being rated [J]. Strategic Management Journal, 2010, 31 (9): 917-945.

[25] Chen Y C, Hung M, Wang Y. The effect of mandatory CSR disclosure on firm profitability and social externalities: Evidence from China [J]. Journal of accounting and economics, 2018, 65 (1): 169-190.

[26] Chen Z, Huang Y, Wei K C J. Executive pay disparity and the cost of equity capital [J]. Journal of Financial and Quantitative Analysis, 2013, 48 (3): 849-885.

[27] Cheng B, Ioannou I, Serafeim G. Corporate social responsibility and access to finance [J]. Strategic management journal, 2014, 35 (1): 1-23.

[28] Cheng M, Zhang Y. Corporate stakeholders and CEO-worker pay gap:

evidence from CEO pay ratio disclosure〔J〕. Review of Accounting Studies, 2023：1-39.

〔29〕 Cheng Z, Wang F, Keung C, et al. Will corporate political connection influence the environmental information disclosure level? Based on the panel data of A-shares from listed companies in shanghai stock market〔J〕. Journal of Business Ethics, 2017, 143（1）：209-221.

〔30〕 Chin M K, Semadeni M. CEO political ideologies and pay egalitarianism within top management teams〔J〕. Strategic Management Journal, 2017, 38（8）：1608-1625.

〔31〕 Chizema A, Liu X, Lu J, et al. Politically connected boards and top executive pay in Chinese listed firms〔J〕. Strategic Management Journal, 2015, 36（6）：890-906.

〔32〕 Christensen D M, Serafeim G, Sikochi A. Why is corporate virtue in the eye of the beholder? The case of ESG ratings〔J〕. The Accounting Review, 2022, 97（1）：147-175.

〔33〕 Coles J L, Li Z, Wang A Y. Industry tournament incentives〔J〕. The Review of Financial Studies, 2018, 31（4）：1418-1459.

〔34〕 Collison D, Cross S, Ferguson J, et al. Legal determinants of external finance revisited：the inverse relationship between investor protection and societal well-being〔J〕. Journal of business ethics, 2012, 108：393-410.

〔35〕 Connelly, B. L., Haynes, K. T., Tihanyi, L., Gamache, D. L., & Devers, C. E. Minding the Gap〔J〕. Journal of Management, 2013, 42（4）：862-885.

〔36〕 Cordeiro J J, Sarkis J. Does explicit contracting effectively link CEO compensation to environmental performance?〔J〕. Business Strategy and the Environment, 2008, 17（5）：304-317.

〔37〕 Core J E, Larcker D F. Performance consequences of mandatory increases in executive stock ownership [J]. Journal of Financial Economics, 2002, 64 (3): 317-340.

[38] Cowherd D M, Levine D I. Product quality and pay equity between lower-level employees and top management: An investigation of distributive justice theory [J]. Administrative Science Quarterly, 1992: 302-320.

[39] Cui V, Ding W W, Yanadori Y. Exploration versus exploitation in technology firms: The role of compensation structure for R&D workforce [J]. Research Policy, 2019, 48 (6): 1534-1549.

[40] Cyert R, March J. Behavioral theory of the firm [M] //Organizational Behavior 2. Routledge, 2015: 60-77.

[41] Dabbebi A, Lassoued N, Khanchel I. Peering through the smokescreen: ESG disclosure and CEO personality [J]. Managerial and Decision Economics, 2022, 43 (7): 3147-3164.

[42] Dhaliwal D S, Li O Z, Tsang A, et al. Voluntary nonfinancial disclosure and the cost of equity capital: The initiation of corporate social responsibility reporting [J]. The accounting review, 2011, 86 (1): 59-100.

[43] DiMaggio P J, Powell W W. The iron cage revisited: Institutional isomorphism and collective rationality in organizational fields [J]. American sociological review, 1983: 147-160.

[44] Ding W, Levine R, Lin C, et al. Corporate immunity to the COVID-19 pandemic [J]. Journal of Financial Economics, 2021, 141 (2): 802-830.

[45] Domini G, Grazzi M, Moschella D, et al. For whom the bell tolls: the firm-level effects of automation on wage and gender inequality [J]. Research Policy, 2022, 51 (7): 104533.

[46] Durand R, Paugam L, Stolowy H. Do investors actually value sustainability indices? Replication, development, and new evidence on CSR visibility [J]. Strategic Management Journal, 2019, 40 (9): 1471-1490.

[47] Eriksson, T. Executive Compensation and Tournament Theory: Empirical Tests on Danish Data. Journal of Labor Economics, 1999, 17 (2): 262-280.

[48] Fang R T, Tilcsik A. Prosocial occupations, work autonomy, and the origins of the social class pay gap [J]. Academy of Management Journal, 2022, 65 (3): 903-929.

[49] Feldman, ER, Gartenberg, C, Wulf, J. Pay inequality and corporate divestitures. Strat Mgmt J. 2018; 39: 2829- 2858.

[50] Ferrell A, Liang H, Renneboogl. Socially Responsible Firms [J]. Journal of Financial Ecomomics, 2016, 122 (3): 585-606.

[51] Flammer C. Corporate green bonds [J]. Journal of financial economics, 2021, 142 (2): 499-516.

[52] Folbre N, Gautham L, Smith K. Gender inequality, bargaining, and pay in care services in the United States [J]. ILR Review, 2023, 76 (1): 86-111.

[53] Fredrickson J W, Davis-Blake A, Sanders W M G. Sharing the wealth: Social comparisons and pay dispersion in the CEO's top team [J]. Strategic Management Journal, 2010, 31 (10): 1031-1053.

[54] Frydman C, Papanikolaou D. In search of ideas: Technological innovation and executive pay inequality [J]. Journal of Financial Economics, 2018, 130 (1): 1-24.

[55] Galbreath J. ESG in focus: The Australian evidence [J]. Journal of business ethics, 2013, 118 (3): 529-541.

[56] Gallego-Álvarez I, Prado-Lorenzo J M, García-Sánchez I. Corporate social responsibility and innovation: A resource-based theory [J]. Management Decision, 2011, 49 (10): 1709-1727.

[57] Gao F, Lisic L L, Zhang I X. Commitment to social good and insider

trading [J]. Journal of Accounting and Economics, 2014, 57 (2-3): 149-175.

[58] García G A, Gonzales-Miranda D R, Gallo Ó, et al. Millennials and the gender wage gap: do millennial women face a glass ceiling? [J]. Employee Relations: The International Journal, 2022 (ahead-of-print).

[59] Gartenberg C, Wulf J. Competition and pay inequality within and between firms [J]. Management Science, 2020, 66 (12): 5925-5943.

[60] Gerwanski, J. Does It Pay of? Integrated Reporting and Cost of Debt: European Evidence [J]. Corporate Social Responsibility and Environment Management, 2020, 27 (5): 2299-2319.

[61] Ghosh D, Shah J. A comparative analysis of greening policies across supply chain structures [J]. International Journal of Production Economics, 2012, 135 (2): 568-583.

[62] Gillan S, Hartzell J C, Koch A, et al. Firms' environmental, social and governance (ESG) choices, performance and managerial motivation [J]. Unpublished working paper, 2010, 10.

[63] Gjergji R, Vena L, Sciascia S, et al. The effects of environmental, social and governance disclosure on the cost of capital in small and medium enterprises: The role of family business status [J]. Business strategy and the environment, 2021, 30 (1): 683-693.

[64] Gong G, Huang X, Wu S, et al. Punishment by securities regulators, corporate social responsibility and the cost of debt [J]. Journal of business ethics, 2021, 171: 337-356.

[65] Hamed R S, Al-Shattarat B K, Al-Shattarat W K, et al. The impact of introducing new regulations on the quality of CSR reporting: Evidence from the UK [J]. Journal of International Accounting, Auditing and Taxation, 2022, 46: 100444.

[66] Hammami A, Hendijani Zadeh M. Audit quality, media coverage, en-

vironmental, social, and governance disclosure and firm investment efficiency: Evidence from Canada [J]. International Journal of Accounting & Information Management, 2020, 28 (1): 45-72.

[67] Hannah S T, Sayari N, Harris F H B, et al. The direct and moderating effects of endogenous corporate social responsibility on firm valuation: Theoretical and empirical evidence from the global financial crisis [J]. Journal of Management Studies, 2021, 58 (2): 421-456.

[68] Haque F. The effects of board characteristics and sustainable compensation policy on carbon performance of UK firms [J]. The British Accounting Review, 2017, 49 (3): 347-364.

[69] Hart T A, David P, Shao F, et al. An examination of the impact of executive compensation disparity on corporate social performance [J]. Strategic Organization, 2015, 13 (3): 200-223.

[70] He W, Long L R, Kuvaas B. Workgroup salary dispersion and turnover intention in China: A contingent examination of individual differences and the dual deprivation path explanation [J]. Human Resource Management, 2016, 55 (2): 301-320.

[71] Hill A D, Aime F, Ridge J W. The performance implications of resource and pay dispersion: The case of Major League Baseball [J]. Strategic Management Journal, 2017, 38 (9): 1935-1947.

[72] Hu H W, Xu D. Manager or politician? Effects of CEO pay on the performance of state-controlled chinese listed firms [J]. Journal of Management, 2022, 48 (5): 1160-1187.

[73] Hu X, Hua R, Liu Q, et al. The green fog: Environmental rating disagreement and corporate greenwashing [J]. Pacific-Basin Finance Journal, 2023, 78: 101952.

[74] Hussain N, Rigoni U, Orij R P. Corporate governance and

sustainability performance: Analysis of triple bottom line performance [J]. Journal of business ethics, 2018, 149: 411-432.

[75] Janney J J, Gove S. Reputation and corporate social responsibility aberrations, trends, and hypocrisy: Reactions to firm choices in the stock option backdating scandal [J]. Journal of Management Studies, 2011, 48 (7): 1562-1585.

[76] Jaskiewicz P, Block J H, Miller D, et al. Founder versus family owners' impact on pay dispersion among non-CEO top managers: Implications for firm performance [J]. Journal of Management, 2017, 43 (5): 1524-1552.

[77] Jaskiewicz P, Block J H, Miller D, et al. Founder versus family owners' impact on pay dispersion among non-CEO top managers: Implications for firm performance [J]. Journal of Management, 2017, 43 (5): 1524-1552.

[78] Jensen M. C., Meckling W. H. Theory of the firm: managerial behavior, agency costs and ownership structure [J]. Journal of Financial Economics, 1976, 3 (4): 305-360.

[79] Jensen M. C., Murphy K J. CEO Incentives-its Not How Much You Pay, But How [J]. Harvard Business Review, 1990, 68 (3): 138-149.

[80] Ji Y. Top management team pay structure and corporate social performance [J]. Journal of General Management, 2015 (40): 3-20.

[81] Jiang W, Gu Q, Tang T L P. Do victims of supervisor bullying suffer from poor creativity? Social cognitive and social comparison perspectives [J]. Journal of Business Ethics, 2019, 157 (3): 865-884.

[82] Jin Z, Li Y, Liang S. Confucian culture and executive compensation: Evidence from China [J]. Corporate Governance: An International Review, 2023, 31 (1): 33-54.

[83] Joseph D, Ang S, Slaughter S A. Turnover or turnaway? Competing risks analysis of male and female IT professionals' job mobility and relative pay gap [J]. Information Systems Research, 2015, 26 (1): 145-164.

［84］ Kacperczyk A, Balachandran C. Vertical and horizontal wage dispersion and mobility outcomes：Evidence from the Swedish microdata ［J］. Organization Science, 2018, 29（1）：17-38.

［85］ Kassinis G I, Kay A A, Papagiannakis G, et al. Stigma as moral insurance：How stigma buffers firms from the market consequences of greenwashing ［J］. Journal of Management Studies, 2022, 59（8）：2154-2190.

［86］ Kent P, Stewart J. Corporate governance and disclosures on the transition to international financial reporting standards ［J］. Accounting & Finance, 2008, 48（4）：649-671.

［87］ Kim T Y, Wang J, Chen T, et al. Equal or equitable pay? Individual differences in pay fairness perceptions ［J］. Human Resource Management, 2019, 58（2）：169-186.

［88］ Kim T, Kyung H, Ng J. Top Management Team Incentive Dispersion and Earnings Quality ［J］. Contemporary Accounting Research, 2022, 39（3）：1949-1985.

［89］ Kock C J, Min B S. Legal origins, corporate governance, and environmental outcomes ［J］. Journal of business ethics, 2016, 138：507-524.

［90］ Koh P S, Qian C, Wang H. Firm litigation risk and the insurance value of corporate social performance ［J］. Strategic Management Journal, 2014, 35（10）：1464-1482.

［91］ Kolev K, Wiseman R M, Gomez-Mejia L R. Do CEOs ever lose? Fairness perspective on the allocation of residuals between CEOs and shareholders ［J］. Journal of Management, 2017, 43（2）：610-637.

［92］ Koo K J, Kim J. CEO power and firm opacity ［J］. Applied Economics Letters, 2019, 26（10）：791-794.

［93］ Kostova T, Nell P C, Hoenen A K. Understanding agency problems in headquarters － subsidiary relationships in multinational corporations：A contextualized model〔J〕. Journal of Management, 2018, 44（7）: 2611-2637.

〔94〕Kotzian P. Carrots or sticks? Inferring motives of corporate CSR Engagement from empirical data〔J〕. Review of Managerial Science, 2023, 17（8）: 2921-2943.

〔95〕Krüger P. Corporate goodness and shareholder wealth〔J〕. Journal of financial economics, 2015, 115（2）: 304-329.

〔96〕Lambert R A, Larcker D F, Weigelt K. The structure of organizational incentives〔J〕. Administrative Science Quarterly, 1993: 438-461.

〔97〕Lazear E P, Rosen S. Rank-order tournaments as optimum labor contracts〔J〕. Journal of political Economy, 1981, 89（5）: 841-864.

〔98〕Lee J M, Yoon D, Boivie S. Founder CEO succession: The role of CEO organizational identification〔J〕. Academy of Management Journal, 2020, 63（1）: 224-245.

〔99〕Lemieux T, MacLeod W B, Parent D. Performance pay and wage inequality〔J〕. The Quarterly Journal of Economics, 2009, 124（1）: 1-49.

〔100〕Lemieux T. The changing nature of wage inequality〔J〕. Journal of population Economics, 2008, 21: 21-48.

〔101〕Leonard J S. Executive pay and firm performance〔J〕. ILR Review, 1990, 43（3）: 13S-29S.

〔102〕Leslie L M, Manchester C F, Dahm P C. Why and when does the gender gap reverse? Diversity goals and the pay premium for high potential women〔J〕. Academy of Management Journal, 2017, 60（2）: 402-432.

〔103〕Levinsohn J, Petrin A. Estimating production functions using inputs to control for unobservables〔J〕. The review of economic studies, 2003, 70（2）: 317-341.

〔104〕Lewis B W, Carlos W C. Avoiding the appearance of virtue: Reactivity to corporate social responsibility ratings in an era of shareholder primacy〔J〕. Administrative Science Quarterly, 2022, 67 (4): 1093-1135.

[105] Li J, Tang Y I. CEO hubris and firm risk taking in China: The moderating role of managerial discretion [J]. Academy of Management Journal, 2010, 53 (1): 45-68.

[106] Li S, Song X, Wu H. Political connection, ownership structure, and corporate philanthropy in China: A strategic-political perspective [J]. Journal of Business Ethics, 2015, 129: 399-411.

[107] Lim E. Attainment discrepancy and new geographic market entry: The moderating roles of vertical pay disparity and horizontal pay dispersion [J]. Journal of management studies, 2019, 56 (8): 1605-1629.

[108] Ma C, Yasir L. Carrot or Stick? CSR and Firm Financial Performance [J]. Journal of Business Ethics, 2023: 1-17.

[109] Ma R, Yu C, Sun X, et al. Different effects of vertical and horizontal pay dispersion on employees' job performance: the underlying mechanism of social comparison emotions [J]. Current Psychology, 2022: 1-17.

[110] Main, B., O'Reilly, C., Wade, J.. Top Executive Pay: Tournament or Teamwork? Journal of Labor Economics, 1993, 11 (4): 606-628.

[111] Manchiraju H, Rajgopal S. Does corporate social responsibility (CSR) create shareholder value? Evidence from the Indian Companies Act 2013 [J]. Journal of Accounting Research, 2017, 55 (5): 1257-1300.

[112] Maoret M, Moreira S, Sabanci H. Closing the Gender Pay Gap: Analyst coverage, stakeholder attention, and gender differences in executive compensation [J]. Organization Studies, 2023: 01708406231200725.

[113] Maso L D, Lobo G J, Mazzi F, et al. Implications of the joint provision of CSR assurance and financial audit for auditors' assessment of going-concern risk [J]. Contemporary Accounting Research, 2020, 37 (2): 1248-1289.

[114] Melis A, Rombi L. Country-, firm-, and director-level risk and re-

sponsibilities and independent director compensation [J]. Corporate Governance: An International Review, 2021, 29 (3): 222-251.

[115] Mitra S, Cready W M. Institutional stock ownership, accrual management, and information environment [J]. Journal of Accounting, Auditing & Finance, 2005, 20 (3): 257-286.

[116] Mohan B, Schlager T, Deshpandé R, et al. Consumers avoid buying from firms with higher CEO-to-worker pay ratios [J]. Journal of Consumer Psychology, 2018, 28 (2): 344-352.

[117] Mun E, Jung J. Change above the glass ceiling: Corporate social responsibility and gender diversity in Japanese firms [J]. Administrative Science Quarterly, 2018, 63 (2): 409-440.

[118] Murphy K M, Shleifer A, Vishny R W. Why is rent-seeking so costly to growth? [J]. The American Economic Review, 1993, 83 (2): 409-414.

[119] Nofsinger J R, Sulaeman J, Varma A. Institutional investors and corporate social responsibility [J]. Journal of Corporate Finance, 2019, 58: 700-725.

[120] Ohlson J A, Juettner-Nauroth B E. Expected EPS and EPS growth as determinantsof value [J]. Review of accounting studies, 2005, 10: 349-365.

[121] Otten J A. Theories on executive pay: A literature overview and critical assessment. MPRA Working Paper No. 6969 [J]. 2008.

[122] Pan Y, Pikulina E S, Siegel S, et al. Do equity markets care about income inequality? Evidence from pay ratio disclosure [J]. The Journal of Finance, 2022, 77 (2): 1371-1411.

[123] Paolone F, Cucari N, Wu J, et al. How do ESG pillars impact firms' marketing performance? A configurational analysis in the pharmaceutical sector [J]. Journal of Business & Industrial Marketing, 2022, 37 (8): 1594-1606.

[124] Park J, Kim S, Tsang A. CEO personal hedging and corporate social

responsibility ［J］. Journal of Business Ethics, 2023, 182 (1): 199-221.

［125］ Park J, Sani J, Shroff N, et al. Disclosure incentives when competing firms have common ownership ［J］. Journal of Accounting and Economics, 2019, 67 (2-3): 387-415.

［126］ Park M D, Han S H. Pay dispersion and CSR ［J］. Finance Research Letters, 2023, 51: 103481.

［127］ Park T Y, Kim S, Sung L K. Fair pay dispersion: A regulatory focus theory view ［J］. Organizational Behavior and Human Decision Processes, 2017, 142: 1-11.

［128］ Patel P C, Li M, del Carmen Triana M, et al. Pay dispersion among the top management team and outside directors: Its impact on firm risk and firm performance ［J］. Human Resource Management, 2018, 57 (1): 177-192.

［129］ Pedersen L H, Fitzgibbons S, Pomorski L. Responsible investing: The ESG-efficient frontier ［J］. Journal of Financial Economics, 2021, 142 (2): 572-597.

［130］ Pfeffer J, Langton N. The effect of wage dispersion on satisfaction, productivity, and working collaboratively: Evidence from college and university faculty ［J］. Administrative Science Quarterly, 1993: 382-407.

［131］ Pissaris S, Heavey A, Golden P. Executive pay matters: Looking beyond the CEO to explore implications of pay disparity on non-CEO executive turnover and firm performance ［J］. Human Resource Management, 2017, 56 (2): 307-327.

［132］ Porter M E, Kramer M R. Strategy and Society ［J］. Harvard Business Review, 2006, 84 (12): 78-91.

［133］ Qureshi M A, Kirkerud S, Theresa K, et al. The impact of sustainability (environmental, social, and governance) disclosure and board diversity on firm value: The moderating role of industry sensitivity ［J］. Business Strategy and the Environment, 2020, 29 (3): 1199-1214.

［134］Raimo, N., Caragnano, A., Zito, M., Vitolla, F., Mariani, M. Extending the Benefits of ESG Disclosure: The Efect on the Cost of Debt Financing ［J］. Corporate Social Responsibility and Environmental Management. 2021, 28 (4): 1412-1421.

［135］Rajaiya H. Innovation Success and Capital Structure ［J］. Journal of Corporate Finance, 2023, 79: 102345.

［136］Rees W, Rodionova T. The influence of family ownership on corporate social responsibility: An international analysis of publicly listed companies ［J］. Corporate Governance: An International Review, 2015, 23 (3): 184-202.

［137］Reverte, C. The Impact of Better Corporate Social Responsibility Disclosure on the Cost of Equity Capital ［J］. Corporate Social Responsibility and Environmental Management, 2012, 19 (5): 253-272.

［138］Ricart J E, Rodríguez M á, Sanchez P. Sustainability in the boardroom: An empirical examination of Dow Jones Sustainability World Index leaders ［J］. Corporate Governance: the international journal of business in society, 2005, 5 (3): 24-41.

［139］Ritz R A. Linking executive compensation to climate performance ［J］. California Management Review, 2022, 64 (3): 124-140.

［140］Rouen E. Rethinking measurement of pay disparity and its relation to firm performance ［J］. The Accounting Review, 2020, 95 (1): 343-378.

［141］Saenz J, Aramburu N, Rivera O. Knowledge sharing and innovation performance: A comparison between high-tech and low-tech companies ［J］. Journal of intellectual capital, 2009, 10 (1): 22-36.

［142］Schiehll E, Kolahgar S. Financial materiality in the informativeness of sustainability reporting ［J］. Business Strategy and the Environment, 2021, 30 (2): 840-855.

［143］Schulz F, Valizade D, Charlwood A. The effect of intra-workplace pay inequality on employee trust in managers: Assessing a multilevel moderated mediation effect model ［J］. human relations, 2022, 75 （4）: 705-733.

［144］Scott W R. Institutional theory: Contributing to a theoretical research program ［J］. Great minds in management: The process of theory development, 2005, 37 （2）: 460-484.

［145］Scott W R. The adolescence of institutional theory ［J］. Administrative science quarterly, 1987: 493-511.

［146］Sengupta S, Yoon Y. Moderating effect of pay dispersion on the relationship between employee share ownership and labor productivity ［J］. Human Resource Management, 2018, 57 （5）: 1083-1096.

［147］Shaw J D. Pay dispersion ［J］. Annual Review of Organizational Psychology and Organizational Behavior, 2014, 1 （1）: 521-544.

［148］Shen C H, Zhang H. Tournament incentives and firm innovation ［J］. Review of Finance, 2018, 22 （4）: 1515-1548.

［149］Shin T. Fair pay or power play? Pay equity, managerial power, and compensation adjustments for CEOs ［J］. Journal of Management, 2016, 42 （2）: 419-448.

［150］Siegel P A, Hambrick D C. Pay disparities within top management groups: Evidence of harmful effects on performance of high-technology firms ［J］. Organization Science, 2005, 16 （3）: 259-274.

［151］Siegel P A. Top management team compensation: A reorientation of theory and method ［C］ //annual meeting of the Academy of Management, Cincinnati. 1996.

［152］Smulowitz S J. Reprint of "Predicting employee wrongdoing: the complementary effect of CEO option pay and the pay gap" ［J］. Organizational Behavior and Human Decision Processes, 2021, 166: 104-116.

[153] Song J, Price D J, Guvenen F, et al. Firming up inequality [J]. The Quarterly journal of economics, 2019, 134 (1): 1-50.

[154] Suls J M, Wheeler L. Handbook of Social Comparison: Theory and Research [M] New York: Plenum press, 2000: 7.

[155] Sun W, Huang C. How does urbanization affect carbon emission efficiency? Evidence from China [J]. Journal of Cleaner Production, 2020, 272: 122828.

[156] Tenhiälä A, Kepes S, Jokela M. Contingencies in the effects of job-based pay dispersion on employee attitudes [J]. Human Resource Management, 2023.

[157] Torre E D, Pelagatti M, Solari L. Internal and external equity in compensation systems, organizational absenteeism and the role of explained inequalities [J]. Human Relations, 2015, 68 (3): 409-440.

[158] Trevor C O, Reilly G, Gerhart B. Reconsidering pay dispersion's effect on the performance of interdependent work: Reconciling sorting and pay inequality [J]. Academy of Management Journal, 2012, 55 (3): 585-610.

[159] Wade J B, O'Reilly III C A, Pollock T G. Overpaid CEOs and underpaid managers: Fairness and executive compensation [J]. Organization science, 2006, 17 (5): 527-544.

[160] Walker K, Wan F. The harm of symbolic actions and green-washing: Corporate actions and communications on environmental performance and their financial implications [J]. Journal of business ethics, 2012, 109: 227-242.

[161] Wang L, Han J, Ramasamy B, et al. Incongruous employer brand signals and organizational attractiveness: Evidence from multinational companies in China [J]. Human Resource Management, 2022, 61 (5): 563-584.

[162] Wang S L, Li D. Responding to public disclosure of corporate social irresponsibility in host countries: Information control and ownership control [J].

Journal of International Business Studies, 2019, 50: 1283-1309.

[163] Wang T, Zhao B, Thornhill S. Pay dispersion and organizational inno-vation: The mediation effects of employee participation and voluntary turnover [J]. Human relations, 2015, 68 (7): 1155-1181.

[164] Weber O. Environmental, social and governance reporting in China [J]. Business Strategy and the Environment, 2014, 23 (5): 303-317.

[165] Wiedman C. Rewarding collaborative research: role congruity bias and the gender pay gap in academe [J]. Journal of Business Ethics, 2020, 167: 793-807.

[166] Williams M L, McDaniel M A, Nguyen N T. A meta-analysis of the antecedents and consequences of pay level satisfaction [J]. Journal of applied psy-chology, 2006, 91 (2): 392-413.

[167] Wills, T. A. . Downward comparison principles in social psychology. [J] Psychological Bulletin, 1981, 90, 245-271.

[168] Xie J, Nozawa W, Yagi M, et al. Do environmental, social, and gov-ernance activities improve corporate financial performance? [J]. Business Strategy and the Environment, 2019, 28 (2): 286-300.

[169] Xu S, Liu D. Political connections and corporate social responsibility: Political incentives in China [J]. Business Ethics: A European Review, 2020, 29 (4): 664-693.

[170] Yanadori Y, Cui V. Creating incentives for innovation? The relationship between pay dispersion in R&D groups and firm innovation performance [J]. Strategic management journal, 2013, 34 (12): 1502-1511.

[171] Yu E P, Guo C Q, Luu B V. Environmental, social and governance transparency and firm value [J]. Business Strategy and the Environment, 2018, 27 (7): 987-1004.

[172] Zhang L. Board demographic diversity, independence, and corporate

social performance［J］．Corporate Governance：The international journal of business in society，2012，12（5）：686-700．

［173］Zivin J G，Neidell M．The impact of pollution on worker productivity ［J］．American Economic Review，2012，102（7）：3652-3673．

［174］伯利和米恩斯．现代公司与私有财产［M］．甘华鸣，罗锐韧，蔡如海，编译．北京：商务印书馆，2005．

［175］步丹璐，张晨宇，林腾．晋升预期降低了国有企业薪酬差距吗？ ［J］．会计研究，2017（01）：82-88+96．

［176］曾宪聚，陈霖，严江兵等．高管从军经历对并购溢价的影响：烙印——环境匹配的视角［J］．外国经济与管理，2020，42（09）：94-106．

［177］陈华，包也，孙汉．高管薪酬与社会责任报告的印象管理［J］．上海财经大学学报，2021，23（04）：76-90．

［178］陈立敏，刘静雅，张世蕾．模仿同构对企业国际化—绩效关系的影响——基于制度理论正当性视角的实证研究［J］．中国工业经济，2016，（09）：127-143．

［179］陈良银，黄俊，陈信元．混合所有制改革提高了国有企业内部薪酬差距吗［J］．南开管理评论，2021，24（05）：150-162．

［180］陈胜军，王宇迪，郑清萍．团队薪酬差距与工作绩效的关系研究——以企业文化为调节变量［J］．经济与管理研究，2017，38（10）：54-60．

［181］陈邑早，陈艳，黄诗华等．高管薪酬契约参照效应对公司股价同步性的影响［J］．管理学报，2023，20（02）：287-296．

［182］董莉．经济政策不确定性、管理者自信与企业投资效率［J］．统计与决策，2021，37（10）：165-169．

［183］董维维，潘金晶．高管薪酬差距、产权性质与企业风险承担关系研究［J］．预测，2020，39（06）：25-31．

［184］窦超，原亚男，白学锦．上市公司"存贷双高"异象与股价崩盘风险［J］．中国工业经济，2022（04）：174-192．

［185］方芳，李实. 中国企业高管薪酬差距研究 ［J］. 中国社会科学，2015（08）：47-67+205.

［186］方军雄. 我国上市公司高管的薪酬存在粘性吗？［J］. 经济研究，2009，44（03）：110-124.

［187］方先明，胡丁. 企业 ESG 表现与创新——来自 A 股上市公司的证据 ［J］. 经济研究，2023，58（02）：91-106.

［188］付文林，赵永辉. 税收激励、现金流与企业投资结构偏向 ［J］. 经济研究，2014，49（05）：19-33.

［189］高杰英，褚冬晓，廉永辉等. ESG 表现能改善企业投资效率吗？［J］. 证券市场导报，2021（11）：24-34+72.

［190］高良谋，卢建词. 内部薪酬差距的非对称激励效应研究——基于制造业企业数据的门限面板模型 ［J］. 中国工业经济，2015（8）：114-129.

［191］耿云江，马影. 非国有大股东对国企超额雇员的影响：成本效应还是激励效应 ［J］. 会计研究，2020（02）：154-165.

［192］顾海峰，朱慧萍. 高管薪酬差距促进了企业创新投资吗——基于中国 A 股上市公司的证据 ［J］. 会计研究，2021（12）：107-120.

［193］郭嘉琦，李常洪，焦文婷等. 家族控制权、信息透明度与企业股权融资成本 ［J］. 管理评论，2019，31（09）：47-57.

［194］韩小芳. 中国国有企业薪酬制度改革的演化动因与未来取向 ［J］. 江海学刊，2018（02）：214-219.

［195］韩晓梅，龚启辉，吴联生. 薪酬抵税与企业薪酬安排 ［J］. 经济研究，2016，51（10）：140-154.

［196］何杰，曾朝夕. 企业利益相关者理论与传统企业理论的冲突与整合——一个企业社会责任基本分析框架的建立 ［J］. 管理世界，2010，（12）：176-177.

［197］何任，王纯. 公司并购行为、会计信息质量与高管薪酬变动 ［J］. 工业技术经济，2018，3：153-160.

［198］何瑛，汤贤正，李雯琦．"定价"与"议价"：CEO复合型职业经历如何影响高管团队薪酬差距［J］．经济与管理研究，2023，44（04）：108-130.

［199］何玉梅，罗巧．环境规制、技术创新与工业全要素生产率——对"强波特假说"的再检验［J］．软科学，2018，32（04）：20-25.

［200］胡楠，王昊楠，邱芳娟．CEO超额薪酬与竞争战略的匹配研究［J］．经济管理，2021，43（10）：62-82.

［201］胡秀群．地区市场化进程下的高管与员工薪酬差距激励效应研究［J］．管理学报，2016，13（07）：980-988.

［202］黄珺，汪玉荷，韩菲菲等．ESG信息披露：内涵辨析、评价方法与作用机制［J］．外国经济与管理，2023，45（06）：3-18.

［203］黄溶冰，陈伟，王凯慧．外部融资需求、印象管理与企业漂绿［J］．经济社会体制比较，2019，（03）：81-93.

［204］黄诗华，陈艳，陈邑早等．高管薪酬公平感知与公司股价崩盘风险［J］．当代经济科学，2022，44（06）：97-111.

［205］黄卫华，鲁姝桦，孙凯．高管纵向兼任对国有企业创新绩效的影响——以风险承担为中介［J］．财经论丛，2024（02）：91-101.

［206］姜广省，卢建词，李维安．绿色投资者发挥作用吗？——来自企业参与绿色治理的经验研究［J］．金融研究，2021（05）：117-134.

［207］蒋伏心，王竹君，白俊红．环境规制对技术创新影响的双重效应——基于江苏制造业动态面板数据的实证研究［J］．中国工业经济，2013，（07）：44-55.

［208］金宇，王培林，李田．慈善捐赠会影响企业的研发活动吗？［J］．现代财经（天津财经大学学报），2018，38（08）：43-59.

［209］孔东民，徐茗丽，孔高文．企业内部薪酬差距与创新［J］．经济研究，2017，52（10）：144-157.

［210］雷雷，张大永，姬强．共同机构持股与企业ESG表现［J］．经济

研究，2023，58（04）：133-151.

[211] 雷雪，贾明，张喆. 实际控制人的政治、经济激励对企业社会责任报告的影响 [J]. 管理评论，2022，34（08）：256-270.

[212] 雷宇，郭剑花. 规则公平与员工效率——基于高管和员工薪酬粘性差距的研究 [J]. 管理世界，2017（01）：99-111.

[213] 黎文靖，胡玉明. 国企内部薪酬差距激励了谁？[J]. 经济研究，2012，47（12）：125-136.

[214] 黎文靖，岑永嗣，胡玉明. 外部薪酬差距激励了高管吗——基于中国上市公司经理人市场与产权性质的经验研究 [J]. 南开管理评论，2014，17（04）：24-35.

[215] 李宝宝，黄寿昌. 国有企业管理层在职消费的决定因素及经济后果 [J]. 统计研究，2012，29（06）：76-81.

[216] 李春涛，宋敏. 中国制造业企业的创新活动：所有制和 CEO 激励的作用 [J]. 经济研究，2010，45（05）：55-67.

[217] 李海舰，杜爽. 企业社会责任与共同富裕关系研究 [J]. 东南学术，2022（05）：125-140+247.

[218] 李倩，焦豪. 高管团队内薪酬差距与企业绩效——顾客需求不确定性与企业成长性的双重视角 [J]. 经济管理，2021，43（06）：53-68.

[219] 李强，宋嘉玮. 业绩期望落差与企业"漂绿"行为 [J]. 南京审计大学学报，2022，19（03）：51-61.

[220] 李诗，黄世忠. 从 CSR 到 ESG 的演进——文献回顾与未来展望 [J]. 财务研究，2022（04）：13-25.

[221] 李实. 共同富裕的目标和实现路径选择 [J]. 经济研究，2021，56（11）：4-13.

[222] 李世刚，蒋煦涵，蒋尧明. 独立董事内部薪酬差距与异议行为 [J]. 经济管理，2019，41（03）：124-140.

[223] 李维安，张耀伟，郑敏娜等. 中国上市公司绿色治理及其评价研

究［J］. 管理世界，2019，35（05）：126-133+160.

［224］李文贵，余明桂. 所有权性质、市场化进程与企业风险承担［J］. 中国工业经济，2012，（12）：115-127.

［225］李小荣，徐腾冲. 环境-社会责任-公司治理研究进展［J］. 经济学动态，2022（08）：133-146.

［226］李小荣，张瑞君. 股权激励影响风险承担：代理成本还是风险规避？［J］. 会计研究，2014（01）：57-63+95.

［227］李英利，谭梦卓. 会计信息透明度与企业价值——基于生命周期理论的再检验［J］. 会计研究，2019（10）：27-33.

［228］李增福，冯柳华. 企业 ESG 表现与商业信用获取［J］. 财经研究，2022，48（12）：151-165.

［229］梁上坤. 机构投资者持股会影响公司费用粘性吗？［J］. 管理世界，2018，34（12）：133-148.

［230］林浚清，黄祖辉，孙永祥. 高管团队内薪酬差距、公司绩效和治理结构［J］. 经济研究，2003，（4）：31-40，92.

［231］林树，葛逸云. 经济政策关联度、公司治理与投资效率［J］. 现代经济探讨，2023（03）：63-76.

［232］林雁，毛奕欢，谭洪涛. 政治关联企业环保投资决策——"带头表率"还是"退缩其后"？［J］. 会计研究，2021，（06）：159-175.

［233］林永坚，王志强. 国际"四大"的审计质量更高吗？——来自中国上市公司的经验证据［J］. 财经研究，2013，39（06）：73-83.

［234］刘柏，卢家锐，琚涛. 形式主义还是实质主义：ESG 评级软监管下的绿色创新研究［J］. 南开管理评论，2023，26（05）：16-28.

［235］刘春，孙亮. 薪酬差距与企业绩效：来自国企上市公司的经验证据［J］. 南开管理评论，2010，13（02）：30-39+51.

［236］刘方媛，吴云龙. "双碳"目标下数字化转型与企业 ESG 责任表现：影响效应与作用机制［J］. 科技进步与对策，2024，41（05）：40-49.

[237] 刘建秋，李四海，王飞雪，曹瑞青．"论资排辈"式高管薪酬与企业生产效率研究 [J]．南开管理评论，2021，24（01）：120-128＋147＋129-130．

[238] 刘莉，任广乾，郑敏娜．高管主动离职、薪酬契约参照点与企业绩效 [J]．会计研究，2022（01）：70-83．

[239] 刘美玉，王帅，南晖．高管薪酬差距、管理层权力与公司业绩波动——基于中小板上市公司的实证研究 [J]．预测，2015，34（01）：48-53．

[240] 刘孟飞．高管团队内部薪酬差距、管理者权力与银行风险承担 [J]．经济体制改革，2022（04）：120-128．

[241] 刘孟晖，高友才．现金股利的异常派现、代理成本与公司价值——来自中国上市公司的经验证据 [J]．南开管理评论，2015，18（01）：152-160．

[242] 刘思彤，张启銮，李延喜．高管内部薪酬差距能否抑制企业风险承担？[J]．科研管理，2018，39（S1）：189-199＋225．

[243] 刘怡，潘红玉，李玉洁等．ESG 表现、技术创新与制造业企业价值创造 [J]．科学决策，2023，（09）：23-36．

[244] 刘元秀，胡援成，吴飞．管理者职业经历影响公司现金持有水平吗？——来自我国沪深两市 2006～2013 年经验证据 [J]．经济管理，2016，38（07）：133-146．

[245] 刘子君，刘智强，廖建桥．上市公司高管团队薪酬差距影响因素与影响效应：基于本土特色的实证研究 [J]．管理评论，2011，23（09）：119-127＋136．

[246] 柳光强，孔高文．高管海外经历是否提升了薪酬差距 [J]．管理世界，2018，34（08）：130-142．

[247] 柳光强，孔高文．高管经管教育背景与企业内部薪酬差距 [J]．会计研究，2021（03）：110-121．

[248] 卢锐．管理层权力、薪酬与业绩敏感性分析——来自中国上市公

司的经验证据［J］. 当代财经，2008（07）：107-112.

［249］卢允之，周开国. 行业薪酬差距与企业创新策略——基于管理层短视与薪酬激励视角［J］. 证券市场导报，2022（07）：36-47.

［250］罗宏，曾永良，宛玲羽. 薪酬攀比、盈余管理与高管薪酬操纵［J］. 南开管理评论，2016，19（02）：19-31+74.

［251］罗劲博. 实际控制人居于"幕后"会提高盈余管理程度吗——来自民营上市公司的证据［J］. 当代财经，2023（01）：146-156.

［252］罗正英，姜钧乐，陈艳，姜凯华. 行业竞争、高管薪酬与企业社会责任履行［J］. 华东师范大学学报（哲学社会科学版），2018，50（04）：153-162+177.

［253］马克思. 工资、价格和利润［M］//马克思，恩格斯. 马克思恩格斯文集（第3卷）. 北京：人民出版社，2009.

［254］梅春，林敏华，程飞. 本地锦标赛激励与企业创新产出［J］. 南开管理评论，2022，25（02）：124-135+213+136-137.

［255］缪毅，胡奕明. 产权性质、薪酬差距与晋升激励［J］. 南开管理评论，2014，17（04）：4-12.

［256］缪毅，胡奕明. 内部收入差距、辩护动机与高管薪酬辩护［J］. 南开管理评论，2016，19（02）：32-41.

［257］纳超洪，戴伟. 研发投入、会计稳健性与股票回报［J］. 东南学术，2019，（03）：91-100.

［258］纳超洪，纳鹏杰. 信贷技术、银行业竞争与中小企业融资［J］. 云南财经大学学报，2006（06）：1-7.

［259］纳超洪. 管理权力、自由裁量性投资与高管薪酬［D］. 广州：暨南大学，2009.

［260］牛建波，李胜楠，杨育龙，董晨悄. 高管薪酬差距、治理模式和企业创新［J］. 管理科学，2019，32（02）：77-93.

［261］潘楚林，田虹. 利益相关者压力、企业环境伦理与前瞻型环境战

略 [J]. 管理科学, 2016, 29 (03): 38-48.

[262] 潘红波, 张哲. 控股股东干预与国有上市公司薪酬契约有效性: 来自董事长/CEO 纵向兼任的经验证据 [J]. 会计研究, 2019 (05): 59-66.

[263] 潘镇, 何侍沅, 李健. 女性高管、薪酬差距与企业战略差异 [J]. 经济管理, 2019, 41 (02): 122-138.

[264] 潘子成, 易志高. 内部薪酬差距、高管团队社会资本与企业双元创新 [J]. 管理工程学报, 2023, 37 (03): 26-41.

[265] 钱爱民, 郁智, 步丹璐. 结果公平还是过程公平?——基于薪酬激励对员工离职的实证分析 [J]. 经济与管理研究, 2014 (09): 101-109.

[266] 权小锋, 吴世农, 文芳. 管理层权力、私有收益与薪酬操纵 [J]. 经济研究, 2010, 45 (11): 73-87.

[267] 饶育蕾, 王建新. CEO 过度自信、董事会结构与公司业绩的实证研究 [J]. 管理科学, 2010, 23 (05): 2-13.

[268] 任广乾, 周雪娅, 刘莉等. 高管薪酬、攀比效应与代理成本 [J]. 中央财经大学学报, 2020, (07): 71-78.

[269] 任胜钢, 刘东华, 肖晓婷. 环保考核、晋升激励与企业环境违规 [J]. 中南大学学报 (社会科学版), 2022, 28 (05): 65-77.

[270] 邵剑兵, 吴珊. 劳动模范、内部薪酬差距与企业业绩 [J]. 外国经济与管理, 2019, 41 (08): 100-112.

[271] 沈洪涛, 杨熠, 吴奕彬. 合规性、公司治理与社会责任信息披露 [J]. 中国会计评论, 2010, 8 (03): 363-376.

[272] 盛明泉, 余璐, 王文兵. ESG 与家族企业全要素生产率 [J]. 财务研究, 2022, (02): 58-67.

[273] 舒利敏, 廖菁华, 谢振. 绿色信贷政策与企业绿色创新——基于绿色产业视角的经验证据 [J]. 金融经济学研究, 2023, 38 (02): 144-160.

[274] 宋芸芸, 吴昊旻. 产业政策与企业薪酬安排 [J]. 财经研究, 2022, 48 (11): 79-93.

[275] 孙晓华，车天琪，马雪娇．企业碳信息披露的迎合行为：识别、溢价损失与作用机制 [J]．中国工业经济，2023（01）：132-150.

[276] 孙子凡，殷华方．CEO 过度自信研究述评与展望 [J]．华东经济管理，2020，34（03）：119-128.

[277] 谭雪．行业竞争、产权性质与企业社会责任信息披露——基于信号传递理论的分析 [J]．产业经济研究，2017（03）：15-28.

[278] 王波，杨茂佳．ESG 表现对企业价值的影响机制研究——来自我国 A 股上市公司的经验证据 [J]．软科学，2022，36（06）：78-84.

[279] 王海军，王淞正，张琛等．数字化转型提高了企业 ESG 责任表现吗？——基于 MSCI 指数的经验研究 [J]．外国经济与管理，2023，45（06）：19-35.

[280] 王辉，林伟芬，谢锐．高管环保背景与绿色投资者进入 [J]．数量经济技术经济研究，2022，39（12）：173-194.

[281] 王三兴，王子明．企业 ESG 表现、创新与全要素生产率 [J]．宏观经济研究，2023，（11）：62-74.

[282] 王双进，田原，党莉莉．工业企业 ESG 责任履行、竞争战略与财务绩效 [J]．会计研究，2022（03）：77-92.

[283] 王新红，孙美娟．关键高管薪酬差距、风险偏好与企业创新——基于高新技术企业的经验数据 [J]．华东经济管理，2023，37（02）：42-52.

[284] 王应欢，郭永祯．企业数字化转型与 ESG 表现——基于中国上市企业的经验证据 [J]．财经研究，2023，49（09）：94-108.

[285] 王禹，王浩宇，薛爽．税制绿色化与企业 ESG 表现——基于《环境保护税法》的准自然实验 [J]．财经研究，2022，48（09）：47-62.

[286] 王跃堂，赵子夜，魏晓雁．董事会的独立性是否影响公司绩效？[J]．经济研究，2006，（05）：62-73.

[287] 魏哲海．管理者过度自信、资本结构与公司绩效 [J]．工业技术经济，2018，37（06）：3-12.

[288] 魏志华，王孝华，蔡伟毅．税收征管数字化与企业内部薪酬差距 [J]．中国工业经济，2022（03）：152-170．

[289] 文芳，汤四新．薪酬激励与管理者过度自信——基于薪酬行为观的研究 [J]．财经研究，2012，38（09）：48-58．

[290] 吴珊，邹梦琪．社会责任文本信息披露是否具有价值保护效应——基于企业违规处罚冲击的研究场景 [J]．现代财经（天津财经大学学报），2022，42（09）：76-93．

[291] 吴祖光，贺斯奇，万迪昉．异质性资本融合与企业战略激进度——环境不确定性调节的外部薪酬差距中介作用 [J]．软科学，2023，37（11）：16-21．

[292] 伍湛清．高管薪酬对企业社会责任的影响研究 [J]．技术与市场，2021，28（11）：122-124．

[293] 肖红军，李平．平台型企业社会责任的生态化治理 [J]．管理世界，2019，35（04）：120-144+196．

[294] 肖红军，商慧辰．数字企业社会责任：现状、问题与对策 [J]．产业经济评论，2022，53（06）：133-152．

[295] 辛清泉，孔东民，郝颖．公司透明度与股价波动性 [J]．金融研究，2014（10）：193-206．

[296] 徐宁，张媛，张迪．CEO 声誉促进了企业社会责任承担吗？——双重代理成本的中介效应 [J]．东北大学学报（社会科学版），2023，25（06）：15-25．

[297] 谢红军，吕雪．负责任的国际投资：ESG 与中国 OFDI [J]．经济研究，2022，57（03）：83-99．

[298] 熊冠星，李爱梅，王笑天，蔡晓红，魏子晗．员工"薪酬感知域差"与离职决策研究——基于"齐当别"决策模型视角 [J]．管理评论，2017，29（09）：193-204．

[299] 徐细雄，刘星．放权改革、薪酬管制与企业高管腐败 [J]．管理

世界，2013（03）：119-132.

［300］亚当·斯密. 国富论［M］. 姜振华，编译，北京：中国工人出版社，2015.

［301］严若森，钱晶晶，祁浩. 公司治理水平、媒体关注与企业税收激进［J］. 经济管理，2018，40（07）：20-38.

［302］杨婵，贺小刚，朱丽娜等. 垂直薪酬差距与新创企业的创新精神［J］. 财经研究，2017，43（07）：32-44+69.

［303］杨青，王亚男，唐跃军. "限薪令"的政策效果：基于竞争与垄断性央企市场反应的评估［J］. 金融研究，2018（01）：156-173.

［304］杨湘琳，王永海. 高管薪酬、会计信息透明度与审计收费——基于中国制造业上市公司的数据［J］. 科学决策，2020（02）：42-65.

［305］于良春，姜娜娜. 公平竞争审查制度能否缩小企业内部薪酬差距？［J］. 财经问题研究，2024（01）：44-56.

［306］余明桂，李文贵，潘红波. 管理者过度自信与企业风险承担［J］. 金融研究，2013（01）：149-163.

［307］余艳，王雪莹，郝金星等. 酒香还怕巷子深？制造企业数字化转型信号与资本市场定价［J/OL］. 南开管理评论，1-27［2024-03-02］.

［308］袁芳英，朱晴. 分析师关注会减少上市公司违规行为吗？——基于信息透明度的中介效应［J］. 湖南农业大学学报（社会科学版），2022，23（01）：80-88.

［309］袁堂梅. 高管薪酬差距与GDP损失［J］. 宏观经济研究，2020（11）：123-134.

［310］袁业虎，熊笑涵. 上市公司ESG表现与企业绩效关系研究——基于媒体关注的调节作用［J］. 江西社会科学，2021，41（10）：68-77.

［311］苑泽明，王培林. 高管薪酬差距、产品市场竞争与企业社会责任［J］. 河北大学学报（哲学社会科学版），2018，43（04）：76-86.

［312］翟少轩，王欣然. 制造业数字化转型与薪酬差距——基于企业内

部与企业间的收入不平等研究 [J]. 软科学, 2023, 37 (12): 7-14.

[313] 翟胜宝, 程妍婷, 许浩然等. 媒体关注与企业 ESG 信息披露质量 [J]. 会计研究, 2022 (08): 59-71.

[314] 张慧, 黄群慧. ESG 责任投资研究热点与前沿的文献计量分析 [J]. 科学学与科学技术管理, 2022, 43 (12): 57-75.

[315] 张红, 周黎安, 梁建章. 公司内部晋升机制及其作用——来自公司人事数据的实证证据 [J]. 管理世界, 2016 (04): 127-137+188.

[316] 张克中, 何凡, 黄永颖, 崔小勇. 税收优惠、租金分享与公司内部收入不平等 [J]. 经济研究, 2021, 56 (06): 110-126.

[317] 张楠, 江旭, 王楚凡. 股权激励对企业社会责任报告披露的影响研究 [J]. 科研管理, 2023, 44 (09): 120-130.

[318] 张蕊, 管考磊. 高管薪酬差距会诱发侵占型职务犯罪吗?——来自中国上市公司的经验证据 [J]. 会计研究, 2016 (09): 47-54.

[319] 张新月, 师博. 创新型城市试点、政府干预策略与经济高质量发展 [J]. 经济与管理研究, 2022, 43 (10): 3-19.

[320] 张瀛之, 刘志远, 张炳发. 决策者心理因素对企业知识资本投资行为异化影响的实证研究 [J]. 管理评论, 2017, 29 (09): 205-214.

[321] 张昭, 马草原, 王爱萍. 资本市场开放对企业内部薪酬差距的影响——基于"沪港通"的准自然实验 [J]. 经济管理, 2020, 42 (06): 172-191.

[322] 张兆国, 徐雅琴, 成娟. 营商环境、创新活跃度与企业高质量发展 [J]. 中国软科学, 2024 (01): 130-138.

[323] 赵昌文, 唐英凯, 周静等. 家族企业独立董事与企业价值——对中国上市公司独立董事制度合理性的检验 [J]. 管理世界, 2008 (08): 119-126+167.

[324] 赵世芳, 江旭, 应千伟, 等. 股权激励能抑制高管的急功近利倾向吗: 基于企业创新的视角 [J]. 南开管理评论, 2020, 23 (6): 76-87.

［325］钟熙，宋铁波，陈伟宏．高管团队薪酬差距、董事会监督能力与企业研发投入［J］．证券市场导报，2019（07）：32-41．

［326］朱冰，张晓亮，郑晓佳．多个大股东与企业创新［J］．管理世界，2018，34（07）：151-165．

［327］朱乃平，朱丽，孔玉生，等．技术创新投入、社会责任承担对财务绩效的协同影响研究［J］．会计研究，2014（2）：57-63+95．

［328］朱滔，涂跃俊．管理层股权激励会降低公司慈善捐赠吗？［J］．暨南学报（哲学社会科学版），2022，44（04）：102-117．

［329］邹成武，王江娜，徐宗玲．高管激励、企业社会资本与企业社会责任——基于中国上市公司的经验数据［J］．汕头大学学报（人文社会科学版），2019，35（04）：47-56+95．

［330］邹鸿辉，谢恩．党组织"讨论前置"对国有企业内部薪酬差距和全要素生产率的影响研究［J］．管理学报，2024，21（01）：23-32+42．